本书获聊城运河文化研究中心资助
本书获聊城大学学术著作出版基金资助
本书获聊城市文化和旅游局资助
本书获聊城大学运河学研究院资助

聊城运河文化丛书

聊城运河文献校注

周江涛　丁延峰　总编纂

周广骞　谢文博　魏巍　姚海琦　校注

中国社会科学出版社

图书在版编目（CIP）数据

聊城运河文献校注／周广骞等校注. —北京：中国社会科学出版社，
2024.6

（聊城运河文化丛书）

ISBN 978 - 7 - 5227 - 3656 - 3

Ⅰ. ①聊… Ⅱ. ①周… Ⅲ. ①大运河—文献—汇编—聊城
Ⅳ. ①K928.4

中国国家版本馆 CIP 数据核字（2024）第 110728 号

出 版 人	赵剑英
责任编辑	安　芳
责任校对	张爱华
责任印制	李寡寡

出　　　版	中国社会科学出版社
社　　　址	北京鼓楼西大街甲 158 号
邮　　　编	100720
网　　　址	http://www.csspw.cn
发 行 部	010 - 84083685
门 市 部	010 - 84029450
经　　　销	新华书店及其他书店

印　　　刷	北京明恒达印务有限公司
装　　　订	廊坊市广阳区广增装订厂
版　　　次	2024 年 6 月第 1 版
印　　　次	2024 年 6 月第 1 次印刷

开　　　本	710 × 1000　1/16
印　　　张	20.5
字　　　数	309 千字
定　　　价	109.00 元

目　　录

概　述 …………………………………………………………（1）

　一　聊城运河的开凿、维护与社会影响 …………………………（2）

　二　聊城运河文献的类型与内容 …………………………………（8）

　三　聊城运河文献的编排与整理 …………………………………（11）

凡　例 …………………………………………………………（19）

正史运河文献 …………………………………………………（21）

　《隋书》 ……………………………………………………（21）

　　《隋书·炀帝上》 ………………………………………（21）

　　《隋书·食货》 …………………………………………（22）

　　《隋书·阎毗传》 ………………………………………（22）

　《金史》 ……………………………………………………（22）

　　《金史·河渠志·漕渠》 ………………………………（23）

　《元史》 ……………………………………………………（24）

　　《元史·世祖十二》 ……………………………………（24）

　　《元史·河渠一·会通河》 ……………………………（25）

　《新元史》 …………………………………………………（28）

　　《新元史·河渠二》 ……………………………………（28）

　《明史》 ……………………………………………………（30）

　　《明史·成祖纪二》 ……………………………………（31）

《明史·英宗前纪》 …………………………………………（31）

《明史·景帝纪》 ……………………………………………（31）

《明史·孝宗纪》 ……………………………………………（32）

《明史·地理二》 ……………………………………………（32）

《明史·食货三》 ……………………………………………（33）

《明史·河渠一·黄河上》 …………………………………（35）

《明史·河渠三》 ……………………………………………（44）

《明史·宋礼传》 ……………………………………………（48）

《明史·金纯传》 ……………………………………………（50）

《明史·石璞传》 ……………………………………………（50）

《明史·徐有贞传》 …………………………………………（50）

《明史·刘大夏传》 …………………………………………（51）

《清史稿》 ……………………………………………………（51）

《清史稿·高宗纪三》 ………………………………………（52）

《清史稿·高宗纪四》 ………………………………………（52）

《清史稿·高宗纪五》 ………………………………………（52）

《清史稿·河渠一·黄河》 …………………………………（53）

《清史稿·河渠二·运河》 …………………………………（61）

《清史稿·白钟山传》 ………………………………………（65）

《清史稿·鄂容安传》 ………………………………………（66）

《清史稿·袁曰修传》 ………………………………………（66）

《清史稿·陆燿传》 …………………………………………（67）

《清史稿·李清时传》 ………………………………………（67）

《清史稿·姚立德传》 ………………………………………（68）

《清史稿·吴嗣爵传》 ………………………………………（69）

《清史稿·阿尔泰传》 ………………………………………（69）

《清史稿·乔松年传》 ………………………………………（69）

《清史稿·周馥传》 …………………………………………（70）

《清史稿·杨士骧传》 ………………………………………（70）

《清史稿·文彬传》 …………………………………………（71）

《清史稿·张曜传》 …………………………………………（71）

专书运河文献 ……………………………………………（73）

《漕河图志》 ………………………………………………（73）

《问水集》 …………………………………………………（84）

《漕船志》 …………………………………………………（85）

《治水筌蹄》 ………………………………………………（89）

《河漕通考》 ………………………………………………（92）

《河渠志》 …………………………………………………（93）

《通漕类编》 ………………………………………………（97）

《北河纪》 …………………………………………………（102）

《北游录》 …………………………………………………（110）

《两河清汇》 ………………………………………………（119）

《居济一得》 ………………………………………………（121）

《行水金鉴》 ………………………………………………（127）

《水道提纲》 ………………………………………………（132）

《山东运河备览》 …………………………………………（133）

《会通河水道记》 …………………………………………（144）

《中衢一勺·闸河日记》 …………………………………（147）

《转漕日记》 ………………………………………………（151）

《钦定户部漕运全书》 ……………………………………（153）

《钦定大清会典事例》 ……………………………………（156）

《山东南运湖河工程计划书》 ……………………………（162）

方志运河文献 ……………………………………………（167）

《（宣统）山东通志》 ……………………………………（167）

《（万历）东昌府志》 ……………………………………（172）

《（嘉庆）东昌府志》 ……………………………………（176）

《（康熙）临清州志》 …………………………………… （177）

《（民国）临清县志》 …………………………………… （181）

《（康熙）张秋志》 ……………………………………… （185）

《（道光）东阿县志》 …………………………………… （191）

聊城运河记文 ………………………………………… （193）

开会通河功成之碑 ……………………………………… （193）

建都水分监记 …………………………………………… （195）

重浚会通河记 …………………………………………… （197）

临清建城记 ……………………………………………… （199）

奉敕修河道功完之碑 …………………………………… （200）

治水功成题名记 ………………………………………… （203）

重修阿井记 ……………………………………………… （205）

会通河土桥石闸记 ……………………………………… （206）

弘治庚戌治河记 ………………………………………… （208）

会通河东闸记 …………………………………………… （211）

临清州治记 ……………………………………………… （212）

安平镇治水功完之碑 …………………………………… （213）

议疏濬黄河上流修筑运河决口 ………………………… （215）

安平镇治水碑记 ………………………………………… （216）

安平镇减水坝记 ………………………………………… （218）

黄陵冈塞河功完之碑 …………………………………… （220）

临清东浮桥记 …………………………………………… （223）

安平石堤记 ……………………………………………… （224）

安平谯楼记 ……………………………………………… （225）

重修显惠庙记略 ………………………………………… （226）

南板新开二闸记 ………………………………………… （227）

仓部题名记 ……………………………………………… （229）

修理三仓记 ……………………………………………… （230）

东昌府城重修碑 ·················· （233）

新建安平镇城记 ·················· （235）

司空大夫刘君陶政记 ·············· （237）

通济新桥记 ······················ （239）

重修阿井碑记 ···················· （240）

重修大河神祠碑记 ················ （242）

重修五空桥碑记 ·················· （243）

沙湾筑堤碑记 ···················· （244）

豁免土税碑记 ···················· （245）

重修榷关公署记 ·················· （246）

山陕会馆碑记 ···················· （248）

依绿园记 ························ （250）

重修山陕会馆戏台山门钟鼓亭记 ···· （251）

海源阁记 ························ （253）

旧米市街太汾公所碑记 ············ （254）

命都御史王文治河敕 ·············· （255）

命户部侍郎白昂治河敕 ············ （255）

命工部侍郎陈政治河敕 ············ （256）

命副都御史刘大夏治河敕 ·········· （257）

命平江伯陈锐等同刘大夏治河敕 ···· （258）

管理北河工部郎中谢肇淛敕 ········ （259）

管理北河工部员外郎加一级傅当阿主事加一级祁文友敕 ········ （260）

聊城运河诗作 ·················· （261）

次御河寄城北会上诸友 ············ （261）

发东阿 ·························· （261）

发御河 ·························· （261）

公退书四知堂壁 ·················· （262）

九月初旬临清下陵州舟中 ·········· （262）

过东昌诗 ……………………………………………… （262）

过东昌有感 …………………………………………… （263）

临清曲 ………………………………………………… （263）

上荆门闸得风诗 ……………………………………… （264）

泊清源诗 ……………………………………………… （264）

次张元之过张湫韵 …………………………………… （264）

过会通河有感 ………………………………………… （265）

观音阁 ………………………………………………… （265）

渡口驿遇风 …………………………………………… （265）

过安平镇减水石坝有怀刘司马长句 ………………… （266）

临清二绝 ……………………………………………… （266）

雨泊周家店 …………………………………………… （267）

过鳌头矶 ……………………………………………… （267）

卫河集别诗 …………………………………………… （268）

启秀津 ………………………………………………… （268）

临清新城行 …………………………………………… （268）

过清源李宪使宴作 …………………………………… （269）

卫河八绝 ……………………………………………… （269）

过安平镇诗 …………………………………………… （270）

张秋八咏 ……………………………………………… （270）

暮秋夜登楼望西河有感 ……………………………… （271）

登东郡望岳楼 ………………………………………… （272）

舟至东昌诗 …………………………………………… （272）

临清胡仓曹招饮分署池亭 …………………………… （272）

登光岳楼 ……………………………………………… （273）

登郡城东楼诗 ………………………………………… （273）

饮光岳楼诗 …………………………………………… （273）

永济渠诗 ……………………………………………… （274）

过清源诗二首 ………………………………………… （274）

舟行即事……………………………………………………（274）

荆门诗二首……………………………………………………（275）

登东郡城楼……………………………………………………（275）

清源行…………………………………………………………（275）

故阿城诗………………………………………………………（276）

鲁连台怀古……………………………………………………（277）

阿井……………………………………………………………（277）

入安平署二首…………………………………………………（278）

春霁登光岳楼…………………………………………………（278）

重登光岳楼……………………………………………………（278）

东郡怀古二首…………………………………………………（279）

过东郡诗二首…………………………………………………（279）

魏家湾…………………………………………………………（279）

土桥……………………………………………………………（280）

李海务…………………………………………………………（280）

登清源廓外塔…………………………………………………（280）

过鱼山曹植墓二首……………………………………………（281）

光岳楼…………………………………………………………（281）

守闸清源驿凡五日不得渡……………………………………（281）

临清州大宁寺…………………………………………………（282）

春夜偕诸子泛舟卫河…………………………………………（282）

题清源…………………………………………………………（282）

小挑诗…………………………………………………………（283）

敲冰诗…………………………………………………………（284）

启秀楼…………………………………………………………（285）

东昌道中………………………………………………………（286）

过临清闸………………………………………………………（286）

南巡舟行会通河杂咏四首……………………………………（286）

策马过东昌府…………………………………………………（286）

登光岳楼即事 ……………………………………………（287）

临清舟次杂咏 ……………………………………………（287）

题无为观 ……………………………………………………（288）

临清叹 ………………………………………………………（288）

临清歌 ………………………………………………………（289）

临清夜雨 ……………………………………………………（291）

泊临清漳口 …………………………………………………（292）

域外聊城运河文献 …………………………………………（293）

《鄂多立克东游录》 ………………………………………（293）

《马可·波罗游记》 ………………………………………（294）

《漂海录》 …………………………………………………（294）

《策彦和尚初渡集》 ………………………………………（297）

《荷使初访中国记》 ………………………………………（302）

《英使谒见乾隆纪实》 ……………………………………（304）

参考文献 …………………………………………………………（307）

概　　述

　　中国大运河是中华优秀传统文化的重要组成部分，是书写在华夏大地上的壮丽史诗。近年来，习近平总书记就大运河文化保护传承利用工作多次作出重要指示批示，为充分挖掘大运河宝贵的历史文化资源指明了努力的方向。

　　山东是运河流经的重要省份，也是较早发展运河航运的地区。早在两千多年前，齐鲁大地上就先后开凿了菏水、淄济运河等人工河道。从那时起，山东运河的开凿与维护就成为山东壮阔历史画卷上浓墨重彩的一笔，塑造着山东的经济与文化版图，深刻影响着山东运河区域社会面貌。伴随着自秦汉以来全国政治中心的逐步东移，连通全国的漕运路线逐步由东西走向转为南北走向。隋唐时期开凿的永济渠曾流过今聊城市西北，首次将聊城纳入全国漕运体系。元代结束了我国长期南北对峙的局面，为人员、物资的南北流动提供了广阔空间。元代定都大都，为便利漕粮北运，先后开凿了山东境内的济州河与会通河、大都至通州的通惠河，将原有大运河运道拉直，北起大都、南抵余杭（今杭州）的京杭大运河得以贯通。聊城市地处山东西部，与今河北省接壤，毗邻京畿重地，会通河、卫运河纵贯境内，具有鲜明而独特的区位优势。明代建立后，改变了元代河海兼运的政策，漕粮等物资全由运河运输，京杭大运河南北运输大动脉地位进一步加强，聊城的区域重要性进一步提升，东昌府城、临清州城及张秋、七级、阿城等地快速发展起来，成为华北大平原上繁华富庶的运河城镇，奠定了聊城市400余年的兴盛与繁荣，同时也为聊城增添了浓郁的运河商业文化色彩，成为聊城优秀传统文化的

重要组成部分。

大运河带给聊城丰富多样的文化，是聊城"两河明珠"城市建设的重要载体。大运河的通航带来了以漕运经济为代表的商业文化，大运河的开凿与维护带来了以运河工程为代表的水工科技，大运河使用过程中的管理制度、物料支出、税收征缴等带来了运河勤政、廉政文化。这些文化元素互相促进，碰撞交融，为聊城地域文化的形成和发展提供了不竭的源泉。为深入贯彻落实习近平总书记视察山东时提出的"四个讲清楚"重要指示要求，结合实施中华优秀传统文化传承发展工程，将廉洁文化融入优秀传统文化"两创"工作，加快推进"两河"文化研究，聊城运河文化研究中心充分挖掘我市丰富的运河文化资源，将重要的聊城运河文献汇为一辑，集中展现我市运河开凿与使用历史及在这一历史进程中展现出的聊城漕运文化、水工文化、商业文化、廉政文化，为聊城文化事业实现更好更快发展，奠定坚实的文献基础。

一 聊城运河的开凿、维护与社会影响

聊城市地处河漯平原区，为黄河巨大冲积扇的东北斜面，地形平坦，地势从西南向东北缓缓倾斜，境内河流多为西南—东北流向。聊城境内运河开凿和使用历史悠久，隋代开凿的永济渠流经今临清市。元代对运河进行了比较大的改造，特别是开凿了纵贯聊城腹地的会通河，奠定了京杭大运河的基本走向。元代之后，明、清两代又多次疏浚、改造会通河，使之成为南粮北运以及南北经济文化交流的重要通道。

（一）聊城运河的开凿

隋唐时期是聊城运河开凿与使用的重要历史阶段。隋炀帝大业四年（608），"诏发河北诸郡男女百余万开永济渠"①。其自汲郡至馆陶的河道

---

① （唐）魏征等：《隋书》卷三《炀帝纪上》，中华书局1973年版，第70页。

基本利用了此前曹操开凿的白沟；自馆陶至沧州，则部分利用了汉代所开的屯氏河。这条运河经过的永济（今山东冠县北）、临清（今山东临清市西南）均与聊城市有着密切的关系。

　　元代定都大都后，"百司庶务之繁，无不仰给于江南"①。当时，永济渠北段天津以南的卫河及天津至通州的白河仍可行漕，山东南部至淮北则利用泗水等天然河道。但山东卫河临清以南、济宁以北尚不能通航。为此，元世祖至元十九年（1282）十二月，沿山东丘陵西北边缘开凿运河，至二十年（1283）八月完工。这条运河以济州任城（今山东济宁）为中心，向南至鲁桥镇与泗水连通，向北至须城安山镇（今山东梁山县小安山）入济水（大清河），全长 150 余里，是为济州河。

　　济州河开通后，自安山至临清仍需由旱站陆运。这段陆路经过茌平一段地势低洼，夏秋霖潦，牛车跋涉其中，艰阻万状，运输十分艰难。为打通济州河以北的漕运路线，元世祖至元二十六年（1289）正月，开凿"起东昌路须城县安山之西南，由寿张西北至东昌（今山东聊城），又西北至于临清"②的新运河，直接连通御河（卫河）。当年六月，开河工程正式完工，并引汶河水以济运河水源之不足。元世祖取"会通天下"之义，命名为"会通河"。自此，山东境内运河得以贯通，杨文郁称："以六月辛亥决汶流以趋之，滔滔汩汩，倾注顺通，如复故道，舟楫连樯而下"③，记述了会通河通航后的漕运盛况。

　　明成祖朱棣通过靖难之役夺取政权后，于永乐四年（1406），"诏建北京宫殿，修城垣"④。次年，命工部尚书宋礼总管其事。为解决从江淮地区转运更多粮食及各类物资，以满足京城供应的问题，永乐九年（1411）二月，明成祖命工部尚书宋礼、都督周长发山东、直隶、徐州、应天等地民工 30 万人，重新疏浚会通河。同年六月，会通河工程完工。会通河中段自袁口至寿张沙湾，弃用元代旧河，从袁口经靳口、王仲口、

　　① （明）宋濂等：《元史》卷九三《食货一》，中华书局 1976 年版，第 2364 页。
　　② （明）宋濂等：《元史》卷六四《河渠一》，第 1608 页。
　　③ （明）谢肇淛编：《北河纪》卷三，明万历刻本。
　　④ （清）张廷玉等：《明史》卷四〇《地理志一》，中华书局 1974 年版，第 884 页。

常仲口、安山镇、戴庙，与北段相接，长 90 里，较元代会通河故道东移 50 里。会通河北段自寿张，过沙湾、张秋镇，经东昌府（今山东聊城市），至临清入卫运河，沿用元代会通河故道，长 200 里。为保证运河水源，沿途修建节制闸 10 余座、进水闸 9 座、泄水闸 10 座。

在清代前期、中期，聊城境内运河基本维持明代原有河道。清咸丰五年（1855），黄河在河南铜瓦厢决口北流，在张秋穿运河，夺大清河河道，由利津入海，运河张秋至临清段水源补给困难。其中张秋至聊城段运河"河身淤狭，已为平地，实不及丈五之沟，渐车之水"①。同治十二年（1873），李鸿章遣员履勘黄河故道及运河河道，认为"铜瓦厢决口后，旧河身淤垫过高，岁久干堤无从修治，势难挽复淮徐故道，且于漕运无甚裨益。至借黄济运、筑堤束水工程均无把握，与导卫济运之法同一难行"②。黄河仍由山东入海，对运河的侵扰仍未改变。此后，清廷多次疏浚聊城段运河，成效均不明显。光绪二十七年（1901），漕粮改征折色，漕运制度正式退出历史舞台，运河漕运也完成了历史使命。

（二）聊城运河的维护

流经聊城市的会通河是人工开凿的河道，河身狭窄，水源不足，闸坝林立，维护难度很大，是保障漕粮等物资北运的关键工程。"国家都燕，仰给东南，唯是一衣带水以供天府，而郡绾其会"③，维护聊城段运河顺利通航的重要性由此可见一斑。

一是实施治黄保运工程。聊城境内的会通河维护任务繁重，特别是在明永乐之后，黄河水患不断，经常侵扰运河。纵观聊城运河历史，明代正统至景泰治理黄河扰运，成为维护聊城段运河通航最为重要的事件。正统十三年（1448）秋，黄河在新乡八柳树决口，一股洪水西北入曹、

---

① 顾廷龙、戴逸主编：《李鸿章全集》（第 29 册）《信函一》，安徽教育出版社 2008 年版，第 598 页。

② 山东师范大学历史系中国近代史研究室选编：《清实录山东史料选》，齐鲁书社 1984 年版，第 1765—1766 页。

③ （明）王命爵、李士登修，王汝训纂：《（万历）东昌府志》卷一四《河渠志》，万历二十八年（1600）刻本。

濮，抵东昌，冲张秋，溃寿张沙湾运堤，将运河拦腰冲断，并挟南来的汶水由大清河入海，大清河以北至临清的运河因水源不足而受阻。张秋即今山东阳谷县东南的张秋镇，沙湾在张秋南十二里，为南北漕运的襟喉重地。自正统末年，至景泰中，沙湾运堤数次修筑，又多次溃决。景泰四年（1453），徐有贞开凿黄河分洪渠道，由张秋西接河沁交汇处的黄河，名为广济渠，意在利用人工渠道分黄济漕，减少黄河决口的风险。同时，徐有贞又疏浚了济宁至临清的运道，在东昌建八闸，以备泄洪。弘治中，白昂在会通河上加筑堤防，开凿减水河。此后，刘大夏在黄河北岸，从河南至山东境内修建太行堤，以防黄河北决，黄河对聊城境内张秋一带运河的威胁才得以减少。这一系列明代治黄保运的重大工程，即主要发生在今聊城市境内。

二是开展运河日常维护。流经聊城的运河又称为"闸河"。在聊城境内的运河河道上节节建闸，意在拦蓄水源，保持水位，确保漕船通行。《漕河图志》记述临清州境内有会通闸、临清闸、南板闸、新开上闸，聊城县境内则有通济桥闸、李海务闸、周家店闸，并有裴家口减水闸、米家口减水闸、官窑口减水闸、方家口减水闸、柳家口减水闸等。这些闸坝均需要定期修整，维护任务繁重。此外，聊城境内运河亦需时加疏浚，才能避免淤塞，保持畅通。清顺治十年（1653）规定"南旺、临清岁一小浚，间岁一大浚"[①]。乾隆四十九年（1784），对山东运河清淤挖浅，又规定一岁一小浚，五年一大浚。此外，清代还对挑河及船舶通行时间进行了规定。康熙二十九年（1690）明确，每年十一月十五日煞坝挑河，禁止船舶通行，正月十五日开坝放行。乾隆二年（1737）又明确每年十一月一日运河煞坝挑河，开坝则以南方漕船抵达台儿庄为准。

三是完善运河管理体制。运河管理体制呈现出不断细化的趋势。明成化中，在张秋设立都水分司，常驻北河郎中一员，负责北至天津、南至鱼台的运河河道事务。各闸酌设闸夫、溜夫、捞浅夫。东昌府设有管

---

① （清）张曜、杨士骧修，孙葆田纂：《（宣统）山东通志》卷一二六《运河考》，民国七年（1918）铅印本。

河通判、临清州设有卫河提举司，沿运的聊城县、堂邑县、茌平县、博平等县均设有管河主簿。清代设立河东河道总督，管辖河南、山东境内河务，东昌府设有上河通判、下河通判，聊城县、堂邑县等设有管河主簿。聊城市境内的通济桥闸、周家店闸、永通闸、梁乡闸均设有闸官，专司船闸启闭维护。为维护运河运输秩序，明代多次下旨，申明禁令。如隆庆四年（1570），"令兵部出榜禁约管船官索要船夫银两等项，不遵者重罪不饶"，成化六年（1470）"奏准马快船附载私货者，本船小甲并附船之人俱发口外充军，其空身附搭者以违制论"①。清代也就运河行船作了细致的规定。此外，临清地处汶、卫交汇处，为商船必经之处。自明代宣德四年（1429）起，在临清设立钞关，由户部主事负责征税事宜，并制定了完善的征税细则。

（三）聊城运河的社会影响

运河流经聊城，给聊城打下了鲜明的运河烙印，产生了多方面的影响，不少运河文化元素成为聊城地域文化的重要组成部分。

一是繁荣了聊城经济。运河是明清时期重要的南北经济动脉，聊城得运河之便，实现了数百年经济的繁荣。自元代以来，特别是明清时期，聊城人口逐步聚集，物资集散流转，运河沿线城市快速发展起来。聊城运河商业的繁荣与城镇的发展，在曾来我国游历的鄂多立克、马可·波罗、崔溥等人的游记中都有记述。聊城得益于漕运兴盛，成为运河九大商埠之一，被誉为"漕挽之咽喉，天都之肘腋"，"江北一都会"②。东昌府城东运河沿岸为商贾聚集之区，"东昌为山左名区，地临运漕，四方商贾云集者不可胜数"③。东昌府商业兴盛时有八大会馆，聊城山陕会馆华美壮丽，至今犹存。李正仪称："东郡商贾云集，西商十居七八。"④

---

① （明）赵用贤编：《大明会典》卷一四九，明万历内府刻本。
② （明）于慎行：《谷城山馆文集》卷一三，万历间于纬刻本。
③ （清）温承惠：《山陕会馆众商重修关圣帝君大殿财神大王北殿文昌火神南殿暨戏台看楼并新建飨亭钟鼓楼序》，据聊城山陕会馆原碑整理。
④ （清）李正仪：《重修山陕会馆戏台山门钟鼓亭记》，据聊城山陕会馆原碑整理。

记述了外地商人来聊城经商的盛况。临清中洲由汶、卫二河环抱而成，"东南纨绮，西北裘褐，皆萃于此"①，成为重要的粮食、绸缎、纸张、茶叶集散地。陈守愚称张秋镇"帆樯鳞集，车马肩相摩，商贾刀泉，贸易纷错，傍午醉歌者载道"②，各地来张秋经商的不下万户。商业的兴盛，带动了聊城的农业及手工业生产。东昌府"高唐、夏津、恩县、范县宜木棉，江淮贾客列肆赍收，居人以此致富"③。阳谷县七级镇"遍地宜枣，夏绿秋红，几无隙地，无村不然。出枣之多，甲于一邑"，而"南商北贾者皆聚贸于此"④，有力促进了聊城大宗土产的外销。

二是积淀了聊城文化。文化是聊城的血脉，塑造了聊城的品格，展现着聊城的形象，是聊城的闪亮名片。自明代运河漕运商贸逐步兴盛以来，运河文化元素逐步渗入聊城社会生活之中，为聊城文化增添了鲜明的运河色彩。如运河交通的便利推动了聊城刻书业的兴盛，明代堂邑县即刻印通俗读物，至清代涌现出书业德、善成堂、宝兴堂、有益堂等"四大书庄"。聊城书庄不仅刻书，而且通过运河从南方购买印好的书页，装订成册后发卖，称为"南书"。运河名镇张秋的木版年画线条简洁明快，主题丰富多样，成为颇具特色的非遗产品。临清交通便利，是京剧戏班进出北京所经的重要城市，梅、程、荀、尚、余、马、言、谭各派均有传承，促进了临清京剧艺术的发展繁荣。临清济美酱园为清代江北四大酱园之一，生产的红腐乳深得乾隆皇帝喜爱，遂有"进京腐乳"之称。

三是塑造了聊城精神。聊城精神的形成与独特的区位优势密不可分。聊城地处冀、鲁、豫三省交界处，黄河、运河在这里交汇，齐鲁文化、中原文化、燕赵文化与黄河文化、运河文化在这里深度交融，为特色鲜明、内涵丰富的聊城精神的孕育与生长提供了肥沃的土壤。这里既有齐

---

① （清）张度、邓希曾修，朱钟纂：《（乾隆）临清直隶州志》卷二《市廛》，乾隆五十年（1785）刻本。

② （清）李贤书修、吴怡等纂：《（道光）东阿县志》卷一九，道光九年（1829）刻本。

③ （清）陈梦雷：《古今图书集成》之《职方典》卷二五五《东昌府物产考》，雍正六年（1728）铜活字本。

④ （清）孔广海原纂，董政华督修：《（光绪）阳谷县志》卷一八《风俗》，民国三十一年（1942）铅印本。

文化崇商重农的传统，又有鲁文化尚仁重义的风格；既有燕赵文化慷慨侠义的风骨，也融入了中原文化深沉厚重的气度。特别是以黄河文化为代表的农耕文明与以运河文化为代表的商业文明在这里碰撞融合，形成了守诺诚信、勇于探索、拼搏进取、注重商贸、仁厚宽容的精神特质，形塑了特色鲜明、内涵丰富、底蕴深厚的聊城精神。临清"缙汶卫之交而城，齐赵间一都会也"。作为重要的运河商业城市，临清"五方商贾，鸣棹转毂，聚货物，坐列贩卖其中，号为冠带衣履天下"[1]。受运河商业的影响，临清百姓"仰机利而食，暇则置酒征歌，连日夜不休"[2]，其民风尚奢华、好饮宴，显示出较浓厚的运河商业特色。而聊城县作为府治所在地和会通河沿岸的商业城市，其"服室器用，竞崇鲜华"，且境内临河之"李海务、周家店居人陈橡其中，逐时营殖"[3]，亦受到运河商业的较大影响。这些记述都为了解聊城精神中运河商业元素的形成与延续，提供了有价值的文献支撑。

二 聊城运河文献的类型与内容

聊城境内的会通河是在中国北方水源缺乏地区开凿的人工运河，其开挖、疏浚与维护任务繁重。此外，明代黄河北决，多次侵扰运河。治理黄河决口成为国家层面的重要事务，并由此产生了大量运河文献。

（一）文献类型多样

存世聊城运河文献主要有正史文献、专书文献、方志文献及别集文献等类型。这些文献各有侧重，相互补充，共同展现了聊城运河的悠久历史、丰富内涵与独特风貌。

一是正史。《隋书》对隋炀帝开凿永济渠有精要的记述，其中部分

---

① （明）王命爵、李士登修，王汝训纂：《（万历）东昌府志》卷二。
② （明）王命爵、李士登修，王汝训纂：《（万历）东昌府志》卷二。
③ （明）王命爵、李士登修，王汝训纂：《（万历）东昌府志》卷二。

内容即与聊城有关。《元史》《新元史》对流经聊城境内会通河的开凿本末记述颇为详悉，不仅有对开凿会通河主持者、投入民工及物资等明确记载，而且还细致胪列了元代聊城境内会通河上会通闸、李海务闸、周家店闸的修建时间、用工数量及各闸相隔里数，是研究元代会通河的重要资料。《明史·河渠志》详细记述了与聊城运河有关的疏浚工程，尤其对正统、景泰各朝治理张秋决河的情况进行了细致的记述。《明史》本纪中有不少与聊城运河有关重要举措，《明史》列传中详细记述了参与治理聊城运河的重要人物。《清史稿》在体例上与《明史》相似，对聊城运河的记述较为零散，不少内容散见于《清史稿》列传中。

二是专书。自明代以来，运河专书大量出现，不少为负有治理运河、黄河之责的河务官员主持编纂，保留了大量与聊城运河河道及治理有关的第一手资料。《漕河图志》纂修于明代中期，《北河纪》纂修于明代晚期，《山东运河备览》纂修于清代中期，均详细记述了今聊城市辖区内运河河闸名称及规制、浅铺及浅夫等河工夫役、河道管理体制及官员职责等与聊城运河有关的基础数据。刘天和在《问水集》中，论述了黄河演变概况、原因以及对运河的影响，收集和总结了有关黄河的施工和管理经验；万恭在《治水筌蹄》中，立足河工实践，总结出治黄方略、筑堤束水冲沙深河经验、在河滩筑矮堤滞洪拦沙以稳定主槽、掌握汛情必要性、京杭运河航运管理与水量调节等内容；张伯行在山东担任运河道多年，在《居济一得》中，论及聊城运河坝闸堤岸的修筑疏浚蓄泄启闭之法及有关官吏职司，并条分缕析山东诸水之利病，均为有价值的河工经验总结。吴道南《河渠志》、傅泽洪《行水金鉴》及官修《钦定户部漕运全书》《钦定大清会典则例》细致梳理了聊城运河的历史脉络，收录编排了与运河有关的典章制度、谕旨及奏疏、题本等官方原始档案；谈迁《北游录》、李钧《转漕日记》、包世臣《闸河日记》均记述了行经聊城运河的所见所闻，记述细致，时加考辨，保留了明清时期聊城运河大量细节化描写，具有独特的价值。

三是诗文。与聊城运河关系密切的运河散文以碑记文为主，涉及与运河、黄河治理有关的重大工程。这些碑记不少为办理河务官员亲自撰写，如徐有贞《奉敕修河道功完之碑》记述了明景泰中治理张秋决河的工程规划、物料开支及办理成效，在了解运河工程方面，具有其他文献资料所不具备的权威性与细致性。有些为朝廷官员或文学侍从之臣撰写，如杨文郁《开会通河工成之碑》记述了元代开凿会通河的详细过程，保留了元廷酝酿、实施会通河开凿工程的决策过程。王鏊《安平镇治水功完之碑》记述了弘治六年（1493）李兴、陈锐、刘大夏治理张秋决河工程，称"会通河实国家气脉，而张秋又南北之喉咽"，从国家漕运政策层面，对相关工程做出精当评价，显示出朝廷重臣的开阔视野与实务才干。文中记述此次堵口工程："乃于张秋两岸东西筑台，立表贯索，网联巨舰，穴而窒之，实以土牛。至决口去窒舰沉，压以大埽，合且复决，随决随筑。吏戒丁励，畚锸如云，连昼夜不息，水乃由月河以北。"① 记述工程本末亦洗练准确，文质兼美。此外，行经运河的文人官吏往往触景生情，创作了大量与运河有关的诗歌，或描绘景色，或咏古抒怀，或欢宴送别，内容丰富，显示出中国传统文人的心灵脉动与人生经历。

（二）文献内容丰富

运河融入聊城区域生活，在多个领域产生了深远的影响。体现在运河文献中，即为内容的丰富多样。

一是与运河有关的重要水工举措。主要包括开凿疏浚运河、治黄保障运河、修建运河闸坝桥梁等各类工程。这一内容不仅广泛收入正史《河渠志》等水利专志及治河人物传记中，而且在运河专书及专门记述运河工程的碑记中均有大量体现，成为聊城运河文献中最为重要的部分。如《明史·宋礼传》记述宋礼疏浚会通河的本末颇为详悉，不少内容可补《明史·河渠志》之不足。徐溥《会通河东闸记》记述白昂修治黄河决口后，疏通张秋运道，巡行运河，见临清东闸废坏，遂与山东地方官协力重修，以便航运；谢迁《安平石堤记》记述明弘治中，堵筑张秋决河后，山东布政司右通政张缙修建张秋石堤，以防冲决，所记内容均为

① （明）王鏊：《震泽先生集》卷二一，嘉靖十五年（1536）刻本。

正史所不载，但在聊城运河修治与维护的漫长历史中具有重要价值。

二是丰富多样的运河区域生活。聊城运河文献不少内容虽不属于运河治理范畴，但与运河关系密切。如《民国临清县志》记述临清鳌头矶、舍利宝塔等运河区域名胜，描写细致，叙述明晰。王直《临清建城记》记述明代土木之变后，镇守临清的平江侯陈豫与都察院右副都御使孙曰良尊奉朝命，同修临清城垣，以卫漕运，以保民生。王汝训《重修阿井碑记》记述施尔治、徐之洪等人掏浚阿井、重建屋垣墙，并详列参与工程之地方官吏，对于了解阿井历史颇有助益。李东阳行经临清时，所作《临清二绝》记述临清繁华景象，其一称："十里人家两岸分，层楼高栋入青云。官船贾舶纷纷过，击鼓鸣锣处处闻。"其二称："折岸惊流此地回，涛声日夜响春雷。城中烟火千家集，江上航樯万斛来。"① 颇为细致传神，均从不同角度展现了聊城运河区域的社会生活。

三是域外人士对聊城运河的记述。外国使节、旅行家等来到中国，以异域眼光审视聊城运河，并进行了生动细致的描绘，不少内容可以补国内文献之不足。崔溥《漂海录》记述临清称："县城在河之东岸半里许，县治及临清卫治俱在城中，在两京要冲、商旅辐辏之地。其城中及城外数十里间，楼台之密、市肆之盛、货财之富、船泊之集，虽不及苏杭亦甲于山东，名于天下矣。"② 对临清之繁华作了生动的描述；策彦周良《再渡集》记述光岳楼称："楼之四面远景可爱。此楼五层峥嵘，四檐逐一横颜'光岳楼'之三大字。于最上层东望见泰岱。所历过有小门，揭'望岳里'之三字。"③ 保留了明代光岳楼的规制与风貌。

三　聊城运河文献的编排与整理

聊城运河文献数量巨大，类型多样，且多散见于各类历史文献及文

---

① 周寅宾整理：《李东阳集》（第 1 卷），岳麓书社 1984 年版，第 622—623 页。
② 葛振家：《崔溥〈漂海录〉评注》，线装书局 2002 年版，第 134 页。
③ 策彦周良：《再渡集》卷下，《策彦入明记　笑云入明记》，崇文书局 2022 年版，第 373 页。

人别集中。对聊城运河文献进行较为全面的搜集、选择、编排与整理，对于展现聊城运河文献全貌，服务聊城运河文化保护传承利用与文旅事业发展，具有重要的意义和价值。

（一）聊城运河文献的收录

运河是南北贯通的整体，是活态的、流动的文化。对聊城运河的记述不能完全割裂与聊城外沿运各市的联系。特别是不少与运河有关的重要文献，涉及聊城运河，又不单论及聊城运河。因此本汇编收录的聊城运河文献，注重以记述聊城运河的部分为主，同时也酌收与聊城有关的记述范围更广的运河文献资料。在记述漕运的专书中，有不少运军管理方面的记述，并非专门针对聊城境内漕船而言，但又与聊城有着密切的关联。如《通漕类编》卷四"官军犯罪"记述："（万历）十二年题准：凡运军土宜每船许带六十石，沿途遇浅盘剥，责令旗军自备脚价，例外多带者照数入官。监兑粮储等官水次先行搜检，督押司道及府佐官员沿途稽查。经过仪真，听儹运御史盘诘；淮安、天津，听理刑主事、兵备道盘诘，六十石之外俱行入官。经盘官员徇情卖法，一并参治。其余衙门俱免盘诘。"① 此类内容数量较大，采择与收录亦需要一定的灵活性。为此，在本文献校注中，根据需要酌量扩展记述范围，以期全面展现聊城运河面貌，避免对聊城运河文献的人为割裂。

（二）聊城运河文献的编排

聊城运河文献的编排注重条理性与系统性，务求眉目清晰，查检方便。

首列正史运河文献，明晰发展脉络。《隋书》《金史》《元史》《新元史》《明史》《清史稿》中记述了运河开凿与维护的大量历史事实，显示出较强的宏观性与概括性，其中除《明史》记述堵筑黄河决口，治理沙湾决河细致详备外，多数为黄运治理大背景下的简要记述，虽属提纲

---

① （明）王再晋：《通漕类编》卷四"官军犯罪"，天启、崇祯间刻本。

挈领，但仍不免稍显简略。

次列专书运河文献，丰富运河内蕴。自明代以来的运河专书对运河的记述颇为详悉，这与自明代以来废海运，专行河运，运河的重要性大大提升有关。本汇编收录的运河专书最早的为《漕河图志》，为明中期的运河文献。《问水集》《漕船志》《治水筌蹄》《通漕类编》《北河纪》《居济一得》等因体例及纂修主旨不同，对聊城运河的记述各有详略和侧重。但总体而言，均较正史中对聊城运河的记述更为详细完备，保存了大量有价值的基础资料，体现了国家及地方对聊城运河治理的高度重视。特别是对运河工程数据的记述及对聊城运河治理及漕运经验的总结，均有重要的文献价值。

次列方志的运河文献，突出地域特色。方志为我国特有的文献类型，具有鲜明的地域性和资料性。涉及聊城的存世方志数量较多，时间跨度从明代至民国，绵延不绝。本汇编选择纂修较晚、内容丰富的《（宣统）山东通志》《（民国）临清县志》，补充其他明清运河文献未收的晚近聊城运河资料。如《（民国）临清县志》收录民国时期漕运停止后临清运河商业区的萧条衰落，对于了解聊城运河盛衰变迁具有重要价值。此外，本部分还收录了部分纂修较早的方志，如《（万历）东昌府志》为聊城市存世最早的府志，其中对今聊城市各县所辖河道长短及设置闸坝、人员情况的详细记述可与同属明万历朝的《北河纪》相关记述进行对照，为深入分析明代聊城运河水工情况提供了宝贵的基础数据。

次列聊城运河碑记、诗作文献，突出场景记述。此两部分均为与聊城运河关系密切的单篇诗文。这些诗文内容丰富，数量较大，是对聊城运河具体事件、具体场景的细致记述，可以有效补充上述正史、专书、方志记述之缺略。如本汇编收录王俨《临清州治记》记述了弘治二年（1489）临清升为州，张鹭就任知州后，扩建临清州署，完善临清建置的详细情况。张景枢《山陕会馆碑记》作于乾隆十一年（1746），记述山陕商人集资修建会馆，作为联络乡谊之地的本末，是聊城运河商贸兴盛的重要文献。梅曾亮《海源阁记》记述了杨以增创建晚清四大私人藏书楼之一海源阁，阐述了杨以增的藏书旨趣与理念，显示出运河漕运对

聊城文化兴盛的深刻影响。

末列域外聊城运河文献，作为必要补充。本部分收录了自元代鄂多立克起，直至清代的外国使节、旅行家对聊城运河的记述。其中不少见闻颇为细致。特别是其独特的域外视野，对于更为全面地认识和把握聊城运河的文化特色，提供了新的思路和视角。如《荷使初访中国记》记述聊城县、张秋镇的城市格局与整体风貌，保留了对清初聊城运河城镇的宝贵记述。《英使谒见乾隆纪实》通过细致观察，记述了聊城境内的运河工程，对运河闸坝的形制的评价颇为深入。

（三）聊城运河文献的整理

本汇编主要采用传统的中国古典文献学研究方法，对聊城运河文献进行整理。

一是选择整理底本。为保证聊城运河文献整理的质量，在选择整理底本时，尽量选择刊刻较早、较为精善的本子。如谢肇淛《北河纪》有谢氏明万历中自刻本与清乾隆《四库全书》本。本汇编即以刊刻较早、保留文献原貌的明万历刊本作为整理底本。本汇编收录的诗文在版本选择上，首选作家别集。如徐溥《安平镇治水碑记》录自《谦斋文集》。王鏊《安平镇治水工完之碑》录自明嘉靖刻本《震泽先生集》卷二一。王鏊《安平镇治水工完之碑》亦收入《（康熙）张秋志》卷九，今将两本文字异同稍加辨析，以说明选择整理底本之重要性。

《震泽先生集》卷二一"至决口去窒舰沉"① 一句中之"舰沉"，《（康熙）张秋志》卷九作"沉舰"；《震泽先生集》卷二一"辅以滉柱"一句中之"滉柱"，《（康熙）张秋志》卷九作"梘柱"。"滉柱"意为防洪护堤的木桩。沈括《梦溪笔谈·官政一》称："钱塘江，钱氏时为石堤，堤外又植大木十余行，谓之滉柱……盖昔人埋柱，以折其怒势，不与水争力，故江涛不能为害。"② 而"梘"意为"窗棂"。据此，则当以

---

① （明）王鏊：《震泽先生集》卷二一，嘉靖十五年（1536）刻本。下文《震泽先生集》卷二一王鏊《安平镇治水工完之碑》出处同。

② （宋）沈括：《梦溪笔谈》卷一一《官政一》，上海书店出版社 2009 年版，第 102 页。

《震泽先生集》卷二一之"滉"字为确。《震泽先生集》卷二一"命臣某纪其事。臣某拜手稽首，而献诗曰"句中两处"某"，为第一人称自称语气，而《张秋志》卷九改为"鳌"，均未符原文。

　　兹再举一例，详加申说。程敏政《篁墩程先生文集》卷二〇收录《临清州观音阁下浮桥记》，《（万历）东昌府志》卷二〇亦收录此文，题为"临清东浮桥记"，与程敏政别集之题目文字出入颇大，当为《东昌府志》纂修者之改换，已失此文题之本来面目。《篁墩程先生文集》"家河之北岸"① 一句"北"字，《（万历）东昌府志》作"南"。《篁墩程先生文集》"以成化乙巳捐己赀"，中"乙巳"，《（万历）东昌府志》作"甲辰"。《篁墩程先生文集》"为白金六斤有畸"，中"六"字，《（万历）东昌府志》作"十"。《篁墩程先生文集》"后五年，为弘治己酉"中"己酉"，《（万历）东昌府志》作"戊申"。《篁墩程先生文集》"而舟之更造者六"中"六"，《（万历）东昌府志》作"九"。《篁墩程先生文集》"又三年为辛亥再弊"，《（万历）东昌府志》作"又五年为癸丑再弊"。《篁墩程先生文集》"乃能识所锢"中"识"字，《（万历）东昌府志》作"释"。《篁墩程先生文集》"修运道二百余丈"一句，《（万历）东昌府志》作"修运道，以便挽拽。于闲地造屋庐，以居茕独"。《篁墩程先生文集》"孙淮亦治经待试"，《（万历）东昌府志》作"锡亦治经待试"。二本所录此文出入颇大。为慎重起见，即以程敏政《篁墩程先生文集》为底本进行整理。

　　此外，若碑记原碑仍存世，则直接以碑刻作为底本进行整理。如刘健所撰《黄陵冈塞河功完之碑》原碑尚存，大部分文字尚可辨析。相对而言，方志存录此文则多有不同。如《（嘉靖）长垣县志》卷九录此文，标题与碑刻题名同，而《（道光）东阿县志》卷一九所录此文题"奉敕撰黄陵冈河工完之碑"，题目改易较多。《（嘉靖）长垣县志》录此文"且势损南北运河道"，之"势"字，《（道光）东阿县志》脱。据下文

------

　　① （明）程敏政：《篁墩程先生文集》卷二〇，正德二年（1507）刻本。下文《篁墩程先生文集》卷二〇《临清州观音阁下浮桥记》出处同。

"尝命官往治,时运道尚未损也",可知弘治二年黄河初决时,尚未扰及运道,有"势"字符合实际情形。

二是注重细致校勘。本汇编选录的文献,往往收录于不同古籍中。在整理过程中,注重加以校勘,以还原文献本来面貌。如《(万历)东昌府志》卷二〇《艺文志》及《(乾隆)东昌府志》卷七《山水》均收录刘梦阳《南板新开二闸记》。刘梦阳无别集存世,上述二志均为转录文献。今加对校,《(万历)东昌府志》所录此文"一以板障之,名曰板闸,继后改为石闸"一句,《(乾隆)东昌府志》脱"继"字。《(万历)东昌府志》所录此文"峻泻既杀,胶涸亦除"中之"涸"字,《(乾隆)东昌府志》卷七作"固",当误。《(万历)东昌府志》卷二〇所录此文"弘治年间,司徒白公昂改修会通闸,导流而北,闸底过卑,便谢于前,仍南闸以行。今皇帝临御之七载,冥顽弄兵,水陆途绝,廷议都宪刘公总师靖丑,清道通漕"。涉及弘治中白昂改修会通闸情况。特别是介绍了刘公受命督漕的背景,为临清修闸的重要背景信息,《(乾隆)东昌府志》径改为"督宪刘公总师通漕",均未提及。《(万历)东昌府志》所录此文记述刘公"复于会通闸底沉杉九板,峻泻既杀,胶涸亦除,澹为安流,大往小来,穷昼继夜",《(乾隆)东昌府志》则略去"澹为安流,大往小来,穷昼继夜",缺失了此次修缮会通闸后的便利船行的情形。《(万历)东昌府志》所录此文于"新闸则仍其旧,而易其闸之金口与闸之底焉"句后,有"参决则工部郎中李公师儒、陆公应龙,督课则东昌府通判倪鼎、临清州判官林恭也。抡工而工良,选材而材坚,趋事有严,布力无怠,历时告成,巩辈如镕金,整如截肪。再于两闸之间,下旧河之身若干,阔旧河之身若干,乃以是岁六月六日工完放舟,上者无号挽之劳,下者无激射之险,群吁众异,相目以嬉,曰:是何就续之易、策筹之神也?盖自前元,以至今日,闸更几作,率以不能利涉为憾。至是始克免焉。收效于废,变易于难,识洞于隐,才周于事,至智也。速输贡之程,广货殖之用,加惠兆人,流泽来裔,至仁也。在昔开一渠,修一堰,民兴谣,史载事,度德量力于公,其大小久近何啻倍蓰,可无纪乎"一段,《(乾隆)东昌府志》删略。此段记述修建运河闸之各级官员、完工日期及作者对此次工程效果之评价，均为重要信息。需要注意的是，此文之末句记述刘公，《（万历）东昌府志》作："公讳恺，保定新安人。"颇为简略，而《（乾隆）东昌府志》作："公讳恺，字承华，保定新安进士，西皋其自号云。"则颇为详细。又检《（康熙）临清州志》卷四载此文，末作"公讳恺，字承华，保定新安人，由进士历今官，西皋其自号云"。于睿明于清康熙中奉朝廷修志之名纂修此志，所本为明方元焕之旧志，此处所录之文，当亦袭用明志。故核对三志文字，遂据《（康熙）临清州志》之文加以校订。

对所录诗作，亦加以认真校勘。如李东阳于成化八年（1472）南下返回湖南原籍，途经临清时所作《临清二首》，为记述临清繁华的代表诗作。《（万历）东昌府志》卷二一收录其二，题为"鳌头矶"，《（康熙）临清州志》卷四全录，题"鳌头矶二首"，此诗与鳌头矶关联遂密，体现出后世纂修方志对诗作进行改造的痕迹。再如孔胤樾《溯洄集》卷一《登清源廓外塔》，张自清修、张树梅等纂《（民国）临清县志》亦载此诗，题为"登永寿寺塔"。孔胤樾《溯洄集》此诗之原题所指为临清永寿寺塔，但未点出塔名。经方志纂修者修改诗题，此诗与永寿寺塔的关联遂更为紧密，亦更符合方志记述域内风物的纂修特色。

三是随文酌加注释。运河工程与治理具有较强的专业性。为方便学界使用，本文献校注对文中出现的重要人物，多简要记述其生平，突出其治理运河的事迹。如对宋礼生平记述称："二年（1404），拜工部尚书。九年（1411），浚会通河，用汶上老人白英策，筑坝遏汶水，汇诸泉之水，尽出汶上至南旺，南流接徐沛者十之四，北流临清者十之六，并相地置闸，以时蓄泄。十三年（1415），遂罢海运。"简要记述了宋礼治理会通河的事迹。此外，本文献校注还注重对涉及名物及典章制度的注释，以方便读者准确理解文献内容。如明初徐达率军北上，在塌场口开凿运河。注释中解释"塌场口"称："在今山东鱼台（谷亭镇）北。《方舆纪要》卷三二鱼台县：塌场口'旧为运道所经。永乐九年，刑部侍郎金纯浚元人运河故道，引汴水自开封入鱼台塌场口会汶水，经徐、吕二洪入淮。汶水即泗水也。嘉靖九年，黄河由单县侯家村决塌场口，冲谷亭，即此'。"通过直接解释与引用文献相结合，介绍塌场口这一重要历史地理名词的含义。此外，本文献校注还注重对收录内容的考辨。如张廷玉等修《明史》卷八三记述刘大夏修筑黄河堤防称："其西南荆隆等口新堤起于家店，历铜瓦厢、东桥抵小宋集，凡百六十里。"① 此"凡百六十里"之说，不同文献记载不同，遂在注释中详加考辨："刘健《黄陵冈塞河功完之碑》记为荆隆口东西各二百里，黄陵冈之东西各三百里。潘季驯《河防一览》卷三称：'都御史刘忠宣公（大夏）筑有长堤一道，荆隆口之东西各二百余里，黄陵冈之东西各三百余里，自武陟县詹家店起，直抵砀、沛一千余里，名曰太行堤。'明代黄河北岸太行堤初成于刘大夏，为阻止黄河北流的主要屏障。"列举了刘健《黄陵冈塞河功完之碑》及潘季驯《河防一览》的相关记述，为读者提供较为全面的信息。

---

① （清）张廷玉等：《明史》卷四〇《地理志一》，中华书局1974年版，第2024页。

凡　例

聊城是运河流经的重要地级市，存世运河文献数量巨大，类型多样，内容丰富。对各类著述中存录的聊城运河文献进行细致全面的搜集、整理与研究，摸清聊城运河文献底数，直观展现有价值的运河文献资料，对于进一步保护传承利用丰富多彩的大运河文化，加快聊城文化事业发展，具有重要的推动作用。

为更好地编排与整理聊城运河文献，特列汇集、整理凡例如下。

一、本书收录的聊城运河文献以今聊城市辖区为限，以体现聊城地域特色。考虑到运河的整体性、贯通性、流动性，本书亦酌收与聊城关系密切、但涉及范围较广的运河文献。

二、本书以收录运河治理类文献为主，同时亦收录治黄保运、运河建筑、运河区域社会方面的文献，以全面展现运河文献的丰富内容。

三、本书在运河文献编排上采用体裁与时间相结合的方式。按照体裁分为大类，其中"正史运河文献""专书运河文献""方志运河文献"三部分在相关著述中抽取与聊城运河关系密切的文献。为方便读者，对每部著作加以简要介绍，同时在抽取各条文献末尾注明出处。"聊城运河碑记""聊城运河诗作"为在各类运河专书、文人别集等著述中抽取的单篇诗文。所选诗文务求展现聊城运河开凿、使用及对区域社会的广泛影响，具有较强的典型性。在各诗文末尾，以按语形式有针对性地加以简要介绍。"域外聊城运河文献"选取较有影响和代表性的域外人士对聊城运河的记述，作为有益的补充。在"聊城运河碑记""聊城运河诗作"两部分，相关文献按照时间顺序排列，以符合运河发展的总体

脉络。

四、本书尽量选取刊刻较早和质量较高的底本，以保证文献整理的可靠性。同时本书也作了必要的校勘，并出校记。

五、本书对文中涉及的重要人名、地名、名物、制度及相关史实、生僻字词作了简要注释，以方便读者使用。

正史运河文献

《隋书》

《隋书》八十五卷，魏征等撰。魏征（580—643），字玄成，巨鹿人。累官尚书左丞、秘书监、侍中、左光禄大夫、太子太师，封郑国公。永济渠为隋炀帝征发军民开凿的一条重要运河，与聊城市关系密切。《隋书》未设《河渠志》或《沟洫志》，对永济渠的记述散见于《炀帝纪》《食货志》及与开凿永济渠有关人物传记中。

《隋书·炀帝上》

（大业四年正月）乙巳，诏发河北诸郡男女百余万开永济渠①，引沁水南达于河，北通涿郡②。

……

（大业七年二月）乙亥，上自江都御龙舟入通济渠，遂幸于涿郡。

---

① "永济渠"，隋炀帝于大业四年（608），为便利军运开凿的运河。永济渠以沁水为水源，起自今河南武陟沁水东岸，大致可分为三段。第一段自沁水至曹操开通的白沟运河，第二段自曹操开通的白沟运河至今天津，第三段自今天津至隋代涿郡郡治蓟城。李吉甫《元和郡县图志》卷一六《河北道一》《贝州》"永济县"称："永济县，本汉贝丘县地，临清县之南偏。大历七年，田承嗣奏于张桥行市置，西并永济渠，故以为名。永济渠在县西郭内，阔一百七十尺，深二丈四尺。南自汲郡引清、淇二水，东北入白沟，穿此县入临清。按汉武时，河决馆陶，分为屯氏河，东北经贝州、冀州而入渤海，此渠盖屯氏古渎，隋氏修之，因名永济。"

② "涿郡"，隋大业三年（607），改幽州为涿郡，治所在今北京市境内，辖蓟县、良乡、安次、涿县、固安、雍奴、昌平、怀戎、潞县等9县。隋炀帝时，开永济渠北通至此。

······

（大业十年）三月壬子，行幸涿郡。

——魏征等撰《隋书》卷三

《隋书·食货》

四年，发河北诸郡百余万众，引沁水，南达于河，北通涿郡。自是丁男不供，始以妇人从役。

——魏征等撰《隋书》卷一九

《隋书·阎毗传》

自洛口开渠，达于涿郡，以通运漕。毗①督其役。明年，兼领右翊卫长史，营建临朔宫。

——魏征等撰《隋书》卷六八

《金史》

《金史》一百三十五卷，脱脱等撰，成书于至正四年（1344）。脱脱（1314—1356），字大用，蒙古蔑儿乞人。累官御史大夫、中书右丞相。至正三年（1343），主编《辽史》《宋史》《金史》，任都总裁官。《金史·河渠志》为《金史》十四《志》之一，所据资料主要有《金朝实录》、王鹗《金史》、刘祁《归潜志》等，记述金天眷元年至贞祐五年（1138—1217）水利史事，所记以黄河为多，兼及卢沟河、漳河等。金代注重利用运河漕运供给京师粮食物资，不少记述与聊城市有密切关系。

---

① 阎毗（564—613），北周时袭爵大安郡公，迎娶清都公主，拜驸马都尉、仪同三司，授千牛备身。隋炀帝时，盛修军器，授朝请郎、起部郎中，历任殿中丞、右翊卫长史、武贲郎将、将作少监，参与辽东之役，监督疏通漕运，营建临朔宫，累迁朝请大夫、殿中少监。大业九年（613），暴卒于高阳，赠殿内监，谥恭。

《金史·河渠志·漕渠》

金都于燕，东去潞水①五十里，故为闸以节高良河、白莲潭诸水，以通山东、河北之粟。凡诸路濒河之城，则置仓以贮傍郡之税，若恩州②之临清、历亭，景州③之将陵、东光，清州④之兴济、会川，献州及深州⑤之武强，是六州诸县皆置仓之地也。其通漕之水，旧黄河行滑州、大名、恩州、景州、沧州、会川之境，漳水东北为御河，则通苏门、获嘉、新乡、卫州、濬州、黎阳、卫县、彰德、磁州、洺州之馈，衡水则经深州会于滹沱，以来献州、清州之饷，皆合于信安海壖，沂流而至通州，由通州入闸，十余日而后至于京师。其它若霸州之巨马河、雄州之沙河、山东之北清河，皆其灌输之路也。然自通州而上，地峻而水不留，其势易浅，舟胶不行，故常从事陆挽，人颇艰之。

——脱脱等撰《金史》卷二七

（明昌）六年，尚书省以凡漕河所经之地，州县官以为无与于己，多致浅滞，使纲户⑥以凿浅剥载为名，奸弊百出。于是遂定制，凡漕河所经之地，州府官衔内皆带"提控漕河事"，县官则带"管勾漕河事"，

---

① "潞水"，一名潞川，即今山西东南部浊漳河。《周礼·职方》："其川漳，其浸汾、潞。"《水经·浊漳水注》："世人亦谓浊漳为潞水矣……慕容垂伐慕容永于长子，军次潞川。永率精兵拒战，阻河自固，垂阵台壁，一战破之，即是处也。"

② "恩州"，庆历中（1041—1048），改贝州为恩州，治清河，即今河北省邢台市清河县城。金初（约1116）移治历亭，即今山东武城县。

③ "景州"贞元二年（786）置，治弓高县（今河北阜城县东北），辖境相当今河北阜城、东光县地。长庆元年（821）废。二年（822）复置，大和四年（830）又废，景福元年（892）复置。五代梁移治东光县，后周显德二年（955）废。金初复置，仍治东光县。辖境相当今河北东光、阜城、景县、吴桥等县及山东德州市、宁津县地。

④ "清州"，北宋大观二年（1108），改乾宁军置，治乾宁县（金改名会川县，即今河北青县）。辖境相当今河北青县、天津市静海县等地。

⑤ "深州"，隋开皇十六年（596）置，以故深城为名，治安平县（今属河北）。大业二年（606）省。武德四年（621），析定州、瀛州地复置，仍治安平县，贞观十七年（643）又省。先天二年（713）分瀛、冀、定三州地复置，治陆泽县（今深州西南旧州）。北宋雍熙四年（987），徙治静安县（今深州市南）。

⑥ "纲户"，金行纲运，此指泰和元年（1201）废除临时征用民船运输漕粮办法后建立专业漕运船队。

俾催检纲运，营护堤岸。为府三：大兴、大名、彰德。州十二：恩、景、沧、清、献、深、卫、濬、滑、磁、洺、通。县三十三①：大名、元城、馆陶、夏津、武城、历亭、临清、吴桥、将陵、东光、南皮、清池、靖海、兴济、会川、交河、乐寿、武强、安阳、汤阴、临漳、成安、滏阳、内黄、黎阳、卫、苏门、获嘉、新乡、汲、潞、武清、香河、漷阴。

——脱脱等撰《金史》卷二七

《元史》

《元史》二百一十卷，宋濂等纂修，成书于洪武三年（1370）。宋濂（1310—1381），字景濂，浙江金华人。元末辞朝廷征命，治学著书。明初受朱元璋礼聘。洪武二年（1369），奉命主修《元史》。累官翰林学士承旨、知制诰，朝廷礼仪多为其制定。《河渠志》为《元史》十三《志》之一，凡三卷（《元史》卷六四至六六），为元代水利专史，分别记述通惠河、坝河、金水河、双塔河、卢沟河、浑河、白河、御河、会通河、济州河、广济渠、扬州运河、练湖、吴淞江、淀山湖等水利兴修情况及黄河决溢与修堤堵塞事宜，对贾鲁白茅堵口事记述尤为详悉。其中关于开凿会通河的记述，对于研究聊城运河具有重要价值。

《元史·世祖十二》

（至元二十五年十月庚午）桑哥②请明年海道漕运江南米须及百万石。又言："安山③至临清，为渠二百六十五里。若开浚之，为工三百

① 下文列名者实得三十四县。
② 桑哥（？—1291），畏兀儿人，一说为吐蕃人。曾为西蕃译史，为人"好言财利事"。至元中，擢总制院使，主管佛教和吐蕃事务，参与朝廷建置、人才进退等大事。至元二十四年（1287），任尚书省平章政事，变更钞法，颁行"至元宝钞"。十一月，升尚书右丞相，兼总制院使司，进阶金紫光禄大夫。曾建议开浚会通河，改善南北运河交通。后总政院改宣政院，兼宣政使。二十八年（1291），被彻里、不忽木等劾，以紊乱朝政罪处死。
③ "安山"，即今山东省东平县安山镇。

万，当用钞①三万锭、米四万石、盐五万斤。其陆运夫万三千户复罢为民，其赋入及刍粟之估为钞二万八千锭，费略相当，然渠成亦万世之利。请以今冬备粮费，来春浚之。"制可。

……

（至元二十六年七月辛丑）开安山渠成。河渠官礼部尚书张孔孙②、兵部郎中李处选、员外郎马之贞③言：开魏博之渠，通江淮之运，古所未有。诏赐名会通河④，置提举司职河渠事。

——脱脱等撰《元史》卷一五

《元史·河渠一·会通河》

会通河，起东昌路⑤须城县安山之西南，由寿张西北至东昌，又西

----

① "钞"，即至元钞，元代纸币。至元二十四年（1287），世祖采纳尚书右丞叶李建议，改立钞法，印造至元钞。钞面分二贯、一贯、五百文、三百文、二百文、一百文、五十文、三十文、二十文、一十文、五文共十一等，与中统钞并行。每贯当中统钞五贯，二贯易银一两，二十贯易赤金一两。

② 张孔孙（1233—1307），字梦符，号寓轩。至元初为户部员外郎，历湖北、浙西两道按察副使，改保定路同知，入为礼部侍郎，进尚书，出为燕南按察使。升大名路总管、淮东廉访使，召拜集贤大学士。以文学名世，兼擅音乐、绘画。至元二十六年（1289），开会通河，张孔孙以礼部尚书衔，与中书断事官忙速儿、兵部尚书李处巽一同前往主持其事。

③ 马之贞（约1250—1310），字和之，沧州人，元代水利专家。历任泗汶转运使、工部员外郎、都水少监、大监等职。至元二十六年（1289），主持勘察规划并修凿了全长265里的会通河及其配套工程。《析津志辑佚·名宦》："初，江南既平，欲引水通舟楫于京师。（商璥）与大府掾马之贞友善，荐于丞相伯颜曰：'此人知水利，家故有书。言宋人都汴时，僧应言钱塘范金佛，舟载以归东河，其迹故在。是知复泗水，可南达于河，于淮海，于江，北入漳济，引而可通于白淑入海之渠。沂而至于潞县，逮于京师，则输贩漕运之利，不待车辇矣。'丞相以闻，即命之贞由通州而南，相其原隰，集量穿渠。二十六年成，便利甚大，赐名会通河。"二十七年（1290）任都水少监，二十九年（1292）领河道提举。大德七年（1303），任都水大监，建孟阳泊石闸。又曾改建埧城闸埝。以沙筑堰，水大即冲失，不以石作堰，防积沙淤高，涨溢为害。勒石碑记其言，后人称之。

④ "会通河"，顾祖禹《读史方域纪要》卷三〇《山东一》："会通河，在兖州府济宁州城南，元至元中所开也。《志》云：蒙古初于埧城作斗门以遏汶流，益泗漕，而漕渠始开。既而浚济州泗河至新开河，繇大清河至利津入海。未几，以海口沙壅，复从东阿陆挽二百里至临清，入御河。时又开胶莱新河以通海道，劳费少成效。至元中，伯颜始创海运，与济州河并行。寻用韩仲晖等言，自安民山开河，北抵临清，凡二百五十里，引汶绝济，直属漳、卫，名会通河。"

⑤ "东昌路"，元至元四年（1267）升东平路博州置博州路，十三年（1276）更名东昌路，治聊城县，辖境相当于今山东聊城、茌平、莘县和河北邱县等市县，属中书省。

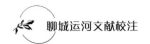
北至于临清，以逾于御河。

至元二十六年，寿张县尹韩仲晖、太史院令史边源相继建言①，开河置闸，引汶水②达舟于御河，以便公私漕贩。省遣漕副马之贞与源等按视地势，商度工用，于是图上可开之状。诏出楮币③一百五十万缗、米四万石、盐五万斤，以为佣直，备器用，征旁郡丁夫三万，驿遣断事官忙速儿、礼部尚书张孔孙、兵部尚书李处巽④等董其役。首事于是年正月己亥，起于须城安山之西南，止于临清之御河，其长二百五十余里，中建闸三十有一，度高低，分远迩，以节蓄泄。六月辛亥成，凡役工二百五十一万七百四十有八，赐名曰会通河。

二十七年，省以马之贞言霖雨岸崩，河道淤浅，宜加修浚，奏拨放罢输运站户⑤三千，专供其役，仍俾采伐木石等以充用。是后，岁委都水监官一员，佩分监印，率令史、奏差、濠寨官往职巡视，且督工，易闸以石，而视所损缓急为后先。至泰定二年，始克毕事。

会通镇闸三、土坝二，在临清县北。头闸长一百尺，阔八十尺，两

① 韩仲晖建言开凿会通河事，载《明史》列传四一《宋礼传》："会通河者，元至元中，以寿张尹韩仲晖言，自东平安民山凿河至临清，引汶绝济，属之卫河，为转漕道，名曰'会通'。"

② "汶水"，顾祖禹《读史方域纪要》卷三〇《山东一》："汶水，出济南府泰安州莱芜县东北七十二里原山之南，《水经》所谓北汶也。又有汶水，出县东南寨子村，俱流经州东南徂徕山阳。又一源出岳北仙台岭，会诸山谷之水，经州东四十里，曰堑汶。西南流，经徂徕之阴，又南流三十里，曰大汶口，而与莱芜之汶水合流，自州西南流，经汶阳县北堽城坝，分二流：其正流西经平阴县，南过东平州界，又西南流至汶上县，东北合白马、鹅河诸水，凡八十里，入南旺湖，南北分流，为分水闸，即今会通河也。支流为洸河，自宁阳县西南流，达兖州府城西，合沂、泗二水，凡百余里，至济宁州南、天井闸东，而合于分水。南流之汶，亦即运道所经也。"

③ "楮币"，指宋、金、元时发行的"会子""宝券"等纸币。因其多用楮皮纸制成，故名。

④ 李处巽、邵远平《元史类编》卷三六："李处巽，字元让，东平人，能小篆。"至元十三年（1276），伯颜伐宋归来，计划开运河水道。马之贞曾建议，宋金以来，汶、泗等水道相通，应开通。即由郭守敬查勘形势，绘图上奏。此为着手开济州河之始。此河至元十八年（1281）开工，二十年（1283）竣工，由李处巽主持。自任城穿河，导洸、汶、泗水至须城县（今东平）安山镇，长一百三十余里，称济州河。又遍浚北至东阿、南至济宁以南共三百余里河道，军夫并用，建任城以东八石闸。东阿临清段尚由陆运。二十六年（1289），以兵部尚书主持开会通河。

⑤ "站户"，元代服役于站赤之户，属通政院与中书兵部，并置驿令、提领等官管辖，不与民户相混。如有缺，由民户签补。每一提领所领站户多则两三千，少则五百至七百。《元史·兵志四》："站户阙乏逃亡，则又以时签补，且加赈恤焉。"

直身①各长四十尺，两雁翅②各斜长三十尺，高二尺，闸空③阔二丈。自至元三十年正月一日兴工，凡役夫匠六百六十名，至十月二十九日工毕。中闸南至隘船闸④三里，元贞二年七月二十三日兴工，至大德二年三月十三日工毕，夫匠四百四十三，长广与上闸同。隘船闸南至李海务闸一百五十二里，延祐元年八月十五日兴工，九月二十五日工毕，夫匠五百，闸空阔九尺，长广同上。土坝二。

李海务闸南至周家店闸一十二里，元贞二年二月二日兴工，五月二十日工毕，夫匠五百二十七名，长广与会通镇闸同。

周家店闸南至七级闸一十二里，大德四年正月二十一日兴工，八月二十日工毕，夫匠四百四十二，长广与上同。

七级闸二：北闸南至南闸三里，大德元年五月一日兴工，十月六日工毕，夫匠四百四十三名，长广如周家店闸；南闸南至阿城闸一十二里，元贞二年正月二十日兴工，十月五日工毕，夫匠四百五十名，长广同北闸。

阿城闸二：北闸南至南闸三里，大德三年三月五日兴工，七月二十八日工毕，夫匠四百四十一名，长广上同；南闸南至荆门北闸一十里，大德二年正月二十五日兴工，十月一日工毕，夫匠四百四十六名，长广上同。

荆门闸二：北闸南至荆门南闸二里半，大德三年六月初一日兴工，至十月二十五日工毕，役夫三百一十名，长广同；南闸南至寿张闸六十三里，大德六年正月二十三日兴工，六月二十九日工毕，长广同北闸。

寿张闸南至安山闸八里，至元三十一年正月一日兴工，五月二十日工毕。

……

延祐元年二月二十日，省臣言："江南行省起运诸物，皆由会通河以

---

① "直身"，古代石闸中间直长的部分。
② "雁翅"，紧接直身的上下游闸墙，分为上迎水雁翅、下分水燕尾。
③ "闸空"，即闸口，元代会通河闸口宽度一般为二丈。
④ "隘船闸"，比一般闸口尺寸窄，为限制大船、控制运船装载重量而建。该闸闸口宽仅九尺，其他尺寸同。

达于都，为其河浅涩，大船充塞于其中，阻碍余船不得来往。每岁省台差人巡视，其所差官言，始开河时，止许行百五十料船①，近年权势之人并富商大贾贪嗜货利，造三四百料或五百料船，于此河行驾，以致阻滞官民舟楫。如于沽头置小石闸一，止许行百五十料船便。臣等议，宜依所言，中书及都水监差官于沽头置小闸一，及于临清相视宜置闸处，亦置小闸一，禁约二百料之上船，不许入河行运。"从之。

——脱脱等撰《元史》卷六四

《新元史》

　　《新元史》二百五十七卷，柯劭忞撰。柯劭忞（1848—1933），字仲勉，山东胶州人。光绪十二年（1886）进士，历任翰林院编修、侍读、侍讲等职，官至典礼院学士。宣统二年（1910）至三年（1911），任京师大学堂总监督。曾独力撰著《新元史》。民国三年（1914）后，参与编撰《清史稿》，在清史馆馆长赵尔巽去世后担任代馆长、总纂，后曾任辅仁大学董事会董事。柯劭忞博闻强记，治学广博，被誉为"钱大昕后第一人"。尤擅史学，精于元史，所撰《新元史》被认为集五百余年各家研究之大成。同时负责整理《清史稿》的《儒林传》《文苑传》《畴人传》，独撰《天文志》，总成《清史稿》。《新元史》参考《元经世大典》残本、《元典章》等文献，吸收明清时期及西方元史研究新成果，1922 年刊行。徐世昌称此书"博极群言，搜采金石，旁译外史，远补遗文，罗一代之旧闻，萃平生之精力，洵属诠采宏富，体大思精"。书中亦存录较多有关聊城运河的史料。

《新元史·河渠二》

　　卫河，出辉州苏门山，经新乡汲县而东，至大名路濬州，淇水入之，

---

　　① "止许行百五十料船"，"料"是宋代以后计算船舶载货量的单位，一料等于一石，约一百二十斤。一百五十料为较小的运河船。元代运河因水源紧张，只得限制运船尺寸，以保证通行。

名为御河。经凡城县东北，流入济宁路馆陶县西，与漳水合，又东北至临清县，与会通河合。从河间路交河县北入清池县界，永济河入之。又北至清州静海县，会白河入于海。

……

会通河，起东昌路须城县安民山之西南，由寿张西北至东昌，又西北至临清，达于御河。至元十七年，江南平，置汶泗都漕运司，控引江、淮，以供亿京师。自东阿至临清二百里，舍舟而陆，车运至御河，役民一万三千二百七十六户。经往平县，地势卑，夏秋霖潦，道路不通，公私病之。于是寿张县尹韩仲晖、太史院令史边源相继言开河置闸，引汶水达于御河，较陆运利相什佰。诏廷臣议之。二十五年，遣都漕运副使马之贞偕源按视地势，之贞等图上可开之状。丞相桑哥奏言："安民山至临清，为渠二百六十五里。若开浚之，为工三百万，当用钞三万定①、米四万石、盐五万斤。其陆运夫一万三千户复罢为民。其赋入及刍粟之估，为钞六万②八千定，费略相当。然渠成，亦万世之利，请来春浚之。"从之。

二十六年春正月，诏出楮币一百五十万缗、米四百石、盐五万斤以为佣直，征旁县丁夫三万，以断事官忙哥速儿、礼部尚书张孔孙、兵部郎中李处选等董其役。建闸三十有一，度高低，分远迩，以节蓄泄。以六月辛亥工竣，凡用工二百五十一万七百四十有八，赐名会通河，置提举司职河渠事。元初，遏汶入洸以益漕，汶始与洸、泗、沂合，独未分于北。至元二十年，自济宁新开河，分汶、泗诸水西北流，至须城之安民山，入济水故渎，以达于海，而犹未通于御河。至是，又自安民山西南开河直达临清，而泗、汶诸水始通于御河焉。

二十七年，以霖雨岸崩，河淤浅，中书省臣奏拨放罢输运站户三千，专供挑浚之役。是后，岁委都水监官一人，佩分监印，率令史、奏差、濠寨官巡视，且督工，易石闸，以工之缓急为先后。至泰定二年，始克

---

① "定"，通"锭"。
② "六万"，《元史》卷一五《世祖十二》为"二万"，与此处表述有异。

毕事云。

会通镇闸三、土坝二，在临清北。头闸，至元三十年建。中闸，南至隘船闸三里，元贞二年至大德二年建。隘船，南至李海务闸一百五十二里，延祐元年建。李海务，南至周家店闸十二里，元贞二年建。周家店，南至七级闸十二里，大德四年建。

七级闸二：北闸，至南闸三里，大德元年建；南闸，至阿城闸十二里，元贞二年建。

阿城闸二：北闸，至南闸三里，大德三年建；南闸，至荆门北闸十里，大德二年建。

荆门闸二：北闸，至荆门南闸二里半，大德二年建；南闸，至寿张闸六十三里，大德六年建。

寿张闸，南至安山闸八里，至元三十一年建。

安山闸，南至开河闸八十五里，至元二十六年建。

开河闸，南至济州闸一百二十四里。

——《新元史》卷五三

《明史》

《明史》三百三十二卷，张廷玉等撰，乾隆四年（1739）成书。张廷玉（1672—1755），字衡臣，安徽桐城人。康熙三十九年（1700）进士，历任礼部尚书、户部尚书、吏部尚书，拜保和殿大学士、领班军机大臣等职，卒谥文和。张廷玉先后任《亲征平定朔北方略》纂修官，《省方盛典》《清圣祖实录》副总裁官，《明史》《四朝国史》《大清会典》《世宗实录》总裁官。《河渠志》为《明史》专篇，分为六卷，按黄河、运河、海运、淮河、泇河、卫河、漳河、沁河、滹沱河、桑干河、胶莱河和直省水利编排，记述了洪武元年至崇祯十六年（1368—1643）全国范围的水利状况，是研究了解14—17世纪治理黄河、保障京杭大运河航运以及处理黄淮运矛盾的基础文献。除《河渠志》外，《明史》本

纪及列传等篇章中也保存了大量运河文献，其中明代疏浚会通河及堵筑黄河沙湾决口以卫运道的不少记述，即发生在聊城境内的临清市、东昌府区及阳谷县张秋镇境内。

《明史·成祖纪二》

（永乐九年二月）己未①，工部尚书宋礼②开会通河。

——张廷玉等撰《明史》卷六

《明史·英宗前纪》

（正统十三年）秋七月乙酉③，河决大名，没三百余里，遣使蠲振。己酉，河决河南，没曹、濮、东昌，溃寿张沙湾，坏运道，工部侍郎王永和④治之。

——张廷玉等撰《明史》卷一〇

《明史·景帝纪》

（景泰四年）冬十月……甲午⑤，谕徐有贞⑥为左金都御史，治沙湾

---

① 即公元 1411 年 3 月 22 日。

② 宋礼（？—1422），字大本，河南永宁人。洪武中，以明经充贡生，后补国子生，擢山西按察佥事。建文初，授陕西按察佥事。永乐中，擢礼部侍郎。二年（1404），拜工部尚书。九年（1411），浚会通河，用汶上老人白英策，筑坝遏汶水，汇诸泉之水，尽出汶上至南旺，南流接徐沛者十之四，北流临清者十之六，并相地置闸，以时蓄泄。十三年（1415），遂罢海运。十四年（1416），明成祖营造北京，命宋礼取材于四川。十六年（1418），治狱江西，后还朝。二十年（1422）七月卒。隆庆六年（1572），追赠太子太保。

③ 即 1448 年 7 月 31 日。

④ 王永和（？—1449），字用节，一字以正，号梧竹，苏州府昆山人。永乐十二年（1414）举人。授严州府学训导，擢兵科给事中，劾都督王彧等不法事，有直声。正统中，历任都给事中、工部右侍郎，死于土木堡之役，赠工部尚书，谥襄敏。

⑤ 即公元 1453 年 11 月 15 日。

⑥ 徐有贞（1407—1471），字元玉，初名珵，江苏吴县人。宣德进士，授编修，多智数，喜功名，凡天官、地理、兵法、水利、阴阳方术之书无不研究。正统时官侍讲，曾上言兵政五事。土木之变后，主张国都南迁。景帝即位，官行监察御史。景泰三年（1452），升左金都御史，修治张秋决河有功，升左副都御史。后谋划英宗复位，封武功伯兼华盖殿大学士，掌文渊阁事。诬告杀害于谦、王文等，独揽大权，与石亨、曹吉祥相恶，出任广东参政。复被亨等诬陷，诏徙金齿为民，释归卒。有《武功集》。

决河。

——张廷玉等撰《明史》卷一一

《明史·孝宗纪》

（弘治六年二月）丁巳①，擢布政使刘大夏②右副都御史，治张秋决河。

......

（弘治七年）夏五月甲辰③，太监李兴、平江伯陈锐④同刘大夏治张秋决河。

——张廷玉等撰《明史》卷一五

《明史·地理二》

聊城，倚。城东有会通河。西南有武水枯河，即漯河也，为会通河所截，中堙。

堂邑，府西。东北有会通河，西有旧黄河。

博平，府东北。洪武三年三月省，寻复置。西南有会通河，东北有故黄河。

......

清平，府北。元属德州。洪武元年属恩州。二年七月属高唐州。三年三月省，寻复置，改属。西有会通河，西南有魏家湾巡检司。

......

---

① 即公元 1493 年 3 月 9 日。

② 刘大夏（1436—1516），字时雍，湖广华容人。天顺八年（1464）进士。弘治六年（1493），治张秋河决，擢户部左侍郎。十一年（1498），引疾归。越二年，起右都御史，总制两广军务。十五年（1502），拜兵部尚书，数疏陈国事，深得孝宗信任。武宗立，权幸用事，乞休归。刘瑾复坐以事，戍肃州。瑾诛复官，寻致仕。卒谥忠宣。有《东山诗集》《刘忠宣公集》。

③ 即公元 1494 年 6 月 19 日。

④ 陈锐（1438—1501），字志坚，号云谷，庐州府合肥人。天顺八年（1464），嗣爵平江伯。成化初，总制两广。移镇淮扬，总督漕运凡十四年，于淮河坝改石闸，修造四闸，包砌塘岸，疏通泉源。弘治初，总神机营，掌左军都督府事，转总五军营。后以统兵援大同，坐拥兵自守，夺禄闲住卒。

临清州……会通河在城南，有卫河自西来会，至天津直沽入海，为北运河。

——张廷玉等撰《明史》卷四一

《明史·食货三》

自浚会通河，帝命都督贾义、尚书宋礼以舟师运。礼以海船大者千石，工窳辄败，乃造浅船①五百艘，运淮、扬、徐、兖粮百万，以当海运之数。平江伯陈瑄②继之，颇增至三千余艘。时淮、徐、临清、德州各有仓。江西、湖广、浙江民运粮至淮安仓，分遣官军就近挽运。自淮至徐以浙、直军，自徐至德以京卫军，自德至通以山东、河南军。以次递运，岁凡四次，可三百万余石，名曰支运……由是海陆二运皆罢，惟存遮洋船③，每岁于河南、山东、小滩等水次兑粮三十万石，十二输天津，十八由直沽入海输蓟州而已。不数年，官军多所调遣，遂复民运，道远数愆期。

宣德四年，陈瑄及尚书黄福建议复支运法④，乃令江西、湖广、浙

---

① "浅船"，明代漕运主要实行河运，用于河运的为四百料浅船。这种浅船"阔欲承载之多，浅欲盘剥之易。原定漕式，过越洪闸，涉历江河，最为轻便"。其船式适应运河水浅情况，万历初河道总督万恭称："祖宗时造浅船近万，非不知满载省舟之便，以闸河流浅，故不敢过四百石也。其制底平仓浅，底平则入水不深，仓浅则负载不满，又限浅船用水不得过六拿。伸大指与食指相距为一拿，六拿不过三尺许，明受水浅也。"

② 陈瑄（1365—1433），字彦纯，庐州府合肥人。少从大将军幕府，官都指挥同知。建文末，迁右军都督佥事。燕军至，迎降，封平江伯。永乐初充总兵官，总督海运，城天津卫。会通河完工后，改督漕运，造浅船二千余艘，岁运自二百万石渐增至五百万石。又开渠引管家湖水入淮，浚徐州、济宁段黄河，开泰州白塔河通长江，自淮至临清建闸四十七所。前后理漕河三十年。卒于官，封平江侯，谥忠襄。

③ "遮洋船"，用于从天津到蓟州海运的船只。据万历《明会典》卷二〇〇所列遮洋船和浅船式样，可知遮洋船长（头、底、梢长之和）共八丈二尺，阔（使风梁阔）一丈五尺，较浅船长一丈一尺，阔一尺，各部分都较浅船为大，其船式介于洪永时期的大海船和浅船之间。早期遮洋船"南京并直隶各卫岁运蓟州等仓粮三十万石，驾船三百五十只，用旗军六千三百人"，每船载重量在八百石以上，需用十八人，有较多的海船特征，"旧设遮洋船以从海运，船大人众，载米亦多"，而且"梁阔底深，闸河水浅难行"，不适于内河航行。

④ "支运法"，江南民户运粮到所指定的淮安、徐州、临清、德州各官仓后，再分遣官军分段递运至京师。因各地官军运粮时先要从各仓支出再运，故名。支运法推行后，民运漕粮到各地粮仓，往返时间甚长，经常耽误农时。

江民运百五十万石于淮安仓，苏、松、宁、池、庐、安、广德民运粮二百七十四万石于徐州仓，应天、常、镇、淮、扬、凤、太、滁、和、徐民运粮二百二十万石于临清仓①，令官军接运入京、通二仓。民粮既就近入仓，力大减省，乃量地近远，粮多寡，抽民船十一或十三、五之一以给官军。惟山东、河南、北直隶则径赴京仓，不用支运。寻令南阳、怀庆、汝宁粮运临清仓，开封、彰德、卫辉粮运德州仓，其后山东、河南皆运德州仓。

六年，瑄言："江南民运粮诸仓，往返几一年，误农业。令民运至淮安、瓜洲，兑与卫所。官军运载至北，给与路费耗米，则军民两便。"是为兑运……于是兑运者多，而支运者少矣。

……

正统初，运粮之数四百五十万石，而兑运者二百八十万余石，淮、徐、临、德四仓支运者十之三四耳。

……

初，运粮京师，未有定额。成化八年始定四百万石，自后以为常。北粮七十五万五千六百石，南粮三百二十四万四千四百石，其内兑运②者三百三十万石，由支运改兑者七十万石。

……

至成化七年，乃有改兑之议……后数年，帝乃命淮、徐、临、德四仓支运七十万石之米，悉改水次交兑。由是悉变为改兑，而官军长运③

---

① "临清仓"，明代运河沿岸漕仓之一。洪武三年（1370）储粮临清，以给训练骑兵。永乐四年（1406）始设仓，收贮漕粮，以资转运。宣德中增建，可容三百万石。各设大使一人，副使、攒典、斗级若干，修仓夫员名额不定，以户部郎中、主事或总督京通仓户部侍郎偕内官提督之。仓设经行卷簿，记录漕粮出纳，历任仓官相沿交割。又置牌一面，书收粮数目及部运官吏、旗军、粮长、攒典、斗级之名于其上，以备巡仓御史点视考查。

② "兑运"，宣德六年（1431），朝廷决定运粮由官军承担，由民户向官军"加耗"，即量路程远近，给予官军路费和耗米，这种做法称为"兑运"。

③ "长运"，明代漕运方式之一。宣德年间行兑运法，官军既多勒索，粮户仍要自运。成化七年（1471）依漕运都御史、应天巡抚滕昭之议推行。由运军径赴江南、南京附近各州县水次（码头）交兑，免除农民运粮，但要增纳过江费用。自此，除白粮仍由民运外，普遍实行官军长运制度。

遂为定制。

——张廷玉等撰《明史》卷七九

《明史·河渠一·黄河上》

（洪武）二十四年四月，河水暴溢，决原武黑洋山①，东经开封城北五里，又东南由陈州、项城、太和、颍州、颍上，东至寿州正阳镇，全入于淮。而贾鲁河故道②遂淤。又由旧曹州、郓城两河口③漫东平之安山④，元会通河亦淤。

......

（永乐）八年秋，河决开封，坏城二百余丈。民被患者万四千余户，没田七千五百余顷。帝以国家藩屏地，特遣侍郎张信⑤往视。信言："祥符鱼王口⑥至中滦下二十余里，有旧黄河岸，与今河面平。濬而通之，使循故道，则水势可杀。"因绘图以进。时尚书宋礼、侍郎金纯⑦方开会通河。帝乃发民丁十万，命兴安伯徐亨、侍郎蒋廷瓒⑧偕纯相治，并令礼总其役。

九年七月，河复故道，自封丘金龙口⑨，下鱼台塌场，会汶水，

---

① "黑洋山"，在今河南原阳县西北，明代前期黄河曾多次在该处决口。

② "贾鲁河故道"，元末贾鲁堵塞白茅堤决口后黄河下游一段河道，经今虞城、砀山、萧县，至徐州，在明代黄河故道稍南。

③ "两河口"，在今山东郓城南。

④ "安山"，在今山东梁山县境内。

⑤ 张信，字彦实，河南祥符人。建文二年（1400），中乡试第一名。永乐中，任刑科都给事中，屡次进言。后升任工部右侍郎，奉命巡视开封决口，请疏鱼王口至中滦故道二十余里。后因事谪交阯。洪熙初年，召为兵部左侍郎。后改为锦衣卫指挥同知，居官以平恕称。宣德六年（1431），升任四川都指挥佥事。正统十一年（1446）致仕。

⑥ "祥符鱼王口"，在今开封城北。

⑦ 金纯（1363—1440），字德修，泗州人。洪武二十五年（1392）由州学生员入国子监。成祖朱棣即位后，任刑部右侍郎。永乐九年（1411），奉命与工部尚书宋礼共同治理会通河。十四年（1416），任礼部尚书。洪熙元年（1425），授太子宾客，封资政大夫、刑部尚书。宣德三年（1428）致仕，正统五年（1440）卒。详见下文《金纯传》。

⑧ 蒋廷瓒，大名府滑县人。洪武中以才行荐，除都督府经历，改嘉兴通判。永乐中，官至工部侍郎。

⑨ "封丘金龙口"，又作荆隆口，在封丘县南，黄河北岸。

经徐、吕二洪①南入于淮。是时，会通河已开，黄河与之合②，漕道大通，遂议罢海运，而河南水患亦稍息。已而决阳武中盐堤，漫中牟、祥符、尉氏。工部主事蔺芳③按视，言："堤当急流之冲，夏秋泛涨，势不可骤杀。宜卷土树桩以资捍御，无令重为民患而已。"又言："中滦导河分流，使由故道北入海，诚万世利。但缘河堤埽止用蒲绳泥草，不能持久。宜编木为囤，填石其中，则水可杀，堤可固。"诏皆从其议。

......

正统二年，筑阳武、原武、荥泽决岸。又决濮州、范县。

三年，河复决阳武及邳州，灌鱼台、金乡、嘉祥。

越数年，又决金龙口、阳谷堤及张家黑龙庙口，而徐、吕二洪亦渐浅，太黄寺巴河分水处水脉微细。

十三年，方从都督同知武兴言，发卒疏濬。而陈留水夏涨，决金村堤及黑潭南岸。筑垂竣，复决。其秋，新乡八柳树④口亦决，漫曹、濮，抵东昌，冲张秋⑤，溃寿张沙湾⑥，坏运道，东入海。徐、吕二洪遂浅涩。命工部侍郎王永和往理其事。永和至山东，修沙湾未成，以冬寒停役。且言河决自卫辉，宜敕河南守臣修塞。帝切责之，令山东三司筑沙

---

① "徐、吕二洪"，即徐州洪和吕梁洪。前者在今徐州城东，后者在今徐州城东南，是古泗水徐州至宿迁河段上的两处险滩。徐州洪又称百步洪。吕梁洪位于徐州城东南五十里处吕梁山下，因处在古吕城南，且水中有石梁，故而称"吕梁洪"。《水经注》卷二五："泗水之上有石梁焉，故曰吕梁也……悬涛漰浚，实为泗险，孔子所谓鱼鳖不能游。又云悬水三十仞，流沫九十里。"

② "黄河与之合"，当时黄河主流经阳山到徐州，再折而东，由古泗水入淮入海，会通河由昭阳湖西面，经茶城到徐州，注入古泗水，故谓黄河与之合。

③ 蔺芳（？—1417），字仲文，山西夏县人。洪武中，举孝廉，授刑部员外郎，升刑部郎中。明成祖即位后，出为吉安知府。后随宋礼治理会通河，复为工部都水司主事。永乐十年（1412），黄河在阳武决口，灌中牟、祥符、尉氏，蔺芳受命按视。后擢工部右侍郎。十五年（1417）卒于官。

④ "八柳树"，在今河南新乡县南。《明史·地理志》新乡县："又西南有大河故道，正统十三年河决县之八柳树由此。寻塞。"

⑤ "张秋"，古镇名，即今山东阳谷县张秋镇，明代是会通河与大清河（今黄河）交汇处，多次受黄河决水破坏，为明代前期治河的重点地段。

⑥ "沙湾"，在张秋南，旧属寿张县，系明代运道要冲。明代前期常遭黄河冲决，屡兴工程。

湾，趣永和塞河南八柳树，疏金龙口①，使河由故道。

明年正月，河复决聊城。至三月，永和濬黑洋山西湾，引其水由太黄寺以资运河。修筑沙湾堤大半，而不敢尽塞，置分水闸，设三空放水，自大清河入海。且设分水闸二空于沙湾西岸，以泄上流②，而请停八柳树工。从之。是时，河势方横溢，而分流大清，不崇向徐、吕。徐、吕益胶浅，且自临清以南，运道艰阻。

景泰二年，特敕山东、河南巡抚都御史洪英、王暹协力合治，务令水归漕河。暹言："黄河自陕州以西，有山峡，不能为害；陕州以东，则地势平缓，水易泛溢，故为害甚多。洪武二十四年改流，从汴梁北五里许，由凤阳入淮者为大黄河。其支流出徐州以南者为小黄河，以通漕运。自正统十三年以来，河复故道，从黑洋山后径趋沙湾入海，但存小黄河从徐州出。岸高水低，随濬随塞，以是徐州之南不得饱水。臣自黑洋山东南抵徐州，督河南三司疏濬。临清以南，请以责英。"未几，给事中张文质劾暹、英治水无绩，请引塌场水济徐、吕二洪，濬潘家渡以北支流，杀沙湾水势。且开沙湾浮桥以西河口，筑闸引水，以灌临清，而别命官以责其成。诏不允，仍命暹、英调度。

时议者谓："沙湾以南地高，水不得南入运河。请引耐牢坡③水以灌运，而勿使经沙湾，别开河以避其冲决之势。"或又言："引耐牢坡水南去，则自此以北枯涩矣。"甚者言："沙湾水湍急，石铁沉下若羽，非人力可为。宜设斋醮符咒以禳之。"帝心甚忧念，命工部尚书石璞④往治，而加河神封号。

璞至，濬黑洋山至徐州以通漕，而沙湾决口如故。乃命中官黎贤、

---

① "金龙口"，一名荆隆口，在今河南封丘县西南二十里。河水自砥柱而下，至金龙口最为险隘，历代屡决。《明史·河渠志一》称：宣德十年（1435）"浚金龙口"，即此。

② "以泄上流"，沙湾运道东岸设三座减水闸，系建在运河堤岸上；沙湾西岸两座减水闸为引黄入运的控制闸。

③ "耐牢坡"，地名，在济宁西二十里。

④ 石璞（？—1469），字仲玉，河北临漳人，官至工部尚书、兵部尚书、南京左都御史、太子太保。石璞治河本末详见下录张廷玉等《明史》卷一六〇《石璞传》。

阮洛，御史彭谊协治。璞等筑石堤于沙湾，以御决河，开月河①二，引水以益运河，且杀其决势。

三年五月，河流渐微细，沙湾堤始成。乃加璞太子太保，而于黑洋山、沙湾建河神二新庙，岁春秋二祭。六月，大雨浃旬，复决沙湾北岸，掣运河之水以东，近河地皆没。命英督有司修筑，复敕中官黎贤、武良，工部侍郎赵荣往治。

四年正月，河复决新塞口之南，诏复加河神封号。至四月，决口乃塞。五月，大雷雨，复决沙湾北岸，掣运河水入盐河②，漕舟尽阻。帝复命璞往，乃凿一河长三里，以避决口，上下通运河，而决口亦筑坝截之，令新河、运河俱可行舟。工毕奏闻。帝恐不能久，令璞且留处置，而命谕德徐有贞为金都御史，尚治沙湾。

时河南水患方甚，原武、西华皆迁县治以避水。巡抚暹言："黄河旧从开封北转流东南入淮，不为害。自正统十三年改流为二。一自新乡八柳树，由故道东经延津、封丘入沙湾。一决荥泽，漫流原武，抵开封、祥符、扶沟、通许、洧川、尉氏、临颍、郾城、陈州、商水、西华、项城、太康。没田数十万顷，而开封患特甚。虽尝筑大小堤于城西，皆三十余里，然沙土易坏，随筑随决，小堤已没，大堤复坏其半。请起军民夫协筑，以防后患。"帝可其奏。太仆少卿黄仕儁③亦言："河分两派，一自荥泽南流入项城，一自新乡八柳树北流，入张秋会通河，并经六七州县，约二千余里。民皆荡析离居，而有司犹征其税。乞敕所司覆视免征。"帝亦可其奏。巡抚河南御史张澜又言："原武黄河东岸尝开二河，合黑洋山旧河道，引水济徐、吕。今河改决而北，二河淤塞不通，恐徐、吕乏水，必妨漕运，黑洋山北，河流稍纡回，请因决口改挑一河，以接旧道，灌徐、吕。"帝亦从之。

---

① "月河"，为减杀水力，开凿成的偃月形河道。

② "盐河"，即大清河，为古汶水下游。自古运盐船只经常来往于该河，故又俗称为盐河。

③ 黄仕儁（？—1474），字庭臣，四川富顺人，正统三年（1438），四川乡试解元。正统七年（1442），中进士，选兵部右给事中，后转任兵部左给事中、太仆寺左少卿，深受左都御史王翱器重。景泰八年（1457），明英宗"夺门之变"复位后，升刑部右侍郎，累贬广西参议。后辞官归家。成化十年（1474）卒。

有贞至沙湾，上治河三策："一置水闸门。臣闻水之性可使通流，不可使堙塞。禹凿龙门①，辟伊阙②，为疏导计也。故汉武堙瓠子③终弗成功，汉明疏汴河逾年著绩④。今谈治水者甚众，独乐浪王景所述制水门之法⑤可取。盖沙湾地土皆沙，易致坍决，故作坝作闸皆非善计。请依景法损益其间，置闸门于水，而实其底，令高常水五尺。小则拘之以济运，大则疏之使趋海，则有通流之利，无堙塞之患矣。一开分水河。凡水势大者宜分，小者宜合。今黄河势大恒冲决，运河势小恒干浅，必分黄水合运河，则有利无害。请度黄河可分之地，开广济河一道，下穿濮阳、博陵及旧沙河二十余里，上连东、西影塘及小岭等地又数十余里，

---

① "禹凿龙门"，《墨子·兼爱中》："古者禹治天下，西为西河渔窦，以泄渠孙皇之水。北为防原派，注后之邸，嘑池之窦，洒为底柱，凿为龙门，以利燕、代、胡、貉与西河之民。"

② "辟伊阙"，伊阙为伊河流域最后一段峡谷，由熊耳山东端悬崖和嵩山西端峭壁夹峙而成。《汉书·沟洫志》："大禹治水，山陵当路者毁之，故凿龙门，辟伊阙。"《越绝书》："禹穴之时，以铜为兵，以凿伊阙，通龙门。"《左传》"昭公元年"："王使刘定公劳赵孟于颍，馆于洛汭。刘子曰："美哉禹功，明德远矣。微禹，吾其鱼乎！吾与子弁冕端委，以治民临诸侯，禹之力也。"

③ "汉武堙瓠子"，瓠子河出东郡濮阳县北河，由董口镇入鄄城境，经鄄城城南东流，经雷泽湖北入郓城，后汇入济水。是为瓠子河故道，史称瓠河故渎。汉武帝元光三年（前132）五月，黄河在瓠子决口。司马迁《史记·河渠书》载："河决于瓠子，东南注钜野，通于淮、泗。"《汉书·武帝纪》载："河水决濮阳，泛郡十六。"汉武帝堵筑瓠子决口事详见司马迁《史记·河渠书》："自河决瓠子后二十余岁，岁因以数不登，而梁、楚之地尤甚。天子既封禅巡祭山川，其明年旱……天子乃使汲仁、郭昌发卒数万人塞瓠子决。于是天子已用事万里沙。则还自临决河，沉白马玉璧于河。令群臣从官自将军以下皆负薪填决河……于是卒塞瓠子，筑宫其上，名曰宣房宫。而道河北行二渠，复禹旧迹，而梁、楚之地复宁，无水灾。"

④ "汉明疏汴河，逾年著绩"，西汉平帝时，黄河、汴河决口，一直未能堵筑，河南百姓受灾严重。永平十二年（69），汉明帝议修汴渠，疏通河水，派王景、王吴监工，从荥阳东面直至千乘，以使黄河、汴河分流，汴渠得以安流漕运。次年完工，自汉平帝以来延续60多年的河患至此完全平息。范晔《后汉书·王景传》记述本末甚悉："永平十二年，乃引见景，问以理水形便。景陈其利害，应对敏给，帝善之。又以尝修浚仪，功业有成，乃赐景《山海经》《河渠书》《禹贡图》及钱帛衣物。夏，遂发卒数十万，遣景与王吴修渠筑堤，自荥阳东至千乘海口千余里。"

⑤ "乐浪王景所述制水门之法"，建造水门为王景治河的重要措施。《后汉书·王景传》："永平十二年，议修汴渠……景乃商度地势，凿山阜，破砥绩，直截沟涧，防遏冲要，疏决壅积，十里立一水门，令更相洄注，无复溃漏之患。景虽简省役费，然犹以百亿计。明年夏，渠成。"所建水门不是一处，而是多处并建。建造水门，对于预防河患作用巨大。《后汉书·明帝纪》记永平十三年（70），汴渠成，汉明帝到荥阳巡视，下诏称："今既筑堤，理渠，绝水，立门，河、汴分流，复其旧迹。"《后汉书·章帝纪》称：元和三年（86），章帝对地方官说："今将礼常山，遂徂北土。历魏郡，经平原，升践堤防，询访耆老，咸曰：'往者汴门未作，深者成渊，浅则泥涂'。"

其内则有古大金堤①可倚以为固，其外有八百里梁山泊可恃以为泄。至新置二闸亦颇坚牢，可以宣节，使黄河水大不至泛溢为害，小亦不至干浅以阻漕运。其一挑深运河。"帝谕有贞，如其议行之。

有贞乃逾济、汶，沿卫、沁，循大河，道濮、范，相度地形水势，上言："河自雍而豫，出险固而之夷斥，水势既肆。由豫而兖，土益疏，水益肆。而沙湾之东，所谓大洪口者，适当其冲，于是决焉，而夺济、汶入海之路以去。诸水从之而泄，堤以溃，渠以淤，涝则溢，旱则涸，漕道由此阻。然骤而堰之，则溃者益溃，淤者益淤。今请先疏其水，水势平乃治其决，决止乃浚其淤。"于是设渠以疏之，起张秋金堤之首，西南行九里至濮阳泺，又九里至博陵陂，又六里至寿张之沙河，又八里至东、西影塘，又十有五里至白岭湾，又三里至李埠，凡五十里。由李埠而上二十里至竹口莲花池，又三十里至大伾潭，乃逾范暨濮，又上而西，凡数百里，经澶渊以接河、沁，筑九堰以御河流旁出者，长各万丈，实之石而键以铁。六年七月，功成，赐渠名广济。沙湾之决垂十年，至是始塞。亦会黄河南流入淮，有贞乃克奏功。凡费木铁竹石累数万，夫五万八千有奇，工五百五十余日。自此河水北出济漕，而阿、鄄、曹、郓间田出沮洳者百数十万顷。乃浚漕渠，由沙湾北至临清，南抵济宁，复建八闸于东昌，用王景制水门法以平水道，而山东河患息矣。

七年夏，河南大雨，河决开封、河南、彰德。其秋，畿辅、山东大雨，诸水并溢，高地丈余，堤岸多冲决。仍敕有贞修筑。未几，事竣，还京入见。奖劳甚至，擢副都御史。

……

（天顺）七年春，河南布政司照磨金景辉考满至京，上言："国初，黄河在封丘，后徙康王马头，去城北三十里，复有二支河：一由沙门注运河，一由金龙口达徐、吕入海。正统戊辰，决荥泽，转趋城南，并流

① "金堤"，西汉时东郡、魏郡、平原郡界内黄河两岸都有石筑的金堤，高者至四五丈，见《汉书·沟洫志》。东汉时自汴口以东，沿河积石，通称金堤，见《水经注·河水》。今西起河南卫辉市、滑县，经濮阳县、范县及山东阳谷县，东至张秋镇东有古金堤，相传为宋时所筑，一说为东汉王景所修。

入淮，旧河、支河俱堙，漕河因而浅涩。景泰癸酉，因水迫城，筑堤四十里，劳费过甚，而水发辄溃，然尚未至决城壕为人害也。至天顺辛巳，水暴至，土城砖城并圮，七郡财力所筑之堤俱委诸无用，人心惶惶，未知所底。夫河不循故道，并流入淮，是为妄行。今急宜疏导以杀其势。若止委之一淮，而以堤防为长策，恐开封终为鱼鳖之区。乞敕部檄所司，先疏金龙口宽阔以接漕河，然后相度旧河，或别求泄水之地，挑浚以平水患，为经久计。"命如其说行之。

成化七年，命王恕①为工部侍郎，奉敕总理河道。总河侍郎之设，自恕始也。时黄河不为患，恕尚力漕河而已。

……

弘治二年五月，河决开封及金龙口，入张秋运河，又决埽头五所入沁。郡邑多被害，汴梁尤甚，议者至请迁开封城以避其患。布政司徐恪持不可，乃止。命所司大发卒筑之。九月，命白昂②为户部侍郎，修治河道，赐以特敕，令会山东、河南、北直隶三巡抚，自上源决口至运河，相机修筑。

三年正月，昂上言："臣自淮河相度水势，抵河南中牟等县，见上源决口，水入南岸者十三，入北岸者十七。南决者，自中牟杨桥至祥符界析为二支：一经尉氏等县，合颍水，下涂山③，入于淮；一经通许等县，

---

① 王恕（1416—1508），字宗贯，号介庵、石渠，陕西三原人。正统进士，授大理寺左评事，迁扬州知府。成化初，任南京刑部右侍郎。成化七年（1471），任工部侍郎，总理河道。十二年（1476），以右都御史巡抚云南。二十年（1484），任南京兵部尚书。孝宗立，召为吏部尚书。以刚正清严称，所引荐皆一时名臣。弘治六年（1493）致仕，卒谥端毅。有《王端毅公文集》《介庵奏稿》等。

② 白昂（1435—1503），字廷仪，江苏武进人。天顺元年（1457），登进士，任礼科给事中。后平定刘通叛乱有功，升兵部侍郎。弘治二年（1489）五月，黄河大决于开封及封丘荆隆口，郡邑多被害，有人主张迁开封以避其患。九月，命白昂为户部侍郎，修治河道，赐以特敕，令会同山东、河南、北直隶三巡抚，自上源决口至运河相继修筑。弘治三年（1490）正月，白昂查勘水势，建议"在南岸宜疏浚以杀河势""于北流所经七县筑为堤岸，以卫张秋"。组织民夫二十五万，"筑阳武长堤，以防张秋，引中牟决河……以达淮，浚宿州古汴河以入泗"，又浚睢河以会漕河，疏月河十余以泄水，并塞决口三十六处，使河"流入汴，汴入睢，睢入泗，泗入淮，以达海"。后升都御史。弘治六年（1493），改刑部尚书。十三年（1500）致仕。

③ "涂山"，相传为夏禹娶涂山氏及会诸侯处，其地说法不一。此处是指今安徽蚌埠市西淮河东岸，又名当涂山，与荆山隔岸相对。《左传·哀公七年》："禹合诸侯于涂山。"相传涂山与荆山本为一山，禹凿为二，以通淮水。

入涡河，下荆山①，入于淮。又一支自归德州通凤阳之亳县，亦合涡河入于淮。北决者，自原武经阳武、祥符、封丘、兰阳、仪封、考城，其一支决入金龙等口，至山东曹州，冲入张秋漕河。去冬，水消沙积，决口已淤，因并为一大支，由祥符翟家口合沁河，出丁家道口，下徐州。此河流南北分行大势也。合颍、涡二水入淮者，各有滩碛，水脉颇微，宜疏浚以杀河势。合沁水入徐者，则以河道浅隘不能受，方有漂没之虞。况上流金龙诸口虽暂淤，久将复决，宜于北流所经七县筑为堤岸，以卫张秋。但原敕治山东、河南、北直隶，而南直隶淮、徐境，实河所经行要地，尚无所统。"于是，并以命昂。

昂举郎中娄性②协治，乃役夫二十五万，筑阳武长堤，以防张秋。引中牟决河出荥泽阳桥以达淮，浚宿州古汴河以入泗，又浚滩河自归德饮马池，经符离桥，至宿迁以会漕河，上筑长堤，下修减水闸。又疏月河十余以泄水，塞决口三十六，使河流入汴，汴入滩，滩入泗，泗入淮，以达海，水患稍宁。昂又以河南入淮非正道，恐卒不能容，复于鱼台、德州、吴桥修古长堤；又自东平北至兴济凿小河十二道，入大清河及古黄河以入海。河口各建石堰，以时启闭。盖南北分治，而东南则以疏为主云。

六年二月，以刘大夏为副都御史，治张秋决河。先是，河决张秋戴家庙，掣漕河与汶水合而北行，遣工部侍郎陈政③督治。政言："河之故道有二：一在荥泽孙家渡口，经朱仙镇直抵陈州；一在归德州饮马池，与亳州地相属。旧俱入淮，今已淤塞，因致上流冲激，势尽北趋。自祥符孙家口、杨家口、车船口，兰阳铜瓦厢决为数道，俱入运河。于是张秋上下势甚危急。自堂邑至济宁堤岸多崩圮，而戴家庙减水闸浅隘不能

---

① "荆山"，在安徽怀远西南。《水经注·淮水》："淮出于荆山之左，当涂之右，奔流二山间。"

② 娄性，明江西上饶人，成化间进士，官至南京兵部郎中，与守备太监蒋琮相互揭发阴私，讯实，坐除名。

③ 陈政（1439—1494），宜丰人，天顺八年（1464），中进士，授工部营缮主事，累任吏部验封郎中、通政司参议、左右通政，升工部左侍郎。弘治二年（1489），河决开封。六年（1493），奉命治河，积劳成疾，翌年卒于任。

泄水，亦有冲决。请浚旧河以杀上流之势，塞决河以防下流之患。"政方渐次修举，未几卒官。帝深以为忧，命廷臣会荐才识堪任者。金举大夏，遂赐敕以往。

十二月，巡按河南御史涂升^①言："黄河为患，南决病河南，北决病山东。昔汉决酸枣，复决瓠子；宋决馆陶，复决澶州；元决汴梁，复决蒲口。然汉都关中，宋都大梁，河决为患，不过濒河数郡而已。今京师专藉会通河岁漕粟数百万石。河决而北，则大为漕忧。臣博采舆论，治河之策有四：一曰疏浚。荥、郑之东，五河之西，饮马、白露等河皆黄河由涡入淮之故道。其后南流日久，或河口以淤高不泄，或河身狭隘难容，水势无所分杀，遂泛滥北决。今惟躐上流东南之故道，相度疏浚，则正流归道，余波就壑，下流无奔溃之害，北岸无冲决之患矣。二曰扼塞。既杀水势于东南，必须筑堤岸于西北。黄陵冈^②上下旧堤缺坏，当度下流东北形势，去水远近，补筑无遗，排障百川悉归东南，由淮入海，则张秋无患，而漕河可保矣。三曰用人。荐河南金事张鼐。四曰久任。则请专信大夏，且于归德或东昌建公廨，令居中裁决也。"帝以为然。

七年五月，命太监李兴、平江伯陈锐往同大夏共治张秋。十二月，筑塞张秋决口工成。初，河流湍悍，决口阔九十余丈。大夏行视之，曰："是下流未可治，当治上流。"于是即决口西南开越河三里许，使粮运可济，乃浚仪封黄陵冈南贾鲁旧河四十余里，由曹出徐，以杀水势。又浚孙家渡口，别凿新河七十余里，导使南行，由中牟、颍川东入淮。又浚祥符四府营淤河，由陈留至归德分为二：一由宿迁小河口，一由亳涡河，俱会于淮。然后沿张秋两岸东西筑台，立表贯索，联巨舰穴而窒之，实以土。至决口，去窒沉舰，压以大埽，且合且决，随决随筑，连昼夜不息。决既塞，缭以石堤，隐若长虹，功乃成。帝遣行人赍羊酒往劳之，

①　涂升，字卿仪，江西丰城人，涂观子。成化十四年（1478）进士。授盐亭知县，改蒲台，擢监察御史。弘治间，疏劾太监李广及其党羽。官至广东按察副使。正德初，奉命采珠，以拒刘瑾私请，瑾衔之。后以他事，罚米输边。有《南巡录》。
②　"黄陵冈"，又作黄陵渡，在今河南兰考县东，与山东曹县相邻。金承安五年（1200），金曾驻重兵于此，为蒙古将木华黎所败。元明时为黄河多次决口处。元至正十一年（1351），工部尚书贾鲁于此起始疏复黄河故道。明弘治中，刘大夏治河，亦以此处为重点工程。

改张秋名为安平镇。

大夏等言："安平镇决口已塞，河下流北入东昌、临清至天津入海，运道已通。然必筑黄陵冈河口，导河上流南下徐、淮，庶可为运道久安之计。"廷议如其言。乃以八年正月筑塞黄陵冈及荆隆等口七处，旬有五日而毕。盖黄陵冈居安平镇之上流，其广九十余丈，荆隆等口又居黄陵冈之上流，其广四百三十余丈。河流至此宽漫奔放，皆喉襟重地。诸口既塞，于是上流河势复归兰阳、考城，分流迳徐州、归德、宿迁，南入运河，会淮水，东注于海，南流故道以复。而大名府之长堤，起胙城，历滑县、长垣、东明、曹州、曹县抵虞城，凡三百六十里。其西南荆隆等口新堤起于家店，历铜瓦厢、东桥抵小宋集，凡百六十里①，大小二堤相翼，而石坝俱培筑坚厚，溃决之患于是息矣。帝以黄陵冈河口功成，敕建黄河神祠以镇之，赐额曰昭应。其秋，召大夏等还京。荆隆即金龙也。

——张廷玉等撰《明史》卷八三

《明史·河渠三》

明成祖肇建北京，转漕东南，水陆兼挽，仍元人之旧，参用海运。逮会通河开，海陆并罢。南极江口，北尽大通桥，运道三千余里。综而计之，自昌平神山泉诸水，汇贯都城，过大通桥，东至通州入白河者，大通河也。自通州而南至直沽，会卫河入海者，白河也。自临清而北至直沽，会白河入海者，卫水也。自汶上南旺分流，北经张秋至临清，会卫河，南至济宁天井闸②，会泗、沂、洸三水者，汶水也。自济宁出天

---

① "凡百六十里"，刘健《黄陵冈塞河功完之碑》记为荆隆口东西各二百里，黄陵冈之东西各三百里。潘季驯《河防一览》卷三称："都御史刘忠宣公（大夏）筑有长堤一道，荆隆口之东西各二百余里，黄陵冈之东西各三百余里，自武陟县詹家店起，直抵砀、沛一千余里，名曰太行堤。"明代黄河北岸太行堤初成于刘大夏，为阻止黄河北流的主要屏障。

② "天井闸"，闸名，位于山东兖州府济宁州城南（今山东济宁市南），为元代所开会通河上重要闸口。明初运河淤垫，永乐九年（1411）宋礼重新修浚。泗水自兖州折而西流，洸水从宁阳县折而南流，皆至此闸汇入会通河。由此北经汶上至临清，南经南阳至徐、邳。有闸官依水之多寡启闭宣泄，以利漕船转输。

井闸，与汶合流，至南阳新河①，旧出茶城，会黄、沁后出夏镇，循洳河达直口，入黄济运者，泗、洸、小沂河及山东泉水也。自茶城秦沟，南历徐、吕，浮邳，会大沂河，至清河县入淮后，从直河口抵清口者，黄河水也。自清口而南，至于瓜、仪者，淮、扬诸湖水也。过此则长江矣。长江以南，则松、苏、浙江运道也。淮、扬至京口以南之河，通谓之转运河，而由瓜、仪达淮安者，又谓之南河，由黄河达丰、沛曰中河，由山东达天津曰北河，由天津达张家湾曰通济河，而总名曰漕河。其逾京师而东若蓟州，西北若昌平，皆尝有河通，转漕饷军。

……

永乐四年，成祖命平江伯陈瑄督转运，一仍由海，而一则浮淮入河，至阳武，陆挽百七十里抵卫辉，浮于卫，所谓陆海兼运者也。海运多险，陆挽亦艰。九年二月，乃用济宁州同知潘叔正②言，命尚书宋礼、侍郎金纯、都督周长浚会通河。会通河者，元转漕故道也，元末已废不用。洪武二十四年，河决原武，漫安山湖而东，会通尽淤，至是复之。由济宁至临清三百八十五里，引汶、泗入其中。泗出泗水陪尾山③，四泉并发，西流至兖州城东，合于沂。汶河有二：小汶河④出新泰宫山下；大汶河⑤出泰

---

① "南阳新河"，自元代至明代嘉靖时（1522—1566），京杭运河均在徐州与黄河相交，徐州至淮阴利用黄河河道行运。这一航路经过徐州洪、吕梁洪两段险滩。两洪经常因为黄河决口，导致水道淤塞或中断。此外，黄河常由河南向北泛滥，冲断会通河运道。嘉靖七年（1528），左都御史胡世宁将会通河由昭阳湖西改到昭阳湖东，并以此为滞洪区，避开黄河北泛影响。这条新开的运河名"南阳新河"。南阳新河上"凡闸八，减水闸二十，为坝十有二，为堤三万五千二百八十丈有余"（《明世宗实录》），又导泗水支流薛河、彭河入湖，为济运水源。

② 潘叔正，字惟献，号绩庵，仙居人。永乐元年（1403），中式举人。九年（1411），选任山东济宁州同知。是年初，上书提议疏浚会通河，获准后佐工部尚书宋礼等督理疏浚运河工程，遂使南北漕运贯通。后卒于广西梧州同知任上。

③ "陪尾山"，《尚书·禹贡》："熊耳、外方、桐柏至于陪尾。"《史记·夏本纪》作负尾。《汉书·地理志》作倍尾、横尾。一说在今湖北安陆北，《汉书·地理志》江夏郡安陆县（今湖北云梦县）："横尾山在东北，古文以为陪尾山。"后《水经》《括地志》《元和志》《寰宇记》等都从此说。一说即今山东泗水县东泗水所出的陪尾山，晋张华《博物志》："泗出陪尾。"其后《隋书·地理志》《唐书·地理志》、胡渭《禹贡锥指》及近代学者多从此说。

④ "小汶河"，在今山东新泰市东北三十里。《方舆纪要》卷三一新泰县：小汶河"源出东北四十里之龙池。池在龙亭山下，西南流百里，入于汶河"。

⑤ "大汶河"，又称汶水。《尚书·禹贡》："浮于汶，达于河。"汶即今大汶河。在山东省中西部，源出莱芜市原山，西南流至泰安市大汶口，同柴汶河（小汶河）汇合。下游分两支，北支在东平县马口处注东平湖后入黄河。

安仙台岭南，又出莱芜原山阴及寨子村。俱至静丰镇合流，绕徂徕山阳，而小汶河来会。经宁阳北堈城①，西南流百余里，至汶上。其支流曰洸河，出堈城西南，流三十里，会宁阳诸泉，经济宁东，与泗合。元初，毕辅国②始于堈城左汶水阴作斗门，导汶入洸。至元中，又分流北入济，由寿张至临清，通漳、御入海。

……

景帝时，增置济宁递临清减水闸。天顺时，拓临清旧闸，移五十丈。

……

淮上、徐州、济宁、临清、德州皆建仓转输。滨河置舍五百六十八所，舍置浅夫③。水涩舟胶，俾之导行。增置浅船三千余艘。设徐沛沽头、金沟，山东谷亭、鲁桥等闸。自是漕运直达通州，而海陆运俱废。

……

至（宣德）十三年，河决荥阳，东冲张秋，溃沙湾，运道始坏。命廷臣塞之。

景泰三年五月，堤工乃完。未匝月④而北马头复决，掣漕流以东。清河训导唐学成言："河决沙湾，临清告涸。地卑堤薄，黄河势急，故甫完堤而复决也。临清至沙湾十二闸，有水之日，其势甚陡。请于临清以南浚月河通舟，直抵沙湾，不复由闸，则水势缓而漕运通矣。"帝即命学成与山东巡抚洪英相度。工部侍郎赵荣则言："沙湾抵张秋岸薄，故数决。请于决处置减水石坝⑤，使东入盐河，则运河之水可蓄。然后厚堤岸，填决口，庶无后患。"

明年四月，决口方毕工，而减水坝及南分水墩⑥先败，已复尽冲墩

---

① "堈城"，又名"堽城"，在山东宁阳东北三十五里。济州掾吏毕辅国在此建坝，即堽城坝，分汶水入洸河，至济宁会源闸，由会源闸南北分流济运。

② 毕辅国，奉符（今泰安）人。蒙古宪宗七年（1257），为济州佐贰官。时蒙古与南宋在淮水流域相持，蒙古东平将严忠济调军队南下戍守。为运输军饷，毕辅国在汶水南岸的堽城镇（今宁阳县东北三十五里）筑斗门，遏汶水分水南流，修复了古洸河水道。水运由汶入洸通泗，名堽城坝。后来经过几次大修扩建，一直沿用到明中叶。

③ "浅夫"，挑浅疏浚河道的人夫。

④ "匝月"，满月。

⑤ "减水坝"，在河道一侧建造的溢流设施，用以分洪。

⑥ "分水墩"，即河心洲，起到减缓水势的作用。

岸桥梁，决北马头，掣漕水入盐河，运舟悉阻。教谕彭埙请立闸以制水势，开河以分上流。御史练纲上其策。诏下尚书石璞。璞乃凿河三里，以避决口，上下与运河通。是岁，漕舟不前者，命漕运总兵官徐恭姑输东昌、济宁仓。及明年，运河胶浅①如故。恭与都御史王竑②言："漕舟蚁聚临清上下，请亟救都御史徐有贞筑塞沙湾决河。"有贞不可，而献上三策，请置水闸，开分水河，挑运河。

六年三月，诏群臣集议方略。工部尚书江渊③等请用官军五万以浚运。有贞恐役军费重，请复陈瑄旧制，置捞浅夫，用沿河州县民，免其役。五月，浚漕工竣。七月，沙湾决口工亦竣，会通复安。都御史陈泰一浚淮扬漕河，筑口置坝。黄河尝灌新庄闸至清江浦三十余里，淤浅阻漕，稍稍浚治，即复其旧。英宗初，命官督漕，分济宁南北为二，侍郎郑辰治其南，副都御史贾谅治其北。

成化七年，又因廷议，分漕河沛县以南、德州以北及山东为三道，各委曹郎及监司专理，且请简风力大臣总理其事。始命侍郎王恕为总河。二十一年，敕工部侍郎杜谦④浚运道，自通州至淮、扬，会山东、河南抚按相度经理。

弘治二年，河复决张秋，冲会通河，命户部侍郎白昂相治。昂奏金龙口决口已淤，河并为一大支，由祥符合沁下徐州而去。其间河道浅隘，宜于所经七县，筑堤岸以卫张秋。下工部议，从其请。昂又以漕船经高邮氾社湖多溺，请于堤东开复河四十里以通舟。

---

① "胶浅"，舟船搁浅。
② 王竑（1413—1488），字公度，号休庵、戆庵。湖北江夏人。正统四年（1439）进士，授户部给事中，豪迈负气节，正色敢言。土木之变后，奋臂率众击毙王振党羽、锦衣指挥马顺，名震天下。也先入犯，受命守御京城，擢右金都御史，寻督漕运，再抚淮、扬。明宪宗初年，官至兵部尚书。致仕后居家二十年。弘治元年（1488）去世。武宗时追赠太子少保，谥庄毅。
③ 江渊（？—约1457），字世用，四川江津人。宣德五年（1430）进士，授编修。正统十二年（1447），以侍读入文渊阁肄业。土木之变后，陈固守之策，由侍讲超迁刑部侍郎。也先逼临京师，受命督军。景泰元年（1450），入阁参预机务，官至工部尚书。英宗复辟，谪戍辽东。有《观光集》。
④ 杜谦（1419—1494），字益之，永平府昌黎人。景泰五年（1454）进士，由工部主事出为浙江参政，入为京兆尹，官至工部侍郎。居官有声誉。

越四年，河复决数道入运河，坏张秋东堤，夺汶水入海，漕流绝。时工部侍郎陈政总理河道，集夫十五万，治未效而卒。

六年春，副都御史刘大夏奉敕往治决河。夏半，漕舟鳞集，乃先自决口西岸凿月河以通漕。经营二年，张秋决口就塞，复筑黄陵冈上流。于是河复南下，运道无阻。乃改张秋曰安平镇，建庙，赐额曰显惠神祠，命大学士王鏊①纪其事，勒于石。而白昂所开高邮复河亦成，赐名康济，其西岸以石甃之。又甃高邮堤，自杭家闸至张家镇凡三十里。高邮堤者，洪武时所筑也。陈瑄因旧增筑，延及宝应，土人相沿谓之老堤。正统三年易土以石。成化时，遣官筑重堤于高邮、邵伯、宝应、白马四湖老堤之东。而王恕为总河，修淮安以南诸决堤，且浚淮扬漕河。重湖堧民盗决溉田之罚，造闸砑以储湖水。及大夏塞张秋，而昂又开康济，漕河上下无大患者二十余年。

——张廷玉等撰《明史》卷八五

《明史·宋礼传》

永乐二年，拜工部尚书……九年，命开会通河。会通河者，元至元中，以寿张尹韩仲晖言，自东平安民山凿河至临清，引汶绝济，属之卫河，为转漕道，名曰会通。然岸狭水浅，不任重载，故终元世海运为多。明初输饷辽东、北平，亦专用海运。洪武二十四年，河决原武，绝安山湖，会通遂淤。永乐初，建北京，河海兼运。海运险远多失亡，而河运则由江、淮达阳武，发山西、河南丁夫，陆挽百七十里入卫河，历八递运所②，民苦其劳。至是济宁州同知潘叔正上言："旧会通河四百五十余里，淤者乃三之一，浚

---

① 王鏊（1450—1524），字济之，号守溪，学者称"震泽先生"，吴县人。成化十年（1474）乡试、次年会试俱第一，廷试第三，授翰林院编修。弘治初，选侍讲学士，充讲官。后转少詹事，擢吏部右侍郎。正德元年（1506），起为吏部左侍郎，与诸大臣请诛大太监刘瑾。刘瑾掌权，欲焦芳入阁，廷议独推鏊。刘瑾迫于公论，命鏊以本官兼学士，与芳同入内阁。时中外大权皆归瑾，鏊不能救，力求去。嘉靖三年（1524）卒，赠太傅。有《姑苏志》《震泽集》等。

② "递运所"，明官署名，运递官方物资及军需的机构。洪武九年（1376）始置，掌运送粮物。明初，常以卫所戍守兵士传送军囚，太祖因其有妨练习守御，乃命兵部置各处递运所。递运所设大使一人，副使一人，验夫多寡，设百夫长领。后汰副使，革百夫长。

之便。"于是命礼及刑部侍郎金纯、都督周长往治之。礼以会通之源必资汶水，乃用汶上老人白英[①]策，筑堽城及戴村坝，横亘五里，遏汶流，使无南入洸而北归海。汇诸泉之水尽出汶上，至南旺，中分之为二道，南流接徐、沛者十之四，北流达临清者十之六。南旺地势高，决其水，南北皆注，所谓水脊也。因相地置闸，以时蓄泄。自分水北至临清，地降九十尺，置闸十有七，而达于卫；南至沽头，地降百十有六尺，置闸二十有一，而达于淮。凡发山东及徐州、应天、镇江民三十万，蠲租一百一十万石有奇，二十旬而工成。又奏浚沙河入马常泊，以益汶，语详《河渠志》。是年，帝复用工部侍郎张信言，使兴安伯徐亨、工部侍郎蒋廷瓒会金纯，浚祥符鱼王口至中滦下，复旧黄河道，以杀水势，使河不病漕，命礼兼董之。八月还京师，论功第一，受上赏。潘叔正亦赐衣钞。

明年，以御史许堪言卫河水患，命礼往经画。礼请自魏家湾开支河二，泄水入土河，复自德州西北开支河一，泄水入旧黄河，使至海丰大沽河入海。帝命俟秋成后为之。礼还言："海运经历险阻，每岁船辄损败，有漂没者。有司修补，迫于期限，多科敛为民病，而船亦不坚。计海船一艘，用百人而运千石，其费可办河船容二百石者二十，船用十人，可运四千石。以此而论，利病较然。请拨镇江、凤阳、淮安、扬州及兖州粮，合百万石，从河运给北京。其海道则三岁两运。"已而平江伯陈瑄治江、淮间诸河功，亦相继告竣。于是河运大便利，漕粟益多。十三年遂罢海运。

——张廷玉等撰《明史》卷一五三

---

① "老人白英"，"老人"指地方乡里管事之人。此为沿运河设置管理河务的人员。胡瓒《泉河史》卷六《职官表下》有堽城坝老人、管泉老人等。白英，汶上人，明代水利家。永乐中，为汶上老人。永乐九年（1411），诏疏会通河以通漕运，乃向工部尚书宋礼建议筑戴村坝，阻止汶水北支入海，把大汶河全部水量和它沿线泉水溪流引到南旺，注入会通河。又建议在南旺修建分水闸门，使六分水北流临清，接通卫河；四分水南流济宁，会沂、泗、洸三水入黄河。为便利航运，白英针对地形高差大、河道坡度陡的特点，建议在南旺南北建水闸三十八座，通过启闭各闸，节节控制，分段延缓水势，以利船只顺利越过南旺分水脊，经临清直达京师。为了保证运河水源，白英建议利用天然地形，扩大会通河沿岸南旺、安山、昭阳、马场等处天然湖泊，修建"水柜"，设置"斗门"，以便蓄滞和调节水量。同时，开挖河渠，把附近州县几百处泉水引入沿河各"水柜"。永乐十七年（1419），随宋礼进京复命，因积劳成疾，病逝于德州桑园驿。

《明史·金纯传》

（永乐）九年，命与宋礼同治会通河，又同徐亨、蒋廷瓒浚鱼王口黄河故道。初，太祖用兵梁、晋间，使大将军徐达开塌场口①，通河于泗，又开济宁西耐牢坡引曹、郓河水，以通中原之运。其后故道浸塞，至是纯疏治之。自开封北引水达郓城，入塌场，出谷亭北十里为永通、广运二闸。

——张廷玉等撰《明史》卷一五七

《明史·石璞传》

（景泰三年）河决沙湾，命治之。璞以决口未易塞，别浚渠，自黑洋山至徐州，以通漕艘，而决口如故。乃命内官黎贤等偕御史彭谊助之。于沙湾筑石堤以御决河，开月河二，引水益运河以杀水势，决乃塞……沙湾复决，璞再往治之。

——张廷玉等撰《明史》卷一六〇

《明史·徐有贞传》

景泰三年，迁右谕德②。河决沙湾七载，前后治者皆无功。廷臣共举有贞，乃擢左金都御史③治之。至张秋，相度水势，条上三策：一置水门，一开支河，一浚运河。议既定，督漕御史王竑以漕渠淤浅，滞运艘，请急塞决口。帝敕有贞如竑议。有贞守便宜，言："临清河浅，旧矣，非因决口未塞也。漕臣但知塞决口为急，不知秋冬虽塞，来春必复决，徒劳无益。臣不敢邀近功。"诏从其言。有贞于是大集民夫，躬亲

---

① "塌场口"，在今山东鱼台（谷亭镇）北。《方舆纪要》卷三二鱼台县塌场口"旧为运道所经。永乐九年，刑部侍郎金纯浚元人运河故道，引汴水自开封入鱼台塌场口，会汶水经徐、吕二洪入淮。汶水即泗水也。嘉靖九年，黄河由单县侯家村决塌场口，冲谷亭，即此"。

② "右谕德"，官名。唐、宋东宫官有太子左、右谕德，简称谕德。明朝太子官署詹事府所属左、右春坊置左、右谕德，从五品，掌侍从赞谕。

③ "左金都御史"，官名。明洪武十六年（1383）置，初正五品，与左、右都御史，左、右副都御史，右金都御史同掌都察院事。十七年（1384）升正四品。

督率，治渠建闸，起张秋以接河、沁。河流之旁出不顺者，为九堰障之。更筑大堰，榰以水门，阅五百五十五日而工成。名其渠曰"广济"，闸曰"通源"。方工之未成也，帝以转漕为急，工部尚书江渊等请遣中书偕文武大臣督京军五万人往助役，期三月毕工。有贞言："京军一出，日费不赀，遇涨则束手坐视，无所施力。今泄口已合，决堤已坚，但用沿河民夫，自足集事。"议遂寝。事竣召还，佐院事。帝厚劳之。复出巡视漕河。济宁十三州县河夫多负官马及他杂办，所司趣之亟，有贞为言免之。七年秋，山东大水，河堤多坏，惟有贞所筑如故。有贞乃修旧堤决口，自临清抵济宁，各置减水闸，水患悉平。还朝，帝召见，奖劳有加，进左副都御史。

——张廷玉等撰《明史》卷一七一

《明史·刘大夏传》

（弘治）六年春，河决张秋，诏博选才臣往治。吏部尚书王恕等以大夏荐，擢右副都御史以行。乃自黄陵冈浚贾鲁河，复浚孙家渡、四府营上流以分水势。而筑长堤，起胙城，历东明、长垣，抵徐州，亘三百六十里。水大治，更名张秋镇曰安平镇。孝宗嘉之，赐玺书褒美，语详《河渠志》。

——张廷玉等撰《明史》卷一八二

《清史稿》

《清史稿》五百三十六卷，赵尔巽等撰，1927 年完稿。赵尔巽（1844—1927），字公让，汉军正蓝旗人，奉天铁岭人。同治十三年（1874）进士，累官湖南巡抚、民部尚书、盛京将军、四川总督、东三省总督。民国三年（1914），任清史馆总裁，主编《清史稿》。《清史稿》取材以《实录》为主，兼采国史旧志及本传，而参以各种记载，系统整理了有清一代史料，为研究清代历史积累了丰富素材。《清史稿·河渠志》为清代水利专史，记载黄河、京杭运河、黄淮运三河交汇的水利史实较多，并及于其余各河与农田水利、防洪等其他水利情况。《清史稿》记述了黄河对运河侵扰及清代漕运情况，不少记述与聊城关系密切。

《清史稿·高宗纪三》

（乾隆二十七年）十一月己未朔，浚山东德州运河……甲申，谕（直隶总督）方承观①仿河南浚道路沟渠……戊子，浚山东寿张等州县河道沟渠。

——赵尔巽等撰《清史稿》卷一二

《清史稿·高宗纪四》

（乾隆三十一年九月）壬寅，命刘统勋②会勘山东运河。

——赵尔巽等撰《清史稿》卷一三

《清史稿·高宗纪五》

（乾隆四十六年秋七月）辛酉，命阿桂③阅视河南、山东河工。

……

---

① 方观承（1698—1768），字遐谷，号问亭，一号宜田，安徽桐城人。雍正九年（1731），任平郡王福彭谋士，随军攻打准噶尔，授内阁中书。乾隆二年（1737），任军机章京，转吏部郎中。历任直隶清河道、直隶按察使、直隶布政使，累迁直隶总督。乾隆三十三年（1768）去世，谥恪敏，入祀贤良祠。有《述本堂诗集》《御题棉花图》《问亭集》。

② 刘统勋（1700—1773），字延清，号尔钝，山东诸城人。雍正二年（1724），考中进士，选庶吉士、翰林院编修，历任南书房行走、上书房行走、东宫詹事等。乾隆帝继位，历任刑部侍郎、左都御史、漕运总督、河道总督、太子太傅兼陕甘总督、工部尚书、刑部尚书、军机大臣、吏部尚书赐紫禁城骑马、翰林院掌院学士，乾隆二十六年（1761），任东阁大学士、首席军机大臣、上书房总师傅、国史馆总裁。三十八年（1773）去世，赠太傅，谥文正。

③ 阿桂（1717—1797），章佳氏，字广庭，号云岩，满洲正蓝旗人。乾隆三年（1738）中举，累授户部郎中、军机章京。十三年（1748），随征大小金川，遭劾被贬。后复升为内阁学士兼礼部侍郎，历任参赞大臣、镶红旗蒙古副都统、工部侍郎等。二十四（1759），参与平定大小和卓叛乱，后移驻伊犁，建屯田之策。后任内大臣、汉军镶蓝旗都统、军机大臣、满洲正红旗都统、四川总督等。三十三年（1768），随傅恒征讨缅甸。三十六年（1771），再次参加大小金川之役。后多次前往地方办理钦案、督筑河堤，累加太子太保、武英殿大学士。嘉庆二年（1797）逝世，赠太保，谥文成。

（乾隆五十年）八月乙酉，命阿桂赴河南勘灾，兼赴江南、山东查办河运。

——赵尔巽等撰《清史稿》卷一四

《清史稿·河渠一·黄河》

（顺治）七年八月，决荆隆朱源寨，直注沙湾，溃运堤，挟汶由大清河入海。方兴①用河道方大猷言，先筑上游长缕堤，遏其来势，再筑小长堤。八年，塞之。

九年，决封丘大王庙，冲圮县城，水由长垣趋东昌，坏平安堤②，北入海，大为漕渠梗。发丁夫数万治之，旋筑旋决。给事中许作梅，御史杨世学、陈斐交章请勘九河故道，使河北流入海。方兴言："黄河古今同患，而治河古今异宜。宋以前治河，但令入海有路，可南亦可北。元、明以迄我朝，东南漕运由清口至董口二百余里，必藉黄为转输，是治河即所以治漕，可以南不可以北。若顺水北行，无论漕运不通，转恐决出之水东西奔荡，不可收拾。今乃欲寻禹旧迹，重加疏导，势必别筑长堤，较之增卑培薄，难易晓然。且河流挟沙，束之一，则水急沙流；播之九，则水缓沙积。数年之后，河仍他徙，何以济运？"上然其言，乃于丁家寨凿渠引流，以杀水势。

是年，复决邳州，又决祥符朱源寨。户部左侍郎王永吉、御史杨世学均言："治河必先治淮，导淮必先导海口，盖淮为河之下流，而滨海诸州县又为淮之下流。乞下河、漕重臣，凡海口有为奸民堵塞者，尽行疏浚。其漕堤闸口，因时启闭，然后循流而上。至于河身，剔浅去淤，使河身愈深，足以容水。"议皆不果行。

十一年，复决大王庙。给事中林起龙劾方兴侵冒，上解方兴任，遣

---

① "方兴"，即杨方兴。杨方兴（？—1665），字淳然，广宁卫人，汉军镶白旗。初为明朝广宁诸生。1622年归附努尔哈赤。皇太极时考中举人。历官内秘书院学士、河道总督加太子太保，进兵部尚书衔。顺治中，主持河道工程，屡堵决口，修堤建闸。力主河水南行，维持旧局，请摒导河北流入海之说，被采纳。顺治十四年（1657）告退。康熙四年（1665）卒。

② "平安堤"，运河堤防，在今山东聊城境内。

大理卿吴库礼、工科左给事中许作梅往按。起龙坐诬，复方兴任。

十三年，塞大王庙，费银八十万。

……

（康熙）六十年八月，决武陟詹家店、马营口、魏家口，大溜北趋，注滑县、长垣、东明，夺运河，至张秋，由五空桥入盐河归海。自河工告成，黄流顺轨，安澜十余年矣，至是遣鹏翮①等往勘。九月，塞詹家店、魏家口；十一月，塞马营口。世显罢，以陈鹏年②署河道总督。

六十一年正月，马营口复决，灌张秋，奔注大清河。六月，沁水暴涨，冲塌秦家厂南北坝台及钉船帮大坝。时王家沟引河成，引溜由东南会荥泽入正河，马营堤因无恙。鹏年复于广武山官庄峪挑引河百四十余丈以分水势。九月，秦家厂南坝甫塞，北坝又决，马营亦漫开。十二月，塞之。

……

（雍正）二年，以嵇曾筠③为副总河，驻武陟，辖河南河务，东河分治自此始。六月，决仪封大寨、兰阳板桥，逾月塞之。

……

七年，改河道总督为江南河道总督，驻清江，以孔毓珣④任，省副

---

① "鹏翮"，即张鹏翮。张鹏翮（1649—1725），字运青，四川遂宁人。康熙九年（1670）进士，历任刑部主事、苏州知府、兖州知府、河东盐运使、通政司参议、大理寺少卿、浙江巡抚、兵部右侍郎、左都御史、刑部尚书、江南江西总督、河道总督、户部尚书，雍正元年（1723），任文华殿大学士。三年（1725）病逝，谥文端。有《冰雪堂稿》《如意堂稿》《治河全书》。

② 陈鹏年（1663—1723），字沧州，湖广湘潭人。康熙三十年（1691）进士，授浙江西安知县。历任浙江西安、江南山阳知县，累擢为江宁知府，署布政使，署河道总督，所至颇有政绩。晚年多次主持河工。雍正元年（1723）卒于工地。谥恪勤。有《道荣堂文集》《河工条约》等。

③ 嵇曾筠（1670—1738），字松友，江南长洲人。康熙四十五年（1706），中进士，授编修。雍正元年（1723），署河南巡抚。同年，中牟刘庄、十里店等处决口，嵇曾筠督修堵口，当年堵复。六年（1730），仪封青龙岗河势顶冲，嵇曾筠开挖引河，解除了险情。以后又在仪封耿家寨、封丘荆隆宫坐湾生险之处，皆采用"引河杀险"之法，化险为夷。曾筠在治河期间，还善于建坝挑水，故后世有"嵇坝"之称。乾隆三年（1738），嵇曾筠病逝，谥文敏。有《河防奏议》《师善堂集》。

④ 孔毓珣，字东美，号松庵，山东曲阜人，孔子六十七世孙。康熙中赐恩贡生。历官徐州知州、顺宁知府。康熙五十五年（1716），迁湖广上荆南道，兴修水利，筑"孔公堤"。擢广西按察使、四川布政使。雍正二年（1724），任两广总督。五年（1717），任江南河道总督。有惠政，尤以筑堤捍江、谨防水患取信于民。

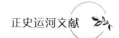

总河。以曾筠为山东河道总督，驻济宁。上以明臣潘季驯①有每岁派夫加高堤身五寸之议，前靳辅②亦以为言，计岁费不过三四万，下两河总督议。毓珣等请酌缓急，分年轮流加倍，约岁需二万余金，下部议行。

……

十八年秋，决阳武十三堡。九月，决铜山张家马路，冲塌内堤、缕越堤二百余丈，南注灵、虹诸邑，入洪泽湖，夺淮而下。以尹继善督南河，遣尚书舒赫德③偕白锺山④驰赴协理。同知李焞、守备张宾侵帑误工，为学习河务布政使富勒赫所劾，勘实，置之法。高斌及协理张师载⑤坐失察，缚视行刑。是冬，河塞。

---

① 潘季驯（1521—1595），字时良，号印川，湖州府乌程人。嘉靖二十九年（1550），登进士第，曾于江西、广东等地任职，推行均平里甲法。自嘉靖四十四年（1565），至万历二十年（1592），奉三朝简命，四次总理河道，前后主持治理黄、运二十七年。以功累官太子太保、工部尚书兼右都御史。万历二十三年（1595）逝世。有《河防一览》《两河管见》《宸断大工录》《留余堂集》。潘季驯在总结前人经验及长期治河实践中，提出了"筑堤束水，以水攻沙"治黄方略和"蓄清（淮河）刷浑（黄河）"以保漕运的治运方略，发明"束水冲沙法"。在他主持下，黄河沿淮扬间堤坝无不修筑，堵塞决口，并加筑洪泽湖东岸高家堰，束淮入清口，使二水并流入海。两河工成后，河道数年间无大患。其治黄通运方略和"筑近堤（缕堤）以束河流，筑遥堤以防溃决"的治河工程思路及相应的堤防体系和严格的修守制度，直至清末仍是治河主导思想，影响颇为深远。

② 靳辅（1633—1692），字紫垣，辽阳人，隶汉军镶黄旗。顺治中，任内阁中书。康熙初，自郎中迁内阁学士。十年（1671），授安徽巡抚，参与平定三藩。十六年（1677），调任河道总督。靳辅继承潘季驯治河策略，全面勘察黄河水患，提出综合整治三大河流的详细方案，并积极组织实施，终使堤坝坚固，漕运无阻。二十七年（1688），遭诬免职。三十一年（1692）卒，谥文襄。有《治河方略》。

③ 舒赫德（1710—1777），姓舒穆鲁，字伯容，满洲正白旗人，初自笔帖式授内阁中书。历官户部尚书、镶红旗满洲都统、武英殿大学士。乾隆中，先后参赞筹办大学士傅恒军务，征讨金川；参赞将军兆惠军务，征讨厄鲁特各部；参赞定边将军成衮扎布军务，逐捕阿睦尔撒纳；参赞副将军富德军务，援讨霍集占。乾隆三十三年（1768），用兵缅甸，仍为参赞大臣。后宣抚土尔扈特汗渥巴锡，镇压王伦起义。乾隆四十二年（1777）卒，谥文襄。

④ 白锺山（？—1761），字毓秀，汉军正蓝旗人。康熙四十七年（1708），由官学生补户部笔帖式。雍正元年（1723），迁江南山清里河同知。五年（1727），迁淮扬道。九年（1731），迁江苏布政使。十二年（1734），授河南副总河，旋擢河东河道总督。乾隆八年（1743），调江南河道总督。十五年（1750），授永定河道。十九年（1754），复授河东河道总督。二十年（1755），署山东巡抚。二十二年（1757），调江南河道总督。二十三年（1758），加太子少保。二十六年（1761）卒，赠太子太保，谥庄恪。

⑤ 张师载（1695—1763），字又渠，河南仪封人，张伯行之子。康熙五十六年（1717）举人，以父荫补户部员外郎。历官江苏按察使、安徽巡抚、漕运总督、河东河道总督。长于治河，屡赴南河，协办防务。少时读其父著作，研究性理之学。卒赠太子太保，谥恭敬。

　　方铜山之始决也，下廷议，吏部尚书孙嘉淦独主开减河引水入大清河，略言："自顺、康以来，河决北岸十之九。北岸决，溃运者半，不溃者半。凡其溃道，皆由大清河入海者也。盖大清河东南皆泰山基脚，其道亘古不坏，亦不迁移。前南北分流时，已受河之半。及张秋溃决，且受河之全，未闻有冲城郭淹人民之事，则此河之有利无害，已足征矣。今铜山决口不能收功，上下两江二三十州县之积水不能消涸，故臣言开减河也。上游减则下游微，决口易塞，积水早消。但河流湍急，设开减河而夺溜以出，不可不防，故臣言减入大清河也。现开减河数处，皆距大清河不远。计大清河所经，只东阿、济阳、滨州、利津四五州县，即有漫溢，不过偏灾，忍四五州县之偏灾，可减两江二三十州县之积水，并解淮、扬两府之急难，此其利害轻重，不待智者而后知也。减河开后，经两三州县境，或有漫溢，筑土埝以御之，一入大清河，则河身深广，两岸堵筑处甚少，计费不过一二十万，而所省下游决口之工费、赈济之钱米至少一二百万，此其得失多寡，亦不待智者而后知也。计无便于此者。"上虑形势隔碍，不能用。

　　……

　　（嘉庆）八年九月，决封邱衡家楼，大溜奔注，东北由范县达张秋，穿运河，东趋盐河，经利津入海。直隶长垣、东平、开州均被水成灾。上饬布政使瞻住抚恤，复遣鸿胪卿通恩等治赈，兵部侍郎那彦宝赴工，会同东河总督嵇承志①堵筑。明年二月塞。

　　……

　　（咸丰）五年六月，决兰阳铜瓦厢②，夺溜由长垣、东明至张秋，穿运注大清河入海，正河断流。上念军务未平，饷糈不继，若能因势利导，使黄流通畅入海，则兰阳决口即可暂缓堵筑。事下河督李钧③察奏。钧

---

　　① 嵇承志（？—1805），江苏江宁人，举人。历官长芦盐运使、河东河道总督、大理寺少卿。乾隆、嘉庆中，先后参加浚河、永定河、黄河封丘衡家楼等治理工程。后升任顺天府尹。
　　② "铜瓦厢"，在今河南兰考县城北约二十里。此次决口为黄河又一次大改道，结束了自金末以来黄河南流六七百年的历史，并逐步形成了今天的黄河下游河道。
　　③ 李钧（1792—1859），字伯蘅，又字梦韶、爨韶，号春帆，河间人。嘉庆二十二年（1817）进士。历官翰林院编修、国史馆总纂修、广东乡试副考官、河南府知府、开封府知府、河南督粮道、陕西及贵州按察使、太常寺卿、刑部侍郎、顺天府尹、河东河道总督、都察院右都御史等。

旋陈三事："曰顺河筑埝。东西千余里筑堤，所费不赀，何敢轻议？除河近城垣不能不筑堤坝以资抵御，余拟就漫水所及，酌定埝基，劝民接筑，高不过三尺。水小借以拦阻，水大听其漫过。散水无力，随漫随淤，地面渐高，且变沙碛为沃壤矣。曰遇湾切滩。河性喜坐湾，每至涨水，遇湾则怒而横决。惟于坐湾之对面，劝令切除滩嘴，以宽河势，水涨即可刷直，就下愈畅，并可免兜滩冲决之虞。曰堵截支流。现在黄流漫溢，既不能筑坚堤以束其流，又不能挑引河以杀其势，宜乘冬令水弱溜平，劝民筑坝断流，再于以下沟槽跨筑土格，高出数尺。漫水再入，上无来源，下无去路，冀渐淤成平陆。"东抚崇恩①亦以为言。上令直隶、山东、河南各督抚妥为劝办。

十一年，御史薛书堂言："南河自黄水改道，下游已无工可修，请省南河总督及厅员。"下廷臣议。侍郎沈兆霖言："导河始自神禹，九河故道皆在山东，入海处在今沧州，是《禹贡》之河固由东北入海。自汉王莽时河徙千乘入海，而禹之故道失。历东汉迄隋、唐，从无变异。宋神宗时，河分南北两派并行，北派由北清河入海，即今大清河。至元至元间，会通河成，惧河北行碍运，而北流塞。历今五六百年，河屡北决，无不挽之使南。说者谓河一入运，必挟泥沙以入海，而运道亦淤，故顺河之性，北行为宜。乾隆朝，孙嘉淦请开减河入大清河一疏，言之甚详，足破北行碍运之疑。夫河入大清，由利津入海，正今黄河所改之道。现在张秋以东，自鱼山至利津海口，皆筑民堰，惟兰仪之北、张秋之南，河自决口而出，夺赵王河及旧引河，泛滥平原，田庐久被淹浸。张秋高家林旧堰残缺过多，工程最巨。如东明、长垣、菏泽、郓城，其培筑较张秋为易。宜乘此时顺水之性，听其由大清河入海，谕令绅民力筹措办，或应开减河，或应筑堤堰，统于水落兴工。河庆顺轨，民乐力田，缺额之地丁可复，历年之赈济可停，就此裁去南河总督及厅员，可省岁帑数十万，而归德、徐、淮一带地几千里均可变为沃壤，逐渐播种升科，似

---

① 崇恩（1803—1878），觉罗氏，字仰之，别号香南居士，满洲正红旗人，系清朝皇室。先后任山东巡抚、内阁学士等。工书，法苏轼。画山水，出入宋、元诸名家。喜收藏，精鉴赏，收藏历代书画、古籍碑帖极富。有《香南居士集》《香南精舍金石契》《金石玉铭》等。

亦一举而兼数善者矣。"下直督恒福、东抚文煜、豫抚庆廉、东河总督黄赞汤①勘议。六月，省南河总督及淮扬、淮海、丰北、萧南、宿南、宿北、桃南、桃北各道厅，改置淮扬徐海兵备道，兼辖河务。

……

鸿章因遣员周历齐、豫、徐、海，访察测量，期得要领。（同治）十二年六月，上言："治河之策，原不外恭亲王等审地势、识水性、酌工程、权利害四语，而尤以水势顺逆为要。现在铜瓦厢决口宽约十里，跌塘过深，水涸时犹逾一二丈。旧河身高，决口以下，水面二三丈不等。如欲挽河复故，必挑深引河三丈余，方能吸溜东趋。查乾隆间兰阳青龙冈之役，费帑至二千余万。阿桂言引河深至丈六尺，人力无可再施，今岂能挑深至三丈余乎？十里口门进占合龙，亦属创见。国初以来，黄河决口宽不过三四百丈，且屡堵屡溃，常阅数年而不成。今岂能合龙而保固乎？且由兰阳下抵淮、徐之旧河身高于平地三四丈。年来避水之民移住其中，村落渐多，禾苗无际。若挽地中三丈之水，跨行于地上三丈之河，其停淤待溃、危险莫保情形，有目者无不知之。岁久堤干，即加修治，必有受病不易见之处。万一上游放溜，下游旋决，收拾更难。议者或以河北行则穿运，为运道计，终不能不强之使南以会清口。臣查嘉庆以后清口淤垫，夏令黄高于清，已不能启坝送运。道光以后，御黄坝竟至终岁不启，遂改用灌塘之法，自黄浦泄黄入湖。湖身顿高，运河水少，灌塘又不便，遂改行海运。今即能复故道，亦不能骤复河运，非河一南行，即可侥幸无事。此淮、徐故道势难挽复，且于漕运无益之实在情形也。

至河臣所请就东境束黄济运一节，查清口淤垫，即借黄济运之病。今张秋运河宽仅数丈，两岸废土如山，若引重浊之黄，以闸坝节宣用之，水势抬高，其淤倍速。人力几何，安能挑此日进之沙？且所挑之沙，仍

---

① 黄赞汤（1805—1869），字莘农，号徵三，江西庐陵人。道光十三年（1833）进士，授翰林院编修，充国史馆协修、纂修、总纂，文渊阁校理、奉天提督学政，历任江南道监察御史、顺天府尹、户部右侍郎兼管钱法堂事务、河南巡抚兼提督军门。咸丰元年（1851），擢东河总督。同治元年（1862），任广东巡抚。同治八年（1869）卒。

堆积于积年废土之上，雨淋风荡，河底日高，闸亦壅塞，久之黄必难引。明弘治中，荆龙口、铜瓦厢屡次大决，皆因引黄济张秋之运，遂致导隙滥觞。临清地势低于张秋数丈，而必以后无掣溜夺河之害，臣亦不敢信也。至霍家桥堵口筑堤，工尤不易。该处本非决口，乃大溜经行之地，两头无岸，一望浮沙，并无真土可取。勉强堆筑，节节逼溜下注，恐浮沙易塌，实足撄河之怒，而所耗实多。一遭溃决，水仍别穿运道，而不专会张秋，岂非全功尽弃？至作锦拟导卫济运，原因张秋以北无清水灌运，故为此议。查元村集迤南有黄河故道，地多积沙，施工不易。且以全淮之水不能敌黄，尚致倒灌停淤，岂一清浅之卫，遂能御黄济运耶？其意盖袭取山东诸水济运之法。不知泰山之阳，水皆西流，因势利导，十六州县百八十泉之水，源旺派多，自足济运。卫水来源甚弱最顺，今必屈曲使之南行，势多不便。此借黄济运及筑堤束水均无把握，与导卫济运之实在情形也。

惟河既不能挽复故道，则东境财赋有伤，水利有碍，城池难以移置，盐场间被漫淹，如宝桢所陈，诚属可虑。臣查大清河原宽不过十余丈，今已刷宽半里余，冬春水涸，尚深二三丈，岸高水面又二三丈，是不汛时河槽能容五六丈，奔腾迅疾，水行地中，此人力莫可挽回之事，亦祀祷以求而不可得之事。目下北岸自齐河至利津，南岸齐东、蒲台，皆接筑民埝，虽高仅丈许，询之土人，遇盛涨出槽不过数尺，尚可抵御。岱阴、绣江诸河亦经择要筑堤，汛至则涨，汛过则消，受灾不重。至齐河、济阳、齐东、蒲台、利津各城，近临河岸十九，年来幸防守无患，以后相势设施。若骤议迁徙，经费无筹，民情难喻，无此办法。东省盐场在海口者虽受黄淤，产盐不旺，经抚臣南运胶济之盐时为接济，引地无虞淡食，惟价值稍昂耳。河在东省固不能无害，但得设法维持，尚不至为大患。昔乾隆中，铜山决口不能成功，孙嘉淦曾有分河入大清之疏。其后兰阳大工屡败垂成，嵇璜又有改河大清之请。此外裘曰修、钱大昕、胡宗绪、孙星衍、魏源诸臣议者更多。其时河未北流，尚欲挽之使北。今河自北流，乃欲挽使南流，岂非拂逆水性？大抵南河堵筑一次，通牵约七八百万，岁修约七百余万，实为无底之壑。今河北徙，近二十年未有大变，亦未多费巨款，比之往代，已属幸事。且环拱神京，尤得形胜。自铜瓦厢东决，粤、捻诸逆窜扰曹、济，几无虚日，未能过河一步，而北岸防守有所凭依，更为畿辅百世之利。此两相比较，河在东虽不亟治而后患稍轻，河回南即能大治而后患甚重之实在情形也。

近世治河兼言治运，遂致两难，卒无长策。臣愚以为天庾正赋以苏、浙为大宗，国家治安之道尤以海防为重。今沿海洋舶骈集，为千古创局，已不能闭关自治。正不妨借海运转输之便，逐渐推广，以扩商路而实军储。苏、浙漕粮，现既统由海运，臣前招致华商购造轮船搭运，渐有成效，由海船解津，较为便速。至海道虽不畅通，河务未可全废，此时治河之法，不外古人因水所在、增立堤防一语。查北岸张秋以上，有古大金堤可恃以为固，张秋以下，岸高水深，应由东抚随时饬将民埝保护加培。至侯家林上下民埝应做照官堤办法，一律加高培厚，更为久远之计。又铜瓦厢决口，水势日向东坍刷，久必泛滥南趋。请饬松年①察看形势，量筑堤埝，与曹州之堤相接，俾资周防而期顺轨。至南河故道千余里，居民占种丰收，并请查明升科，以免私垦争夺之患。"疏入，议乃定。

是年夏秋，决开州焦丘、濮州兰庄，又决东明之岳新庄、石庄户民埝，分溜趋金乡、嘉祥、宿迁、沈阳入六塘河。宝桢②勘由郓城张家支门筑堤堵塞。旋乞假展墓。十三年春，溜益南趋，溃漫不可收拾，江督累章告灾。九月，宝桢回任，改由菏泽贾庄建坝。十二月兴工。

……

---

① "松年"，即乔松年。乔松年（1815—1875），字健侯，号鹤侪，山西徐沟人。道光十五年（1835）进士，授工部主事。咸丰间，任苏州知府，从总督怡良镇压上海小刀会起义军。同治间，任安徽巡抚，募勇镇压捻军。官至东河总督。卒谥勤恪。有《萝藦亭札记》《萝藦亭遗诗》。

② "宝桢"，即丁宝桢。丁宝桢（1820—1886），字稚璜，贵州平远人。咸丰三年（1853），中进士，历任翰林院庶吉士、编修，岳州知府、长沙知府，山东巡抚、四川总督。任山东巡抚期间，两治黄河水患，创办山东首家官办工业企业山东机器制造局，成立尚志书院和山东首家官书局。任四川总督十年间，改革盐政，整饬吏治，修理都江堰水利工程，兴办洋务，抵御外侮，政绩卓著。光绪十二年（1886）卒，谥文诚。

（光绪）十六年二月，东抚张曜①言："前南总河辖河工九百余里，东总河辖五百余里。自决铜瓦厢，河入山东，遂裁南总河，而东河所辖河工仅二百余里。今东河县长九百里。日淤日高，全恃堤防为保卫。本年臣驻工二百余日，督率修防，日不暇给。请将自菏泽至运河口河道二百余里，归河督辖，与原辖之河道里数相等。"部议以此段工程，向由巡抚督率地方官兼管，河督恐呼应不灵。曜又言："向来沿河州县，本归河臣兼辖，员缺仍会河臣题补，遇有功过，河臣亦不应举劾，尚无呼应不灵之患。请并下河督筹议。"先是大澂②遣员测绘直、东、豫全河，至是图成上之。

——赵尔巽等撰《清史稿》卷一二六

《清史稿·河渠二·运河》

康熙元年，定运河修筑工限：三年内冲决，参处修筑官；过三年，参处防守官；不行防护，致有冲决，一并参处。

……

乾隆二年，御史马起元言："直、东运河，近多淤塞。"尚书来保言："卫水济运灌田，请饬详查地势，使漕运不阻，民田亦资灌溉。"上命侍郎赵殿最、侍卫安宁，会同直、漕、河三督，豫、东两抚勘奏。经部议："东省泉源四百三十九，无不疏通，闸坝亦完固，惟戴庙、七级、柳林、新店、师庄、枣林、万年、顿庄各闸，或雁翅③潮蛰，或面石裂

---

① 张曜（1832—1891），字亮臣，号朗斋，祖籍浙江绍兴府上虞县，出生于浙江钱塘。早年在河南固始兴办团练，参与镇压捻军和太平天国，创建"嵩武军"。后随左宗棠赴西北镇压回民起义军，历任知县、知府、道员、布政使、提督等职。陕甘平定后，率部至哈密屯田垦荒，岁获军粮数万石，为清军收复新疆之战做准备。光绪三年（1877），配合刘锦棠收复新疆南路七克腾木、辟展、吐鲁番等城。十年（1884），率部入关，警备直隶北部。十一年（1885），授广西巡抚，未行，留治京师河道。十二年（1886），调山东巡抚，督办河工。十三年（1887），襄办海军。十五年（1889），加封太子少保。十七年（1891）去世，赠太子太保，谥勤果。

② "大澂"，即吴大澂。吴大澂（1835—1902），江苏吴县人。清末金石学家、文字学家，官至湖南巡抚。光绪十一年（1885），曾奏请用新法测绘黄河图，自河南省阌乡县（今灵宝境）金斗关到山东利津铁门关海口，测量河道长1021公里。次年图成，呈光绪帝浏览，命名《御览三省黄河全图》。

③ "雁翅"，指闸两边形如雁翅样的石墙。

缝，两岸斗门涵洞，有满家三空桥雁翅低陷，石闸面太低，应交河督兴修。又马踏、蜀山、马场、独山、微山诸湖，严禁占种芦苇，南旺、南阳、昭阳诸湖水柜，仅堪泄水，小清河久淤塞，均宜次第修治。至卫水济运灌田，宜于馆陶、临清各立水则一，测验浅深，以时启闭。"

......

（乾隆）三年，河督白锺山言："卫河水势，惟在相机启闭。殷最前奏设馆陶、临清二水闸，可不必立。嗣雨水调匀，百泉各渠闸照旧官民分用。傥值水浅涩，即暂闭民渠民闸以利漕运。或河水充畅，漕艘早过，官渠官闸亦酌量下板，以灌民田。"是年，修复三教堂减坝，挑浚淤填支河，使泄水入马颊河。又于三空桥旧址修减坝，仍挑通支河，使泄水入徒骇河。增建裴家口东南涵洞二，修筑房家口上下堤岸、马家闸土堤，及自峄县台庄迄临清板闸运堤八百里纤道，亦资障护濒河田庐。

......

（乾隆）二十四年，命海明及河督张师载、东抚阿尔泰①会勘直、东运河。初，运河水涨，漫溢德州等处，景州一带道路淤阻。至是，海明等言："漳、卫二河，伏秋盛涨，宜旁加疏泄。自临清至恩县四女寺二百五十余里，河身盘曲，临清塔湾东岸原有沙河一，即黄河遗迹，由清平、德州、高唐入马颊河归海。请开挑作滚水石坝，使汶、卫合流，分泄水势。四女寺、哨马营两支河，原系旁泄汶、卫归海之路，请将狭处展宽，以免下游德州等处冲溢。"

......

（乾隆）二十八年，用阿尔泰言，于临清运河逼近村庄处开引河五，以分水势。

......

---

① 阿尔泰（？—1773），伊尔根觉罗氏，满洲正黄旗人。雍正中，以副榜贡生身份授宗人府笔帖式。乾隆中，升任山东巡抚，治理水利政绩斐然。乾隆二十八年（1763），升四川总督，加太子太保。后随清军平定大小金川。三十六年（1771），被召还京，入内阁。后再任四川总督。旋因畏敌偷安罢免，留军治理粮饷。三十八年（1773），因作战不力，经继任四川总督富勒浑审讯定罪，乾隆帝赐自尽。

（道光）十八年，运河浅阻，用河督栗毓美[①]言，暂闭临清闸，于闸外添筑草坝九，节节擎蓄，于韩庄闸上朱姬庄迤南筑拦河大坝一，俾上游各泉及运河南注之水并拦入微山湖。

……

（咸丰）五年，铜瓦厢河决，穿运而东，堤埝冲溃。时军事正棘，仅堵筑张秋以北两岸缺口。民埝残缺处，先作裹头护埽，黄流倒漾处筑坝收束，未遑他顾也。

……

（同治）八年，河决兰阳，漫水下注，运河堤埝残缺更甚。自张秋以北，别无来源，历年惟借黄济运而已。

九年，漕督张之万[②]请于黄流穿运处坚筑南北两堤，酌留运口为漕船出入门户，并筑草坝，平时堵闭以免倒灌。已下所司议，之万旋改抚江苏，继任张兆栋[③]以"既筑堤束水留口门，又筑坝堵闭，恐过水稍滞，而上游一气奔注，新筑堤闸难当冲激。设夺运北趋，则东昌、临清暨天津、河间，淹没在所必至，北路卫河亦将废坏。惟有于郓城沮河一带遏黄东流，即以保南路之运道，于张秋、八里庙等处疏运河之淤垫，即以通北上之漕行，较之筑堤束水，稍有实际"。制可。

十年，侯家林河决，直注南阳、昭阳等湖，郓城几为泽国。漕督苏凤文[④]言："安山以北，运河全赖汶水分流，至临清以上，始得卫水之助。

---

① 栗毓美（1778—1840），字含辉，山西浑源人。嘉庆七年（1802），以拔贡考授河南知县。历署河南温县、孟县等县知县，道光时任陈陕知县，后为开归陈许道及河南布政使、护理巡抚，多次参与了黄河修防堵决工程。道光十五年（1835），任东河总督，主持河南、山东境内黄河的治理。道光二十年（1840）病逝。
② 张之万（1811—1897），字子青，号銮坡，直隶南皮人，张之洞堂兄。道光二十七年（1847），中进士第一名（状元）。光绪二年（1876），任河南巡抚，移督漕运，历任江苏巡抚、闽浙总督。光绪八年（1882），任兵部尚书，后调刑部。十年（1884），入军机处，兼任吏部尚书。升任协办大学士、体仁阁大学士、东阁大学士。二十三年（1897）去世，赠太保，谥文达。
③ 张兆栋（1821—1887），字伯隆，号友山，山东潍县人。以进士授刑部主事，累迁郎中。外放陕西凤翔府知府，擢四川按察使。咸丰四年（1854），调广东，迁布政使。后历任安徽、江苏布政使。九年（1859），擢漕运总督。十一年（1861），升广东巡抚，后任福建巡抚。光绪十年（1884），因中法战争中马尾失守革职。十三年（1887）病殁。
④ 苏凤文，字虞阶，贵州贵人。道光举人。同治元年（1862），以广西左江道迁按察使。四年（1865），迁布政使。六年（1867），授广西巡抚。十年（1871），擢漕运总督，旋因病解职。

今黄河横亘于中，挟汶东下，安山以北毫无来源，应于卫河入运及张秋清黄相接处各建一闸，蓄高卫水，使之南行，俟漕船过齐，即启临清新闸，仍放卫北流，以资浮送。并于张秋淤高处挑深丈余，安山以南亦一律挑浚，庶黄水未涨以前，运河既深，舟行自易。"江督曾国藩言："河运处处艰阻，如峄县大泛口沙淤停积，水深不及二尺，必须挑深四五尺，并将近滩石堆划除，与河底配平，方利行驶。北则滕县郗山口入湖要道，浅而且窄，微山湖之王家楼、满家口、安家口，独山湖之利建闸，南阳湖北之新店闸、华家浅、石佛闸，南旺闸分水龙王庙北之刘老口、袁口闸，处处淤浅，或数十丈至百余丈，须一律挑深。此未渡黄以前，阻滞之宜预为筹办者。至黄水穿运处，渐徙而南，自安山至八里庙五十五里运堤，尽被黄水冲坏，而十里铺、姜家庄、道人桥均极淤浅，宜一面疏浚，一面于缺口排钉木桩，贯以巨索，俾船过有所依傍牵挽。此渡黄时运道艰滞，宜预为筹办者。渡黄以后，自张秋至临河二百余里，河身有高下，须开挖相等，于黄涨未落时，闭闸蓄水，以免消耗，或就平水南闸迤东筑挑坝，引黄入运。此渡黄后运道易涸，宜预为筹办者。东平运河之西有盐河，为东省盐船经行要道。若漕船由安山左近入盐河，至八里庙仍归运道，计程百余里，较之径渡黄流，上有缺口大溜，下有乱石树桩者，难易悬殊。如行抵安山，遇黄流过猛，宜变通改道，须先勘明立标为志。此又渡黄改道，宜预为筹办者。"下河、漕督及东抚商筹。

十一年，河督乔松年请在张秋立闸，借黄济运。同知蒋作锦则议导卫济运。上询之直督李鸿章，鸿章言："当年清口淤垫，即借黄济运之病。今张秋河宽仅数丈，若引重浊之黄以闸坝节宣用之，水势抬高，其淤倍速。至作锦导卫，原因张秋北无清水灌运，故为此议。以全淮之强，不能敌黄，尚致倒灌停淤，岂一清浅之卫，遂能御黄济运耶？其意盖袭取山东诸水济运之法。不知泰山之阳，水皆西流，因势利导，百八十泉之水，源旺派多，自足济运。卫水微弱，北流最顺，今必屈曲使之南行，一水两分，势多不便。若分沁入卫以助其源，沁水猛浊，一发难收，昔人已有明戒。近世治河兼言利运，遂致两难，卒无长策。事穷则变，变则通。今沿海数千里，洋舶骈集，为千古以来创局，正不妨借海道转输，由沪解津，较为便速。"疏入，诏江、安粮道漕米年约十万石仍由河运，余仍由海运。光绪三年，东抚李元华条上运河上中下三等办法，并言量东省财力，拟用中等，将北运河一律疏通，复还旧址，并建筑北闸。时值年荒，寓赈于工，省而又省，需费三十万有奇。下所司议。

……

（光绪）二十年，浚济宁、汶上、滕、峄、茌平、阳谷、东平各属运河。

明年，浚陶城埠至临清运河二百余里。

……

二十六年，联军入京师，各仓被占踞，仓储粒米无存。江北河运行至德州，改由陆路运送山、陕。

（光绪）二十七年，庆亲王奕劻、大学士李鸿章言："漕粮储积，关于运务者半，因时制宜，请诏各省漕粮全改折色，其采买运解收放储备各事，分饬漕臣仓臣筹办。"自是河运遂废，而运河水利亦由各省分筹矣。

——赵尔巽等撰《清史稿》卷一二七

《清史稿·白钟山传》

（雍正）十二年，授南河副总河，旋擢河东河道总督。乾隆元年……又奏："豫东河防，水落时，当堵塞支河。伏秋水涨，购料募夫，每虑不及。请发河南、山东司库银分存郑州及武陟、封丘、曹、单诸县，永远贮备。"皆从之。四年，疏言："漳水旧自直隶入海，康熙四十五年，引漳入卫济运，故道渐淤，全归卫河，势难容受。嗣于德州哨马营建滚水坝，开引河泄卫水，由钩盘河达老黄河入海。然漳、卫二水随时淤塞，虚糜帑金。漳水旧有正河、支河，应择易浚者复其故道。于馆陶建闸，卫水大，听漳入海以防涨；卫水小，分漳入卫以济运。"奏入，命大学士鄂尔泰①详

---

① 鄂尔泰（1680—1745），西林觉罗氏，字毅庵，满洲镶蓝旗人。康熙三十六年（1697），考中举人。次年，袭佐领世职，充任侍卫，累任内务府员外郎。雍正三年（1725），拜广西巡抚。四年（1726），调任云贵总督，兼辖广西。十三年（1735），与张廷玉等同受遗命辅政，担任总理事务大臣，历任军机大臣、领侍卫内大臣、议政大臣、经筵讲官，管翰林院掌院事，加衔太子太傅，充国史馆、三礼馆、玉牒馆总裁，赐号襄勤伯。乾隆十年（1745）病逝，谥文端。有《西林遗稿》。

议，议在丘县东和尔寨村承漳河北折之势，接开十余里，至漳洞村入旧河；因于新河东流入卫处建闸，以时启闭，上从之。时漕运总督补熙请造十丈大船，运河当以水深四尺为则。白钟山谓："闸河无源之水，雨至而后泉旺，泉旺而后河盈。上闸闭，下闸启，则下闸倍深，上闸倍浅。各闸相距远近不均，水近者深，则远者必浅。以人役水，以水送舟，必不能均深四尺。"侍郎赵殿最又请于馆陶、临清各立卫河水则，白钟山谓："尺寸不足，将卫辉民田渠闸尽闭，致妨灌溉，事既难行，尺寸既足，将官渠官闸尽闭，来源顿息。下流已逝，运河之水亦立见消涸。二者均属非计。"议并寝。

——赵尔巽等撰《清史稿》卷三一〇

《清史稿·鄂容安传》

（乾隆）十六年，移山东巡抚……旋与东河总督顾琮①规塞张秋挂剑台河决，培筑运河堤，自台儿庄至德州千有余里，循堤建堡房。塞太行堤涵洞，以纾宁阳等县水患。

——赵尔巽等撰《清史稿》卷三一二

《清史稿·裘曰修传》

（乾隆）二十一年，令在军机处行走……二十二年……河屡决山东、河南、安徽境，积水久不去。是岁上南巡莅视，既返跸，命曰修②会山

---

① 顾琮（？—1754），伊尔根觉罗氏，满洲镶黄旗人。初以监生入算学馆，修成算法诸书。康熙六十一年（1722），授吏部员外郎。雍正三年（1725），授户部郎中，迁监察御史。八年（1730），迁太仆寺卿。九年（1731），授霸州营田观察使。十一年（1733），任直隶河道总督。乾隆元年（1736），署江苏巡抚，奏海塘善后事宜。六年（1741），授漕运总督。十一年（1746），署江南河道总督。十二年（1747），授浙江巡抚。次年（1748），调河东河道总督。十九年（1754），因江南总河任内浮费工银议革职。同年卒。

② "曰修"，即裘曰修。裘曰修（1712—1773），字叔度，江西新建人。乾隆四年（1739），中进士，任庶吉士。二十一年（1756），入值军机处。二十二年（1757），建议疏浚丰乐河、贾鲁河、惠济河、涡河，使洪水分流，减少水患。二十五年（1760），任仓场侍郎。二十八年（1763），采用降低河床之法治理濉河，平息水患。三十一年（1766），任礼部尚书，后任工部、刑部尚书。三十六年（1771），奉命往沧州勘察大运河。三十八年（1773），任《四库全书》馆总裁，旋病逝，谥文达。

东、河南、安徽省巡抚周行积水诸州县，划疏浚之策……曰修至山东，偕巡抚鹤年疏请培馆陶、临清滨运河诸州县民埝，官给夫米，令实力修补。复偕巡抚蒋洲疏言："山东当疏浚诸水，以兖州为要，曹州次之。兖州宜治者九水，曹州西南境当浚顺堤河，东北境当于八里庙建坝，俾沙河、赵王河水入运，赖以节宣。"曰修诸议皆称上意，命及时修筑。

——赵尔巽等撰《清史稿》卷三二一

《清史稿·陆燿传》

（乾隆）三十七年……上命改授运河道。上书河道总督姚立德①言："兖州、泰安二府泉四百七十八，当浚渠导泉，俾由高趋下，其流不绝。"又言："运河例岁冬闭坝，春挑浚，天寒暑短，民役俱惫。宜修复南旺、济宁、临清月河，并于彭口南岸亦开月河。岁九、十月漕艘商舶皆从此行，以其时疏浚运河。"皆用其议。又请修《河渠志》，成《运河备考》。

四十六年，丁母忧。运河筑堤，上以燿②习河务，命往山东会运河道沈启震董其役。

——赵尔巽等撰《清史稿》卷三二四

《清史稿·李清时传》

乾隆七年进士，选庶吉士，授编修。十四年，授浙江嘉兴知府。上南巡，或议自嘉兴至杭州别辟道行民舟，清时于官塘外求得水道相属，上通吴江平望，下达杭州坝子门，号为副河……二十二年，擢运河道。

二十六年，河决孙家集，运河由夏镇至南阳两堤俱溃，清时督修筑……寿张境有沙、赵二水，阻运河不得入海。旧于运河东岸建三空五

---

① 姚立德（？—1783），字次功，浙江仁和人，荫生。历官直隶景州知州、山东按察使兼河东河道总督。乾隆中，修筑阳武汛堤防，筹划运河南旺、马场、微山、昭阳诸湖蓄泄事宜。

② "燿"，即陆燿。陆燿（1723—1785），字朗夫，一字青来，江苏吴江人。乾隆十七年（1752）顺天乡试举人，十九年（1754）中会试明通榜，授内阁中书。历户部郎中、登州知府、山东运河道、布政使，官至湖南巡抚。辑清初经世文为《切问斋文钞》，另有《切问斋集》《河防要览》《甘薯录》。

孔桥，又于八里庙建平水三闸，使二水盛涨有所泄。清时议减低三空五孔桥，又于八里庙增建滚水坝，使涨未盛即泄，不为范、濮、寿张、东阿诸县民田害。总督方观承行河，用其议，二水始宣畅。卫水自馆陶至临清与汶会，旧有闸，盛涨不能御。清时①令于闸南当汶、卫交流处筑坝，仍岁加高厚；又议拓四女寺滚水坝。尚书裘曰修行河，用其议，卫河得安流……三十年，擢河东河道总督……清时以河堤岁修，司其事者每不度形势，过高糜帑，而卑薄者不能大有增益，及饬所司当水涨各具堤高水面尺寸呈报，择堤最薄者培之。迨伏秋水发，耿家寨称十四堡，水及旧堤上，赖豫增新筑以免。清厘河工征料诸弊，岁减派料至千余万斤。三十一年，运河东岸漫口，自请议处，原之。三十二年七月，授山东巡抚。高苑、博兴、乐安三县被水，清时谓小清河下流隘，故上游溢，檄所司勘验。遽疾作，乞解任，不许。三十三年，卒。

——赵尔巽等撰《清史稿》卷三二五

《清史稿·姚立德传》

乾隆十二年……累迁山东按察使，署河东河道总督。按行工次，见阳武汛十七堡诸地土松浮，疏请筑半戗，培堤使坚。山东运河两岸蜀山、南旺、马场、昭阳、微山诸湖，每伏秋盛涨，水不能容，为豫筹蓄泄，坝开塞、闸启闭惟其时。三十九年，实授，加兵部尚书衔……阳谷民王伦为乱②，立德

---

① "清时"，即李清时。李清时（1705—1768），字授侯，号蕙圃，福建安溪人。乾隆七年（1742）中进士，选庶吉士，授编修。十四年（1749），任浙江嘉兴知府，后任兖州知府。二十二年（1757），升运河道。二十九年（1764），调任江南准徐道。三十年（1765），升河东河道总督。三十二年（1767），任山东巡抚。三十三年（1768）去世。

② "王伦为乱"，即乾隆三十九年（1774），山东寿张县（今山东阳谷东南）民王伦领导的农民起义。王伦于乾隆十六年（1751）秘密加入白莲教支派清水教。三十六年（1771）自称教主，并以"运气"替人治病、教授拳术等方式，在兖州、东昌（今山东聊城）等地收徒传教。三十九年（1774），山东岁歉收，地方官妄行加征，人民反抗情绪强烈。王伦利用清水教谶言，组织教徒于是年秋起事。因走漏消息，寿张县派兵剿捕，遂提前于八月二十八日起义。是日夜，王伦率众千人，头裹白巾，手持大刀、长枪，攻入寿张县城，杀死知县沈齐义，九月初二日攻破阳谷，初四日又据堂邑，后北上直逼临清。乾隆帝派大学士舒赫德为钦差大臣，特选健锐、火器二营禁卫军一千名，由额附拉旺多尔济、都御史阿思哈率领，赶赴临清。九月下旬，起义军被包围在临清旧城。乾隆又命直隶总督周元理、河道总督姚立德等派兵围攻，起义军因寡不敌众而失败，王伦自杀。

分守东昌，城圮难守，引运河水绕城壕，恃以为固。

——赵尔巽等撰《清史稿》卷三二五

《清史稿·吴嗣爵传》

二十五年，补宿虹同知，仍授淮扬道，移淮徐道。黄河盛涨，逼徐家庄楼堤，嗣爵[1]督吏抢护，命署理河东河道总督。旋坐官运使时商人侵蚀提引公费，坐降调，命改夺官，仍留任。三十四年，奏请修补丁庙、六里、南旺、荆门、戴村诸闸坝，并言："运河两岸土工，临清以北为民堰，南旺以南为官堤，自临清至南旺，官堤、民堰交错。请凡民堰卑薄残缺处，督令修筑，官堤酌缓急次第培修。"上嘉之。

——赵尔巽等撰《清史稿》卷三二五

《清史稿·阿尔泰传》

乾隆中，屡迁至山东巡抚……岁大水，阿尔泰先后浚兖州、沂州支渠三十有九，曹州、单县顺堤河二百余里；培南旺、蜀山湖民埝；导章丘珍珠、麻塘二泉，新城五龙河溉民田；并及高苑、博兴、惠民诸县近水地，皆令艺稻。筑洸河堤至于马场湖，以卫济宁州城，析白马湖引入独山湖以疏泗水，开汶上稻田数百顷。济东诸州县濒徒骇、马颊两河，支流相贯注，及哨马营、四女寺支河，皆次第疏治。浚卫河自德州至于馆陶凡三百余里。泄寿张积水自沙、赵二河入运，泄东平积水入会泉、大清诸河，泄济南、东昌诸州县积水。开支河三十余，循官道为壕，引水自壕入支河，自支河入徒骇、大清诸河。漳、汶合流，开引河，增子埝，以防盛涨。阿尔泰抚山东七年，治水利有绩，擢四川总督，加太子太保。

——赵尔巽等撰《清史稿》卷三二六

《清史稿·乔松年传》

（同治）十年，授河东河道总督，奏言："今日言治河，不外两策：

---

① "嗣爵"，即吴嗣爵。吴嗣爵（1707—1779），字树屏，浙江钱塘人。雍正八年（1730），中进士。乾隆十三年（1748），授淮安知府，十六年（1751），官两淮盐运使。二十五年（1760），补宿虹同知，仍授淮扬道，移淮徐道，署理河东河道总督。三十六年（1771），迁江南河道总督。四十四年（1779）卒。

一则堵铜瓦厢决口，复归清江浦故道；一则就黄水现到处筑堤束之，俾不至横流，至利津入海。权衡轻重，以就东境筑堤束黄为顺水之性，事半功倍。前数年大溜全趋张秋，后又决胡堰、洪川口、霍家桥、新兴屯诸地，黄流穿运，节节梗阻。惟有尽堵旁泄之路，自张秋西南、沙河迤北，就旧堤修补，为黄河北堤；又自张志门起，至沈家口、马山头，筑新堤一百八十余里，为黄河南堤；俾仍全趋张秋，借以济运。"下廷臣议行。十三年，奏请裁东河总督，以巡抚兼领河工，下部议，格不行。

——赵尔巽等撰《清史稿》卷四二五

《清史稿·周馥传》

（李）鸿章卒，遂护直督，俄擢山东巡抚……馥①抚山东，值河决利津薄庄，议徙民居，不塞薄庄，俾河流直泻抵海。沿河设电局，备石工，讫十余年，河不为灾。

——赵尔巽等撰《清史稿》卷四四九

《清史稿·杨士骧传》

（光绪）三十一年，署山东巡抚。河贯东省千余里，淤高而堤薄，岁漫决为巨害。士骧②以为河所以岁决者，河工员吏利兴修，又因以迁擢也。乃定章程：岁安澜，官奏叙，弁兵支款如例；河决，官严参，不得留工效力，弁兵依律论斩。身巡河堤，厉赏罚，自是数年，山东无河患。

——赵尔巽等撰《清史稿》卷四四九

---

① "馥"，即周馥。周馥（1837—1921），字玉山，号兰溪，安徽至德人。出身诸生，屡试未中。同治元年（1862），入李鸿幕。累任县丞、知县、直隶知州留江苏补用、知府留江苏补用。九年（1870），以道员留直隶补用。光绪初，历任永定河道、津海关道兼署天津兵备道。十四年（1888），升直隶按察使。甲午战争爆发后，任前敌营务处总理。马关议和后，以身体病弱自请免职。八国联军侵占北京，李鸿章与联军议和时，调任直隶布政使，并在李鸿章病故后代理直隶总督兼北洋通商大臣。三十年（1904），由山东巡抚擢两江总督。三十二年（1906），调两广总督，后告老还乡。民国十年（1921）病逝于天津，逊清赐谥悫慎。有《周悫慎公全集》。

② "士骧"，即杨士骧。杨士骧（1860—1909），字萍石，号莲府，安徽泗州人。光绪十二年（1886）中进士，历任翰林院庶吉士、翰林院编修。八国联军入侵中国，随李鸿章进京议和，深受赏识，举为直隶通永道。李鸿章死后，入袁世凯麾下，极为袁倚重，任直隶按察使、江西布政使。三十年（1904），任山东巡抚。三十三年（1907），署理直隶总督兼北洋大臣，修治海河，上书减免税负。宣统元年（1909），殁于任，赠太子少保，谥文敬。

《清史稿·文彬传》

（同治）十年，署巡抚，补漕运总督。

光绪五年，督漕北上，因请陛见，并与河督李鸿年、巡抚周恒祺①会商运河事宜，通筹河道宽深，改设运口，导引卫河，设立堤坝，绘县图说以进。略谓："现时北运口在张秋南八里庙，与南运口斜对，相距二十余里。黄流至此虽收束，而溜势散漫，歧汊甚多。大抵溜势近南则北口淤垫，近北则南口浅阻。故漕船出南运口入黄后，必东北行二十里，至黄溜汇一之史家桥，再南行二十里，至八里庙北运口，汛水大涨，方能入运。今拟移北运口于史家桥北六里。黄河西岸，由阿城闸东堤开河一道至陶长堡，为出黄入运口门，筑坝灌塘，则黄水不至夺溜，可免牵挽之难。黄、运之间，自贾工合龙后，每伏秋大雨，水无所泄，民间低地有积水数年不得耕种者。若将陂水引归一塘，不惟蓄水济运，又可涸复民田。运口既定，即可导引卫河。自直隶元城集东三里卫河曲处凿新河一道，经直隶之南乐、山东之朝城，至张秋南之萧口涵洞入运。计卫高于运九丈余，长百五十余里，导以济运，势如建瓴。更有大小二丹水，亦可由卫济运。凡建四闸二坝及挑河筑堤，估银七十六万。较之借黄济运旋挑旋淤者，相去远矣。"

——赵尔巽等撰《清史稿》卷四五○

《清史稿·张曜传》

（光绪）十年，入关防直北，赏巡抚衔……明年……董所部治都城河，加尚书衔。旋命赴山东勘河，逾岁至寿张，调抚山东。东省河患日深，曜莅任，首重河工，以黄、运并淤，非总浚通海不为功。时王家圈等处先后漫口，先议疏浚海口，挑淤培埝，并增筑徒骇河两岸堤工，以

---

① 周恒祺（1824—1894），字子维，湖北黄陂人，咸丰二年（1852）进士，任庶吉士，后任翰林院编修。同治七年（1868），任工科给事中。八年（1869），任山东督粮道。光绪元年（1875），任广东按察使。三年（1877），任福建布政使，后署福建巡抚。四年（1878），任直隶布政使。五年（1879），任山东巡抚。七年（1881），任漕运总督。

防泛滥，然后挑挖全河，参用西法，以机船疏运。凡南北两岸堤埝口门，一律筹办。疏上，皆从之。又先后筑王家圈、姚家口、张村、殷河大寨、西纸坊、高家套各决口，复改浚韩家垣，以泄尾闾，莫不身亲其事，计一岁中奔走河上几三百日。有言河务者，虽布衣末僚，皆廷致谘询，唯恐失之。

十七年，方驻河干督工，疽发于背，回省就医，遽卒。

——赵尔巽等撰《清史稿》卷四五四

专书运河文献

《漕河图志》

《漕河图志》八卷，王琼撰。王琼（1459—1532），字德华，号晋溪，山西太原人。成化二十年（1484）举进士，历任工部主事、都水郎中、参政、布政使、都御史、户部尚书、兵部尚书、吏部尚书、总制三边军务等职。此志为王琼任管理河道工部郎中时，得见总理河道侍郎王恕所撰《漕河通志》十四卷，感于此书"收录之博，用心之勤，而惜其书之不多见也"（《序》），于是因袭《漕河通志》体例，对该书内容进行整理、编排和增删，"胪其事为志"，改为《漕河图志》，"继者按稽之，不爽毫发，由是以敏练称"（《明史·王琼传》）。

此志为现存最早的京杭运河长江以北段专志，凡八卷，"首载漕河图，次记河之脉络、原委及古今变迁、修治经费，以逮奏议、碑记，罔不具悉。"（《四库全书总目提要》）卷一为漕河图、漕河建置、诸河源委、漕河所经之地沿河闸、坝、桥、涵工程；卷二为漕河上源、诸河考论；卷三胪列运河所经州县夫役人数及自通州至仪真水程驿站名称、各驿站相距里数；卷四为奏议，收录自永乐十年（1412）至弘治六年（1493）有关漕运及修治河道的奏章十篇；卷五、六为碑记，收录南宋、元、明各代自北京至仪真、瓜洲有关修建桥、闸、坝、官署、祠庙及治河、漕运、颂德等碑文五十四篇；卷七为诗赋，收录唐、宋、元、明有关运河的诗四十三首、赋两篇；卷八记述永乐二年（1404）至十六年（1418）各处漕粮仓厫、漕运粮数、运粮官军行粮及额外赏赐等内容。此书以当时漕渠为主，图文并重，使人"开卷了然"（《序》）。资料完整，收集奏议、碑记等多照录原文，且"切于实用"（《四库全书总目提要》），诚如作者自称："欲讲明漕运之法、河源之事，得此书，则不待广询历览，而诸河渠委利害固已昭然于心目之间矣。"（《序》）志中标录聊城境内运河河道、闸坝及漕河水程，保留了明代前期聊城运河的基础资料。

王恕编《漕河通志》今已亡佚，王琼编《漕河图志》仅有弘治九年（1496）刻本，流传极少。清乾隆时修《四库全书》，搜集所得仅为三卷残本。北京图书馆善本部藏有此书胶片，尚系八卷。日本前田氏尊经阁藏有我国闽中蒋氏三径藏书本，为八卷全书，亦系弘治九年（1496）刻本。

太祖高皇帝建都金陵，四方贡赋由大江。至洪武三十年，海运七十万石于辽东，以供军饷。太宗文皇帝肇建北京，江南粮饷一由江入海出直沽，由白河运至通州；一由江入淮，由淮入黄河，至阳武县，陆运至卫辉府，由卫河运至通州。永乐九年，以济宁州同知潘叔正言，命工部尚书宋礼、都督周长等发山东丁夫十六万五千疏浚元会通河，自济宁至临清三百八十五里。十年，宋礼奏：三年海运二次。于徐州、济宁州置仓收粮，造浅船五百只，拨附近卫军领驾，从会通河趱运①，每年三次，以补海运一年之数。十三年，户部会官议奏停罢海运，悉于里河转运。里河者，江船不入海而入河，故曰里也。里河自通州而至仪真、瓜洲，水源不一，总谓之漕河，又谓之运河。

——《漕河图志》卷一"漕河建置"

卫河

卫河源出辉县苏门山百门泉，东北流，经新乡、汲县、淇县、浚县、汤阴、安阳、滑县、内黄、魏县、大名、元城、馆陶，会淇、漳诸水，

---

① "趱运"，明清时期，为保证漕粮船只按时抵达目的地，朝廷分别委派中央官员和地方官员对漕船进行催趱，称为趱运。

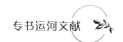

凡千里至临清州合汶水，又经清河、夏津、武城、恩县、故城、德州、景州、吴桥、东光、南皮、交河、沧州、兴济、青县、霸州、静海，凡千里余，至直沽会白河，同入于海。

黄河

黄河势趋东北，自河南开封府祥符县金口，流经兰阳、仪封，过黄陵冈，又经曹县、钜野、曹州、郓城、寿张、东平地界，凡七百余里，至阳谷县南入漕河。若河势趋于东南，则东北通漕之道淤塞。

汶河

汶河源出莱芜县原山之阴。又一支出莱芜县寨子村，又一支出泰山之阳仙台岭，俱名汶水，至静封镇合流。经泰安州宁阳县分为二支：一支自东平州戴村坝西南流，至汶上县会白马河、鹅河，凡八十里，出分水河口：一派分流而北，经东平、寿张、东阿、阳谷绝河，又经聊城、博平、堂邑、清平，凡三百六十五里，至临清会卫河，北入于海；一派分流而南，经嘉祥、巨野，凡一百里，至济宁州城南天井闸，东与沂、泗、汶三水合流而南。一支自宁阳县堽城坝西南流，别名洸河，经滋阳、济宁之境，合泗、沂二水，凡一百余里，至济宁州城南天井闸东，合分水河口流来汶水，又南流，经邹县、鱼台、沛县，凡四百一十里，至徐州合沁水，东南入于淮。

——《漕河图志》卷一"诸河原委"

诸河发源远近不一，而下流相合。循其合流之道而为漕运之河，自通州至仪真，凡三千里。河之所经，军卫有司分而属之。

......

山东临清州

临清州先为县，成化间改为州，在汶河之北一里，卫河之东六里。二水至此合流，北入于海。本州该管卫河：东岸北自夏津县赵货郎口起，南至板闸口止，长三十四里；西岸北自清河县界二哥营起，南至板闸口止，长三十一里。该管汶河：北岸西自板闸口起，东至清平县潘家桥浅止，长二十里；南岸西自板闸口起，东至清平县界赵家口止，长二十三里。

闸四

会通闸，在州治西南三里余，东至临清闸一里余，元至元三十年建，永乐九年重修，天顺五年移置于旧闸南五十余丈。

临清闸，在州治西南二里半，元元贞二年建，永乐九年重修。

南板闸，在州治西南六里三百七十三步，东至新开上闸一里半。永乐十五年，平江伯陈瑄始建板闸，宣德七年邓郎中改为石闸。

新开上闸，在州治西南五里四十八步，正统二年始建砖闸，后改为石闸。

会通、临清二闸河居北，元开会通河建，地势陡峻，数坏舟楫，筑闭不行。南板闸、新开上闸河居南，本朝开建，地势颇平，往来船行。

坝一

临清坝，在会通闸之南、南板闸之北，元时已有，本朝修复，设官管理。每遇汶水微细，闭闸积水，船由坝车过。正统元年，樊郎中建议革罢。

浅铺①十二②

下伏柳圈浅　上伏柳圈浅　丁家码头浅　上口厂浅　北土门浅　破闸浅　潘家屯浅　陈家庄浅　沙湾浅　潘家桥浅

山东临清卫

原系济宁左卫，景泰元年改调临清，无该管堤岸。

山东清平县

清平县在漕河东岸。该管河：东岸北自临清州界潘官屯起，南至博平县界减水闸止，内除德州左卫、博平县堤岸外，长三十九里；西岸北

---

① "浅铺"，明清时期各漕运河流为解决航道淤浅问题，在沿岸设置挖浅的地点和组织，顾炎武《天下郡国利病书》："盖令日事捞浚，俾无湮淤，此置浅命名意也。"

② 下列浅铺数为十。

自临清州界潘家桥起，南至堂邑县界涵谷洞止，内除德州左卫、博平县堤岸外，长三十三里。

闸一

戴家湾闸，在县治西南，北至临清州新开上闸三十里。成化元年，总督漕运左副都御史王纮建议而设。

减水闸二

李家口减水闸，在德州左卫屯河西岸，成化八年建。

魏家湾减水闸，在本县与博平县地界河东岸，元时建。

浅铺九

潘家桥浅　张家口浅　左家桥浅　李家口浅　丁家口浅　赵家口浅　戴家湾浅　十里井浅　魏家湾浅

山东堂邑县

堂邑县在漕河之西南三十里。该管河西岸，北自清平县界魏家湾起，南至聊城县界吕家湾止，长三十五里。

闸二

土桥闸，在县治东北，北至清平县戴家湾闸四十八里。成化七年，巡抚右副都御使翁世资①建议而设。

梁家乡闸，在县治北，北至土桥闸十五里。宣德四年，工部主事邓□②建。

减水闸二

土城减水闸，成化八年建。

---

① 翁世资（1415—1483），字资甫，莆田人，正统七年（1442）进士，除户部主事，历郎中。天顺元年，（1457），拜工部右侍郎，后谪衡州知府。成化元年（1465），擢江西左布政使。坐事下吏，寻得白。大军征两广，转江西饷，需十万人。世资议赍直就易岭南米。民得不扰。五年（1476），以右副都御史巡抚山东。岁饥，发仓储五十余万石以振，抚流亡百六十二万人。后任户部侍郎，十二年（1476），与平江伯陈锐、副都御史李裕、侍郎王诏等监督漕卒，疏浚会河，自大东桥到张家湾浑河口，长六十余里，船舶得以通行。十四年（1478），升户部尚书。十九年（1483）致仕，同年卒。

② 此字原书缺。

中闸减水闸，景泰五年建。

浅铺七

涵谷洞浅　新开口浅　土桥浅　中闸口浅　马家湾浅　北梁家乡浅
南梁家乡浅

山东博平县

博平县在漕河之东四十五里。该管河：东岸北自清平县界十里井起，
南至聊城县界棱堤儿止，内除清平县堤岸外，长三十七里；西岸北自清
平县界丁家口起，南至清平县界魏家湾止，长四十里。

减水闸一

老堤头北减水闸，景泰五年建。

浅铺六

朱家湾浅　减水闸浅　老堤头浅　袁家湾浅　朱官屯浅　棱堤浅

山东聊城县

聊城县在漕河之西三里，东昌府在焉。该管河：东岸北至博平县界
棱堤儿，长三十里；西岸北自堂邑县界梁家乡，内除东昌卫堤岸外，长
二十九里，南至阳谷县界官窑口，长三十五里。

闸三

通济桥闸，在县治东三里，北至堂邑县梁家乡闸三十五里，永乐十
六年建。

李海务闸，在县治东南二十里，北至通济闸二十里，元元贞二年建。

周家店闸，在县治东南三十一里，北至李海务闸十二里，元大德四
年建。

减水闸五

裴家口减水闸，正统六年，山东按察司佥事王亮建。

米家口减水闸，景泰七年，山东布政司参议陈云鹏建。

官窑口减水闸，景泰七年，工部主事孔诩建。

方家口减水闸，正统六年，山东按察司佥事王亮建。

柳家口减水闸，成化八年，本府通判马聪建。

浅铺二十三

北坝口浅　徐家口浅　柳行口浅　房家口浅　吕家湾浅　龙湾儿浅　宋家口浅　破闸口浅　林家口浅　于家口浅　周家店浅　北坝口浅　稍张闸浅　柳行口浅　白庙儿浅　双堤儿浅　裴家口浅　方家口浅　李家口浅　米家口浅　耿家口浅　蔡家口浅　官窑口浅

山东平山卫

平山卫①在东昌府治东南。该管河岸，北自崇武水驿起，南至聊城县界龙湾儿止，长五里。

浅铺五

第一浅　第二浅　第三浅　第四浅　第五浅

山东东昌卫

东昌卫②在东昌府治东，原系武昌护卫，宣德六年改调。该管河岸，北自兑军厂起，南至通济桥闸止，长九十三丈。

山东阳谷县

阳谷县在漕河之西五十里。该管河岸，北自聊城县界官窑口起，南至东阿县界荆门上闸止，长四十里。黄河西南自开封府祥符县金龙口来，至本县南入漕河，淤塞不常。

闸六

七级下闸，北至聊城县周家店闸十二里，元大德元年建，永乐九年重修。

七级上闸，北至七级下闸三里，元元贞元年建，永乐九年重修。

阿城下闸，北至七级上闸一十二里，元大德三年建，永乐九年重修。

---

①　"平山卫"，洪武五年（1372）置，属山东都司。《方舆纪要》卷三四"东昌府平山卫"：《志》云城中有二阜，谓之平山。明初建卫于此，因名。"

②　"东昌卫"，《清一统志·东昌府一》：东昌卫，"明置指挥使，本朝设守备及领运千总"。

阿城上闸，北至阿城下闸三里，元大德二年建，永乐九年重修。

荆门下闸，北至阿城上闸十里，元大德三年建，永乐九年重修。

荆门上闸，北至荆门下闸三里，元大德六年建，永乐九年重修。

浅铺十

官窑口浅　摆渡口浅　刘家口浅　何家口西岸浅　馆驿湾西岸浅
汉河口浅　秦家口浅　张家道口浅　何家口东岸浅　馆驿湾东岸浅

山东东阿县

东阿县在漕河之东六十里。该管河岸，北自阳谷县界荆门上闸起，南至寿张县界沙湾止，长二十里。正统十三年，河决汴梁，东北趋漕河，至本县，决沙湾东堤，以达于海。遣工部尚书石璞、侍郎王永和、都御使王文①相继塞之。景泰四年，左佥都御使徐有贞塞成。天顺八年，佥事刘进用石修砌东堤，自大感应庙起至沙湾止，长一百六十丈。成化年间，副使陈善用石修砌东堤，自沙湾浅起，至荆门驿止，长一千九百三十丈。弘治六年，河决汴梁，东北趋漕河，至本县，决张秋东堤，以达于海。遣右副都御使刘大夏治之。七年，复遣太监李兴、平江伯陈锐同治，决河塞成，复于黄陵冈筑堤，以绝其流。诏改张秋名安平镇。

闸一

通源闸，在河西岸广济渠口，黄河所出。景泰三年佥事古镛建。

浅铺八

新添浅　北湾浅　中渡口浅　挂剑浅　北浮桥浅　安家口浅　南浮桥浅　沙湾浅

---

① 王文（1393—1457），字千之，号简斋，北直隶束鹿人。永乐十九年（1421）进士，授监察御史。宣德十年（1435），擢陕西按察使。正统四年（1439），升都察院右副都御史，巡抚宁夏，兼理军务。正统五年（1440），入为大理寺卿，后理都察院院事，加太子太保。景泰五年（1454），召入内阁，任吏部尚书，兼翰林院学士，执掌文渊阁。任《寰宇通志》纂修总裁，书成，加谨身殿大学士。天顺元年（1457），遭石亨诬陷被杀。

山东寿张县

寿张县在漕河之西三十里，北自东阿县界沙湾浅起，南至东平州界戴家庙止，长二十里。

积水闸一

积水闸，在沙湾北旧黄河口。成化七年，山东按察司佥事陈善建。

坝二

师家坝，在沙湾西南二十五里，堨黄河水，使入通源闸，以分沙湾水势。野猪脑堰在县治南六十里，萦纡三十余里，用土石修筑以潴水，使不冲决漕河堤岸。

浅铺五

沙湾浅　张家庄浅　戴洋屯浅　刘家口浅　戴家庙下浅

——《漕河图志》卷一"漕河"

卫河至临清州为漕河，其源出辉县。

……

山东临清州

临清州在卫河之东六里。该管卫河堤岸，西南自馆陶县界尖冢儿起，东北至南板闸止，长九十里，卫河至本州西，合汶水为漕河。

浅铺八

尖冢儿浅　白庙儿浅　罗家圈浅　孟家口浅　吊马桥浅　房村厂浅
赵家口浅　撞圈浅。

黄河至阳谷县为漕河，其源自积石来，至河南与沁水、汴水或分或合，自开封祥符县东北流八十余里，入兰阳县境，又五十余里入仪封、长垣二县境。一支东南由贾鲁河趋徐州，一支东北经黄陵冈入曹县境。

……

山东阳谷县

阳谷县在黄河之西北六十里。该管河岸，西南至东平州鱼护口浅止，

长十六里。黄河至本县虎坵铺东北，通于汶，为漕河。

浅铺二

高吾浅　虎坵坡浅

——《漕河图志》卷二"漕河上源"

漕河夫役，在闸者，曰闸夫，以掌启闭；溜夫，以挽船上下。在坝者，曰坝夫，以车挽船过坝。在浅铺者，曰浅夫，以巡视堤岸、树木，招呼运船，使不胶于滩沙；或遇修堤浚河，聚而役之，又禁捕盗贼。泉夫，以浚泉。湖夫，以守湖。塘夫，以守塘。又有捞沙夫，调用无定。挑港夫，征用有时，若计工重大，则发附近军民助役，事毕释之。定役夫，自通州至仪真瓜洲，凡四万七千四人。

……

临清州

临清闸，闸夫三十名：本州十名，馆陶县十名，冠县五名，丘县五名。

会通闸，闸夫三十名。

南板闸，闸夫四十名：本州十三名，丘县十四名，馆陶县十三名。溜夫一百一十五名，俱丘县人。

新开上闸，闸夫四十名：本州十二名，冠县十二名，夏津县十六名。溜夫七十五名，俱冠县人。

浅铺十一，每铺老人一名，夫十名，共夫一百一十名。捞浅夫九十名。

临清卫

巡河军余十名。

清平县

戴家湾闸，闸夫三十名。

浅铺九，每铺老人一名，夫十名，共夫九十名。捞浅夫二百名。

堂邑县

土桥闸，闸夫三十名：本县十六名，博平县十三名，清平县一名。

梁家乡闸，闸夫三十名：本县十七名，博平县九名，清平县四名。

浅铺七，每铺老人一名，夫十名，共夫七十名。捞浅夫二百名。

博平县

浅铺六，每铺老人一名，夫十名，共夫六十名。捞浅夫二百五十名。

聊城县

通济桥闸，闸夫三十名。

李海务闸，闸夫三十名。

周家店闸，闸夫三十名：本县二十五名，朝城县五名。

浅铺二十三，每铺老人一名，夫十名，共夫二百三十名。捞浅夫二百名。

阳谷县

七级上下二闸，每闸闸夫二十名。

阿城上下二闸，每闸闸夫二十名。

荆门上闸，闸夫二十名；月河修坝夫五十名，俱东阿县人。

荆门下闸，闸夫二十名，本县人。月河修坝夫五十名，寿张县人。

浅铺十，每铺老人一名，夫十名，共夫一百名。捞浅夫五百名。

东阿县

浅铺八，每铺老人一名，夫十名，共夫八十名。捞浅夫一百二十名。

寿张县

浅铺五，每铺老人一名，夫十名，共夫五十名。捞浅夫一百名。

——《漕河图志》卷三"漕河夫数"

漕运水路自通州至仪真三千里，凡为驿①四十有二：

……

甲马营驿至临清州渡口驿七十里；

渡口驿至本州清源驿七十里；

清源驿至清平县清阳驿六十里；

---

① "驿"，旧时供传递公文的人中途休息、换马的地方。

清阳驿至东昌府崇武驿七十里；

崇武驿至阳谷县荆门驿八十五里；

荆门驿至东平州安山驿六十里；

——《漕河图志》卷三"漕河水程"

（弘治四年）府、州、县之濒漕河者，增置通判、判官、主簿各一员，以司河防之务，因事繁简，废置不常。然夫役、工料之类亦督责长吏集办；或工役重大，必择贤能长吏任之。增置之官巡行河防。守其成规，防其变易，乃其专职也。成化间，都察院奏言：河道军民欺凌商旅，强横为害，甚妨治理，宜令巡河御史、郎中自今河道词讼听管河官准受理问，毋得推避。

——《漕河图志》卷三"漕河职制"

《问水集》

《问水集》六卷，刘天和撰。刘天和（1479—1546），字养和，黄州麻城人。正德三年（1508）进士，累官右副都御史、兵部左侍郎、总制三边军务、兵部尚书。刘天和曾总理河道，在治河上善于总结前人经验，在堵口措施和施工技术上有独特创造。他将自己的治河理论和实践写成《问水集》，对后代治河影响很大。此书记述了黄河演变概况以及对运河的影响，收集和总结了有关黄河的施工和管理经验，其中"植柳六法"是黄河护岸的有效措施，为16世纪40年代论述黄河、运河河道形势及治理的重要文献之一。《四库全书总目提要》卷七五称："嘉靖初，黄河南徙，天和以右副都御史总理河道。乃疏汴河，自朱仙镇至沛县飞云桥。又疏山东七十二泉，自凫、尼诸山达南旺河。役夫二万，不三月讫工，诏加工部侍郎。此书盖据其案视所至形势利害及处置事宜，详述之以示后人。一卷末有《治河本末》一篇，为工部都水郎中鄆城杨旦所作，以纪天和之绩。后四卷则皆其前后奏议之文也。"

《问水集》有明刻本，《四库全书存目丛书》据以影印。又有明嘉靖中吴郡袁氏嘉趣堂《金声玉振集》本。《四库全书总目》亦著录，题浙江郑大节家藏本。

临清板闸，运河入卫处也。卫河水涨，即壅入闸，或漫闸面以入，故闸上下常淤，运舟每为停阻。宜增培闸面，旱涝举须下板启闭旧以卫河水盛，多不用板。盖启则闸下之淤每日冲洗可尽，闭则卫水不入，闸河之水积盈，及启则二河水势相当，淤亦不入矣。司闸者所宜审也。

——《问水集》卷一"卫河"

《漕船志》

《漕船志》八卷，席书初编，丁瓒、邵经济、朱家相先后补修。《漕船志》初于明弘治十四年（1501），由时任该厂主官工部主事席书编纂成书。席书（1461—1527），字文同，号元山，四川遂宁人。弘治三年（1490）进士，授郯城知县，后升工部都水司主事。弘治十一年（1498），改任清江船厂主事。其间"于建始之由，兑运之次，造作之地，计艘之数，岁运之额，计财之所用，运道之所经，与夫漕卒之利病，积年之事宜，凡关于舟事者，考寻故典，采拾大要，编次一帙，曰漕船志"。书成，由南京翰林院侍读学士马廷用刊印。武宗正德十五年（1520），新任船厂主事丁瓒（字敬夫，南直隶丹徒人）仿效方志通例，在弘治本《漕船志》中增补地产、文献诸项内容，并于"正德中重刻"。清江、卫河二厂合并后，朱家相于嘉靖二十二年（1543）任主事，主持厂务。朱氏为河南归德人，字伯邻，号南川子，嘉靖十七年（1538）进士。他因旧志雕板"久寝以漫漶"，特别是"时有今昔，政有沿革，漕运凡几变""且卫河之归隶已久，而典章制度阙如"，遂立志考订修补，删去正德本之人物、物产、古迹、寺观诸项，增加与船厂直接有关的官属、人役、法例、兴革等内容，对厂务其他方面亦补充新内容，撰成

85

《增修清江漕船志》，于嘉靖二十三年（1544）印行。明成祖永乐中，在南京清河、山东临清创建清江和卫河二造船厂，打造各类运粮漕船。世宗嘉靖三年（1524），卫河厂造船事务改由清江厂承担。不久又裁革卫河厂衙署，二厂遂合并为一。总管理机构设在原清江厂，各地分厂概由其统属。本志采用纲目体，设建置、奉使、船纪、料额、公署、官署、人役、法例、兴革、艺文凡十目，系统记述明代漕船的修造和管理制度，反映了明代漕政的发展。卫河船厂设于临清，书中相关记述颇为详悉。

本书有嘉靖二十三年（1544）刊席书编次、朱家相增修本，民国三十年（1941）上海玄览居士辑《玄览堂丛书》据以影印。

永乐间，肇建清江、卫河二厂，督造运船旧传永乐七年，淮安、临清肇建清江、卫河二厂。窃惟十二年以前，虽由海运，内有黄河运至卫河漕船，以是而知船厂设于是年之前明矣，但不知的为七年否也。南京、直隶、江西、湖广、浙江各总里河浅船，俱造于清江。遮洋海船并山东、北直隶三总浅船，俱造于卫河。大约造于清江者，视卫河多十之七因罢海运，故以便于里河者为浅船，从仪真、徐、淮、临、德运至通州。遮洋海船由山东、北直隶，从直沽入海，转白河运至蓟州。先年，遮洋船多隶清江厂成造，寻改隶卫河。

……

成化二十一年，议将卫河总遮洋海船，山东、北直隶浅船，听官军领价，从便成造是后，官军给领料价，多在仪真自造。虽有卫河厂主事代管，缘地里隔远，不能遥制，往往侵费料价，以致船只脆薄，不堪驾运。甚有中途拆改旧船搪塞，及将船只盗卖而逃者，奸弊尤甚。

……

正德十六年，刑科给事中田君赋建议，欲将卫河总运船俱归隶清江厂，下本部议之该本部议得，所奏深切事宜，但各总运船原分属清江、卫河二提举司监造，今当就中量为损益，未敢轻议。

嘉靖三年，奉本部题准，将卫河总运船俱归清江厂团造该本部尚书赵公瑾题，为祛积弊复旧规以清漕运事。议将山东、北直隶、遮洋三总运船，今后督令官旗俱赴清江厂，听本部主事监督成造，卫河厂衙门未几裁革。详见《法例》。

——席书初编，丁瓒、邵经济、朱家相补修《漕船志》卷一

船式

浅船每只底长五丈二尺，头长九尺五寸，稍长九尺五寸，底阔九尺五寸，底头阔六尺，底稍阔五尺，头伏狮①阔八尺，稍伏狮阔七尺。

梁头一十四座，底栈每一尺四钉；龙口梁阔一丈、深四尺；两厢共阔七尺六寸；使风梁阔一丈四尺、深三尺八寸；后断水梁阔九尺、深四尺五寸。

每船合用料物：底板厚二寸，栈板厚一寸七分_{共用大中小楠木九根。}

以上共该民七木价银六十两。

——席书初编，丁瓒、邵经济、朱家相补修《漕船志》卷三

十年，尚书宋礼以海船造办太迫，议造浅船五百艘，拨运淮、扬、徐、兖等处岁粮一百万石，由会通河僦运，以补海运一年之数_{是年十月，宋}公礼奏：海远粮储，每年五月太仓开洋，直沽下卸，秋间回京。船只中多被损坏，亦有漂失不见下落者，俱用修理补造。分派江西、湖广、浙江等布政司，并直隶徽州等府近水产木处所军卫有司相兼修造，俱限次年三月终完备，驾赴太仓应用。因限逼迫，措料不及，不免科敛钞物置办，其间作弊受害者不可胜言。造船者惟顾目前之急，不虑速成不坚之患，计其所费物料、人工又难细举。且如造千料海船一只，须用百人驾使，止运得米一千石。若将用过人工、物料估计价钞，可办二百料河船二十，每只用军二十名，运粮四百。以此较之，从便则可。如将镇江、凤阳、淮安、扬州四府岁征粮米，定拨七十万石赴徐州交纳，徐州并兖州府粮米三十万石赴济宁州交纳，差拨近河徐州等卫旗军一万名，各委指挥千百户管领，工部拨与二百料浅船五百只，一如卫河事例，将前项仓粮从会通河僦运，供给北京。每三年海运二次，使造船者无逼迫之患，驾船获坚久之利。以两河并海计之，三年可得八百余万。十年之间，国有足食之备，民无烦扰之忧。具奏抄出，户部会各衙门官计议。

……

十三年，始罢海运，增造浅船三千余艘，一年四次，悉从里河转运_{是年闰九月初三日，行在户部奏：准工部咨，该本部奏：节奉，钦依，里河运粮的船，着工部去湖广上头再造二千只来，只在淮安装运，来北京便当。那太仓纳的粮，都着来淮安收贮。还}

---

① "伏狮"，指船头或船尾顶部的大横木。宋应星《天工开物·漕舫》："平江伯陈某始造平底浅船，则今粮船之制也。凡船制……伏狮，前为阀阅，后为寝堂。"

着户部会官议得停当了来说。钦此。除行工部外，所据运粮一节，移咨到部。除会官议得北京所属官军岁用俸粮并营造等项，军夫该支粮米浩大，每岁海运船约有一千一百余只，运粮八十余万石到于北京，与北京所属该征税粮及开中盐粮，并会通河、卫河转运粮储相兼供给。今奉前因，查得会通河见运粮止有浅河船一千三百余只，每次可运粮二十余万石，于徐州并济宁两处仓支粮，运赴北京在城仓，一岁可运三次，共该粮六十余万石，比与海运粮数不及。若添造二百料船，共辏①三千只，专于淮安仓支粮，至济宁交收，却将二千只于济宁仓支粮，运至北京，一次该运粮四十万石，往回约用五十日，自二月起至十月河冻止，可运四次，共得粮一百六十万石。比与海运数多，又无风水之险，诚为快便。但即今船只造办未完，及淮安等处见贮粮米未广，合行户部将浙江布政司所属嘉、湖、杭三府与直隶苏、松、常、镇等府永乐十二年秋粮，除原存本处备用及起运赴京，并供给内府等项之数照旧不动外，将余剩并坐太仓该收海运粮米，尽数改赴淮安仓交收。及将扬州、凤阳、淮安三府秋粮，每岁定拨六十万石，徐州并山东兖州府秋粮，每岁定拨三十万石，俱赴济宁交收。工部差官催造船只完备，自永乐十三年为始，依拟里河转运，却将海运停止。所据退下海运官军，俱令于里河驾船运粮。及照前项粮储，每岁若令径赴北京在城交收，其通州至北京陆路往回八十余里，转运迟误，合将所运粮储止于通州仓交卸。令天津并通州等卫差拨官军，专于通州接运至北京，及行工部并北京工部取勘。淮安、济宁、通州三处见在仓厫，若有不敷，计料盖造，庶不迟误。奉成祖文皇帝圣旨：是。钦此。复题：运粮到时，若只着通州官攒斗级交收，诚恐收受不前。合将通州见在仓厫照依南京江北事例，拨与通州五卫管领，委官拨军分投收受。具奏通行。

……

（弘治）十五年，凡闸惟进贡鲜品船只②，到即开放，其余船只务要待积水而行。若积水未满，或积水虽满，上面船未过闸，或下闸未闭，并不得擅开。若豪强之人逼胁擅开，走泄水利，及闸已开，不依帮次，争先斗殴者，听所在闸官③将应问之人拿送管闸并巡河官处究问。因而搁坏船只，损失进贡官物，及漂流系官粮米及伤人者，各依律例从重问治。干碍势豪，官员参奏以闻。运粮旗军有犯，非人命重情，待候完粮回日提问。其闸内船已过，下闸已闭，积水已满，而闸官夫牌故意不开，勒取客船钱物者，亦治以罪。

---

① "辏"，或当作"凑"。

② "进贡鲜品船只"，明皇帝与宗室喜欢享用鲥鱼、杨梅和枇杷等江南新鲜物品，运送的船只称为贡鲜船只。

③ "闸官"，管理闸门的官吏。陆长春《香饮楼宾谈·鼋移家》："有老翁持红柬谓闸官曰：'明日贱眷移居，漕船乞暂缓放行。'"

是年，凡漕运军人，许带土产易换柴盐，每船不得过十石。若多载货物，沿途贸易稽留者，听巡河御史、郎中及洪闸主事盘检入官，并治以罪。

是年，凡闸溜夫受雇一人，冒充二人之役者，编充为军，冒一人者枷项示众一月毕罪，遣之。

——席书初编，丁瓒、邵经济、朱家相补修《漕船志》卷六

《治水筌蹄》

《治水筌蹄》二卷，万恭撰。万恭（1515—1592），字肃卿，别号两溪，晚年自号洞阳子，江西南昌人。嘉靖二十三年（1544）进士，曾任光禄寺少卿、太仆寺少卿、鸿胪寺卿、大理寺少卿、兵部右侍郎、兵部左侍郎兼佥都御史巡抚山西、总理河道等职。隆庆六年至万历元年（1572—1573）任总理河道，主持黄河、运河治理工程，主持修建徐州以下黄河两岸缕堤 370 里，并整修部分大堤，一时"正河安流，运道大通"。万历二年（1574）四月被劾罢职。在这期间撰有《漕河奏议》及《治水筌蹄》。

"筌蹄"原指渔猎工具，典出《庄子·外物》："筌者所以在鱼，得鱼而忘筌。蹄者所以在兔，得兔而忘蹄。""治水筌蹄"意为治水工具书。此书虽分上、下卷，但不按任何顺序，由 148 条单篇短文结集而成，属杂记性质，是万恭在治河期间，"取治水见诸行事、存案牍者，括而记诸筌蹄"，涉及治黄方略、筑堤束水冲沙深河经验、在河滩筑矮堤滞洪拦沙以稳定主槽、掌握汛情必要性、京杭运河航运管理与水量调节等内容，为 16 世纪治理黄河、运河的重要水利文献。在治黄理论上，万恭抓住黄河泥沙这一核心问题，提出对水沙冲淤关系的看法及相应的工程设计。他指出："水专则急，分则缓；河急则通，缓则淤。""浊者尽沙泥，水急则滚，沙泥昼夜不得停息而入于海，而后黄河常深常通而不决"。在这一认识基础上，万恭提出："河性急，借其性而役其力，则可浅可深。""如欲深北，则南其堤，而北自深；如欲深南，则北其堤，而

南自深；如欲深中，则南、北堤两束之，冲中坚焉，而中自深。"这些观点和方法成为以后潘季驯"束水攻沙"理论的基础，并得到广泛运用。此外，书中还总结了利用汛期泥沙稳定河槽的方法，记述了飞马报汛制度，记载了在水源不足、运量大、期限短的情况下，利用单式船闸抬高水位，配合其他措施，保证运河航行的成功经验，并注意到了黄河洪峰高而历时短的水文特点并加以记载。书中对正统中治理张秋决河及宋礼疏凿会通河的情况记述详悉，对了解聊城境内运河有很大助益。

此书有万历五年至七年间（1577—1579）张文奇重刊本，藏清华大学图书馆。

张秋，固运道一大襟带①也。控汶上、阳谷、寿张鼎足之中，而西为梁山，故宋江盗薮。阛阓万家，富商大贾万集，跨运河东西居之。

正统中，河决张秋，五载弗绩。役丁夫十八万塞之。当决河为戊己山②，盖以土制水之义，若东坡徐州之黄楼、弘治中刘东山③之泰黄堤者云。

众流之所交也，货财之所萃也，岂直中原一大县，而不城，则胡以护运，亦胡以控群盗？余料之，此丁夫六千，匝二月之役耳。城中可藉也。

……

宋少保礼，河南永宁人。永乐初，治会通河。

先是，国朝都金陵，饷道悉仰给于南，江右、湖广之粟，江而至；两浙、吴会之粟，浙河而至；凤、泗之粟，淮而至；河南、山东之粟，黄河而至。而金陵据舟楫之会而灌输焉，置饷道弗讲。

永乐中，治北京，上供、百官、六军悉待哺于江南之稻粱。

永乐初，治海运。运艘，两浙自浙入于海，吴会自三江入于海，湖广、

---

① "襟带"，谓山川屏障环绕，如襟似带。比喻险要的地理形势。薛福成《筹洋刍议·藩邦》："至如朝鲜襟带海表，屏障中原，无朝鲜，则辽水东西皆将受警。"
② "戊己山"，在今山东阳谷县东南张秋镇南。《清一统志·泰安府》：戊己山，"《府志》：明弘治间筑土所成，以镇黄河决口，下临龙潭，即古决口也。山名戊己，取土制水之象。山上有亭，为张秋名胜"。
③ "刘东山"，即刘大夏。刘大夏生平见前文。

江西自洋子江入于海，淮北、河南自河、淮入于海，山东各以滨海州县入于海，皆会直沽，达于天津；而怀庆、卫辉以其舟顺卫河入天津来会，俱溯白河，逆于张家湾，输上都，而舟溺亡算。计臣①曰："海道险，不可运。"乃令江南之运皆入高、宝诸湖，渡淮，达黄河，陆运百七十里入卫河，指②天津，输上都，而军费亡算。计臣曰："陆道费，不可运。"

少保乃请治会通河故道。顾元末鼎沸，不暇治饷事，故道废，自汶上至临清五百里悉为平沙。公乃究尉迟公之旧迹及元人之遗则，自汶之上流，唐、元为堽城坝，遏汶入洸河，会泗水，东南注济宁。今天井闸，尉迟建也。以天井之南注淮安，以天井之北注天津，而南旺地特耸，济宁水上行。终元之世，第舟载上供数十石③耳，海运若故，少保公患之。

适有戴村老人白英者献策曰："南旺地耸，盍分水焉？第勿令汶南注洸河、北倾坎河，导使趋南旺，南九十里流于天井，北百八十里流于张秋，楼船可济也。"

少保乃造梁，窒汶之入洸者；大坝戴村，遏汶之入坎河者；开新渠百十有余里，抵南旺，而分注之。九年，道大通。浅船约万艘，载约四百石，粮约四百万石，浮闸，从徐州至临清，几九百里，直涉虚然，为罢海运。

河成，会北京建宫殿，五敕公采大木，六十四卒于蜀。乃以饷道统属平江公④。平江居河上三十年，功多在淮南，而会通河则仍少保之旧。平江以帝姻，且久河工，昭景铄。而少保自蜀葬于永宁，曾学士荣表墓，又不著河工。于孙皆微为庶人，又不克扬先人之烈。弘治中，仅仅庙食公南旺足矣。白英，尤泯不闻，悲夫。

——万恭《治水筌蹄》卷上

闸河，北自临清，南至境山，绵长七百余里，祇恃泉流接济，故曰：

---

① "计臣"，即户部大臣。
② "指"字，或当作"诣"。
③ "数十石"，应为"数十万石"。
④ "平江公"，即陈瑄，封平江伯。陈瑄生平见前文注释。

闸河无源。

入春水竭，若以走派粮船往来交错于闸口一丈八尺之中，既欲放空①，又欲打重②，限定板数，则磕损、稽迟可虞，通闸而行，则天旱泉流有限，而河漕困矣！

宜头年坐派粮船，俱以本处之船兑本处之粮，如粮多船少，或船多粮少，方以附近若省、若州、若县补之，法一成而不变。

春间，闸漕盛运，悉皆重船，自南而北，不令一空舟杂扰于其间，则船无相抵，漕若鱼贯焉，完计也。故兑舟莫善于坐派，莫不善于走派。

——万恭《治水筌蹄》卷下

《河漕通考》

《河漕通考》二卷，黄承玄③撰。黄承玄，字履常，浙江秀水人。万历十四年（1586）进士，授户部主事，任职张秋。二十年（1592），任江宁府知府。二十一年（1593），任北河郎中，累官任副都御史，巡抚福建，著有《盟鸥堂集》《安平镇志》等。黄承玄曾以郎官治理洳河，著有成效。此书为他博采辑录而成，上卷论河防，以黄河为主；下卷论漕运，以运河为主。各卷均追本溯源，下迄万历中期。

河上史曰：会通河旧以汶泗为源，今所受者独一汶耳。元人能用汶而未能全汶之用，国初能全用汶而未能收全汶之利。故时引黄济漕，延盗入室，沙湾、张秋之决贻患者几数十年。自黄陵之功成，而河水涓滴不入于漕，迄今百有余年，一水盈盈，安于衽席；舳舻衔尾，若行堂奥，则独资全汶之利也。盖尝总十年而计之，其水之均调足用者常十之七，而其旱涸涝溢者仅十之三。然旱可节，涝可宣，浅可浚，均可以人力为

---

① "放空"，南下的空船。
② "打重"，北上的重载船只。
③ "玄"字，清代文献因避清世祖玄烨讳，多改"玄"字为"元"。

者。且历朝以来经制大备，守之勿失，虽与天壤俱敝可矣。今司水者见其暂而不见其常，方其涝也，遂忘其为涸，于是宣泄之意胜，而泉源湖泊废坏不修。方其涸也，遂忘其为涝，于是节蓄之意胜，而堤坝斗门堙没不治，至欲引他流以益之，是皆非知汝者也。谨识之以告来者。

——黄承玄《河漕通考》卷下"河运"

《河渠志》

《河渠志》八卷，吴道南撰。吴道南（1550—1624），字会甫，江西崇仁人。万历十七年（1589）进士，授翰林院编修。二十二年（1594）正月，受命管理文官诰敕，二月充经筵讲官。三月受命纂修正史，志河渠。二十六年（1598）升左春坊左中允，兼翰林院编修。历左谕德、少詹事。三十七年（1609），以侍郎署礼部事。四十一年（1613）升礼部尚书兼东宫大学士，在朝"辅大政不为诡随，颇有时望"（《明史·吴道南传》）。四十五年（1617）丁忧返里。天启四年（1624）卒，赠少保，谥文恪。此书为万历中陈于陛主持官修国史成果之一，现存于《吴文恪公文集》卷三至卷八。《四库全书总目提要》称："万历甲午，陈于廷（当为"陛"）建议修国史，令翰林诸臣分门受事。道南领修《河渠志》，此即其原稿也。凡三篇：曰运河，曰黄河，曰通惠河。其余皆未之及。"记述篇目与仅存八卷本不同，其卷目当有分合。此志所记内容多采自明朝历代实录，对《大明会典》亦有采择。其中对聊城境内的运河及黄河记述对于了解相关史实颇有助益。有明崇祯刻本。

永乐八年六月，修扬州府宝应县塘岸八十里。其明年正月己未，开会通河。河起济宁至临清四百五十余里。洪武间，河决原武，漫安山，会通以淤。济宁至德州以车转从州城西下河。永乐初，运兼江海。自海运者由直沽而至，自江运者浮淮入河，至阳武，仍从车转抵卫辉，入卫河。而至是时海险陆费，屡有言开旧河为便。上重民力未许。至是，济宁州同知潘叔正言：元自须城县安山西南行，由寿张西北至东昌，又西北抵临清，引汶绝济，属之卫，建闸三十有一，以时潴泄，名会通河。今淤塞者三之一，诚令开浚，悉行船以漕，可以省山东民丁三千，车二百余辆，历八递运所，岁困挽输之苦。诏是之。酒命工部尚书宋礼、都督周长往度，还奏便。于是遣刑侍郎金纯发山东及直隶徐州、应天、镇江丁壮十有六万，役二十旬，蠲租百十万石浚之，又塞旧曹州、郓城两处河口，瀹沙湾抵旧曹州一带河道。又开黄河故道，起开封城北，下达鱼台塌场口入漕河。又疏山东七十二泉，汇于南旺，而尚书宋礼总其事。时御史许堪言：古海丰故河引汶，以运道犹存，宜可疏，属之卫。老人白英画以为元导汶入洸，出济宁，而阳谷、汶上、东平间地高圩数丈，南旺之间水浅涸胶，舟其不任重载，固其宜也。今坝东平州戴村，遏汶水无东，令尽入南旺。南旺者，运河之脊也。得全汶，湖深广可运，于是疏卫河达海丰古河，筑坝抑汶，至南旺中分，分四南流属徐，分六北流属临清。相地势置闸，南北之运道始通。当是时，老成长虑，博访刍荛，故老人得以効计，迄今庙祀。厥后，虞城生员献深河之议，深左则堤右，深右则堤左。深中则左右俱堤，乃其姓名且不著见，盖亦可以观世云。

秋九月戊午，工尚书宋礼言：会通河以汶、泗为源，济宁一带获引以济者恃夏秋霖潦马常泊之流入也。冬春泊水不足，汶河上流又筑坝宁阳堽城，遏入分水。若不别理河源，其何以济东平？东境有沙河一道，本汶支流，至十路口通于泊，比年虽沙淤河口，然其故道仅三里，当加濬。相地置堰，可百八十丈。从之。

……

景泰元年四月癸巳，御史陈全言：“沙湾堤修已大半，止西岸二缺口留泄水，比者东阿县大洪口鲤连河水落，河身渐露，与决口相去近，不筑恐掣会通河水去而东，不利运。”上以为然，使堤塞之。六月癸酉，诏有司堤塞通济东西岸决口。十二月丁酉，工部言：“运河从通州以南抵于徐多浅滞，漕船难以利达，人操其权，最妨功。宜遣官专督。徐州等处，佥都御史王竑使领之。通州等处，京大臣一员宜有专。”诏竑如议，大臣止特遣，其令都察院择御史廉能者以往。明年二月壬午，有旨浚沙湾运河，敕山东左参政王骢、佥事王琬董其役。六月戊辰，上以临清抵徐州而南运道艰，兼敕巡抚山东左副都御史洪英、河南右副都御史王暹，各督乃司，共行视，图方略，然后量起军民夫酌治之。河南则疏淤道，取支径，引水势，灌注徐州；山东则堤决口，蓄众流，分济南北。其物料可从宜措办者听。期令水归运河，为转漕舟船之便。明年八月甲子，清河县儒学训导唐学成言："河决沙湾，临清告涸，实由临清至沙湾十二闸，势甚陡，其地卑下而堤薄，故河决若建瓴而注也。何①俟运毕，闸河外另穿月河，通舟楫，内浚本河，仍原闸不动，令河道深阔，直抵沙湾，其堤岸亦培厚。如此则水势自缓，可保无冲涸之患。"诏下山东巡抚及巡河御史等官相度。其明年九月乙丑，工尚书石璞凿河长三里，以避沙湾决口，上下与运河通，从御史练纲之请也，实用教谕彭埙议。后二岁，景泰六年三月己巳，工尚书江渊奉旨会官议浚运河。初，沙湾未塞，议者多难其事，至欲弃渠弗治，已乃塞，遂议浚漕渠，由沙湾北至临清，南至于济宁，凡四百五十里。渊言："连岁大役，山东、河南之民罢焉，更农事伊始，不可妨务。见在京有操步队官军，可起五万名，督以文武大臣一员，往同佥都御史徐有贞商治，度可令三月罢。"有贞言："官军一动，费粮储辄千万，惟民居濒河者，为蹢马牧等役，俾专事河务为便。"上以为然，议遂寝。五月辛亥，有贞浚运河功成。夫止军役，非独省费也，众聚则易动。先是，知事黄泰请收兵器非治河之具，厥后都御史刘天和禁鞭挞，亦可谓虑患于未形者矣。

　　——吴道南《吴文恪公文集》卷三《河渠志》之"运河"

　　正统十三年六月癸酉，河南陈留县言：岁夏间河水骤涨，溃金村堤及黑潭南岸，已倩夫治之。功将既又复决，而倍深阔于旧，不可制。乞发军夫协助，方可力塞。从之。七月己酉，河决新乡八柳树口，漫流山东，经曹濮，冲张秋，溃沙湾东堤，坏败民田庐无算，命工右侍郎王永

---

　　① "何"或当作"可"。

和莅其事。八月辛酉，修直隶开州大岗等处堤。

其明年二月辛酉，征鲁府护卫军七百人协理沙湾。时有司工役不足，乃命协。三月癸巳，工右侍郎王永和奏治河事宜。先是，沙湾之役，永和以冬寒遽停工，又以决自河南，宜敕所在官司相共事。上切责之。至是，言黑阳山西湾已通水，从泰黄寺资运河。东昌则置分水闸，设三空泄水入大清河，归于海。八柳树工犹未可用，沙湾堤宜时启分水二空，泻上流，庶可亡后患。诏从之，仍戒永和速竣工，以休军役。

景泰三年五月丙申，沙湾暂塞。初，河决沙湾，径趋海。遣大臣王永和往治弗效，工尚书兼大理寺卿石璞复属治，河决如故。于是命内官黎贤、阮落，御史彭谊往协。乃筑石堤，御决口，穿二月河，引水以益运，决势渐微，始克筑塞之。六月庚寅，河复决沙湾白马头七十余丈，诏巡抚山东右都御史洪英理之，亦弗效。十二月癸巳，复敕工左侍郎赵荣往。明年正月壬午，河复决沙湾新塞口之南。五月乙酉，又决白马头堤岸四十余丈。六月己丑，巡抚河南右都御史王暹言：黄河旧从开封北转流东南入淮，不为害。正统间，徙为二。一决新乡八柳树，由故道东绕延津封丘，入沙湾，一决荥阳，漫原武，抵祥符，至项城、太康等处，水居地数十万顷，开封甚。虽尝筑大小堤于城西以御，然沙土①善崩，往岁雨没小堤，今复圮大堤之半。臣会所司议量起军民夫不被灾处，令其协筑，用防后艰。报可。

十月甲午，命左佥都御史徐有贞往治沙湾。其明年八月戊戌，巡按河南御史张澜奏：原武黄河东岸先开二河，合黑阳山旧道，引水济徐、吕二洪。今改决而北，二新河水不通利洪，且贮淤而流浅，宜相度黑阳山河纡曲处，从决口改挑一河，仍接旧道注之洪，作者约二万人，度一月罢。从之。十一月丙子，徐有贞上治沙湾策。有贞受命，乃周爰巡行，逾济涉汶，沿卫及沁，循大河，道濮范，往来审度者久之。至是，言水之为性，可顺焉以道，不可逆焉以堙。汉世功难瓠子，易汴渠，盖其征也。河自雍而豫，出险即夷。又由豫而兖，土疏而水益肆。沙湾之东所

---

① "土"字，原文作"上"，据文意校改。

谓大洪口适当其冲，于是决而夺济、汶入海之路以去。诸水从之，故堤溃渠淤。今欲骤堙，祗益淤溃耳。请先疏水，水势平，乃治决。决止，乃濬淤，因为之防，以时节宣，无溢涸，而后河可得而安。时有挠其议者曰："不能塞河，令不为患，顾开之为患耶？"上遣中使即问，有贞出二壶，一窍、五窍者各一。均注水，并泻之，五窍者先涸。于是使者晓然知疏策为良，归报命，议决。有贞乃作治水闸、疏水渠。渠起张秋金堤，西南行至濮阳泺，经博陵陂，抵寿张沙河，又至于东西影塘，沿白岭、李崒至莲花池、大伾潭，乃逾范暨濮，又上而西数百里，经澶渊，接河沁矣。有贞曰：水势合则害，分乃利。今黄河水大于运，疏渠以达，是河去其害而运收其利也。六年七月乙亥报成，赐渠名"广济"。凡河流之出不顺者则堰之。堰有九，袤皆至万丈。架涛截流，栅木络竹，实之石而键以铁，曰合土木火金，平水性也。又作沙湾水门，依乐浪王景所述之法而损益其间。置门于水，实其底，令高常水五尺。水小，则拘以济运。水大，则泄以趋海。上制其源，下归其流，用平水道云。口决垂十年，至是乃塞，何成功若斯之难也！古者服能然后任，屡遣大臣，使之尝试，非向者其人不任，盖亦任非其能云。

八月丁巳，管河主事李蕃奏：阳武脾沙岗初为徐、吕二洪引黄河故凿，比又浚封丘新集等处，分脾沙岗水济沙湾，恐力微不能兼济。且胶徐、吕。兼新集地高多费，乞行左佥都御史徐有贞经度。从之。十二月甲寅，有贞复请敕，载至沙湾，益为大水之备。时方暵干，众以为过防。及秋，黄河与诸河皆溢，东兖间三月如海，浸沙湾正堤，大堰幸独存。耆老言：龙湾六闸泄水未尽，感应祠堤又缺。小人伏计，测有今日，但不虞其甚。今又烦为救治之。有贞乃堤缺，复增二闸，属笃马、大清河，沙湾以固。人皆服其虑。

————吴道南《吴文恪公文集》卷四《河渠志》之"黄河"

《通漕类编》

《通漕类编》九卷，王在晋撰。王在晋（1564—1643），字明初，号岵云。万历二十年（1592）进士，授中书舍人，迁工部主事。历员外、郎中，出为福建按察佥事，累迁江西布政使，以右副都御史巡抚山东，进河道总督，兵部左侍郎署部事。天启二年（1622），代熊廷弼为兵部尚书兼右副都御史，经略辽东、蓟镇、天津、登莱。五年（1625），转南吏部尚书，旋告归。崇祯初复召为刑部尚书，旋改兵部尚书。十六年（1643）卒。此书卷一至卷四为"漕运"，回顾元代之前水运及运河兴起及发展历程，卷五至卷八为"河渠"，记述大通河、白河、卫河、会通河、汶河、沂河、泗河的地理特征及开挖治理情况。卷九考察了历代海运情况。《四库全书总目提要》评述称："《通漕类编》，明王在晋撰。在晋有《历代山陵考》，已著录。是书先漕运，次河渠，附以海运、海道。前有自序，并作书凡例。大抵采自官府册籍，无所考订。在晋为经略时，值时事方棘，一筹莫展，逡巡移疾而去。盖好谈经济而无实用者，是书殆亦具文而已。"有明万历刊本。

（万历十七年）又覆准札行临、德二仓主事，将二仓预备米共收足五十万石，余者具数呈部，移咨漕运衙门，将湖广、江浙远省漕粮照数摘拨徐、淮二仓上纳，就便派拨军船往临、德二仓支运，以足漕粮四百万石之数，其徐、淮二仓亦候积至五十万石以后轮流出陈，庶免腐浥，永为遵守。

……

（万历十五年），又题：准临清等二十九卫所自万历十六年新运为始，行临清兵备道，每年准于山东、河南二省轻赍银内照蓟州事例先乞一分，付运官随帮备剥。其通州、盐城二所准于遮洋总①下高邮卫银内借给，候于二所乞贴银内补还。至于南北乞贴脚价，每年仍附轻赍标解，永为遵守。

——王在晋《通漕类编》卷三《漕运》之"征兑运纳"

隆庆二年题准：凡粮船应带临清城砖，每船照例四十八块，随到随

---

① "遮洋总"，明代成化朝将各漕运卫所定十二总，遮阳总为其一，主要为兑运山东、河南民粮，通过海道，供给蓟州。共辖十三卫，分别为南京附近的水军左、水军右、龙江左、龙江右、广洋、江阴、应天、横海八卫及江北地区的淮安、大河、高邮、扬州、长淮五卫。

行，不许托言该厂短少搬移，致误运期。

——王在晋《通漕类编》卷四《漕运》之"砖瓶土宜"

（万历）十二年题准：凡运军土宜每船许带六十石，沿途遇浅盘剥，责令旗军自备脚价，例外多带者照数入官。监兑粮储等官水次先行搜检，督押司道及府佐官员沿途稽查。经过仪真，听赞运御史盘诘；淮安、天津，听理刑主事、兵备道盘诘，六十石之外俱行入官。经盘官员徇情卖法，一并参治。其余衙门俱免盘诘。十三年，题准各总卫所回空粮船私揽商货，沿途易卖，屡稽新运。许沿途司道等官着实盘诘拿问，货物入官，押空官通同分利，参降一级，发回原卫带俸差操。

十八年，题准运军土宜，每船除六十石外，若有多余，或违禁仍载竹木沉重等物，及沿途收买货物者，将货物尽数入官，仍将违犯运官指名参治。如经管地方盘验官员徇情卖法，听河道衙门参处。开兑之时，粮储道加意检查，违者亦同参治。

——王在晋《通漕类编》卷四《漕运》之"官军犯罪"

卫河旧名御河，源出河南辉县之苏门山，东北流，会淇、漳诸水，过临漳分为二。其一出经大名至武邑，以入滹沱。其一东流，经大名东北出临清，至直沽会白河入海，长二千余里。今为运河自临清至直沽五卫十七州，一百五十七处。此河自德州而下，渐与海近，河狭地卑，易于冲决，辄发丁夫修治。嘉靖十三年，议准恩县、东光、沧州、兴济四处各建减水闸一座，以泄涨溢之水。

霍韬①议云：元人漕舟涉江入淮，至于封丘，陆运一百八十里，至于淇门②，入于御河，达于京师。御河，即今之汲县卫河也。今由河阴、

---

① 霍韬（1487—1540），字渭先，南海人。正德九年（1514），中进士。嘉靖元年（1522），授职方主事。嘉靖三年（1524），"大礼朝议"时，援引古礼，揆之事体，主张嘉靖帝（明世宗）应尊生父"兴献王"为皇考，不同意群臣同议以兴献王为皇叔考之名称，义正词严，力排众议，其主张得嘉靖帝所采纳。嘉靖十五年（1536），任礼部尚书、太子少保。十九年（1540）卒，谥文敏。有《诗经注解》《象山学辨》《程周训释》等。

② "淇门"，即今河南浚县西南六十里淇门，当卫河与淇河交汇处。《旧五代史·梁书·太祖纪》：唐大顺元年（890），朱全忠"令庞师古、霍存下淇门、卫县"。北宋置淇门镇。

原武、孟津、怀庆之间择地形便道，河水注于卫河。东春水平，漕舟由江入淮，泝流至于卫河，沿临清、沧州至于天津。夏秋水迅，仍由徐沛达于临清，至于天津，是一举两得之道也。开一卫河，可杀徐沛上流之患，可免凤阳州邑溃溢之虞，可得运舟兼济之利有如此。

——王在晋《通漕类编》卷五《河渠》之"卫河"

会通河自临清迤南至济宁州，元初由任城即济宁开渠至安民山即安山一百五十里，复自安民山之西南开渠，由寿张西北至东昌，又西北至临清，凡二百五十里，引汶绝济，直归漳卫。洪武二十四年，河决原武县黑阳山，由旧曹州、郓城县两河口，漫过安南湖，而会通渐淤。永乐九年，因海运艰阻，遣尚书、都督等官疏凿元人故道，乃于东平州戴村汶河入海处筑一土坝，横亘五里，遏汶水使西流，尽出南旺分流，四分往南，接济徐、吕，六分往北，以达临清。自后添设新闸，修筑旧岸，大为漕运之利自临清抵徐州七百里间，全资汶、泗、沂、洸诸水接运，总曰闸河。旧为闸门四十有三，前元建者二十余，永乐以来先后增建者二十余，而减水、通河诸闸不与焉。两闸之间每存稍浅一处约数丈，多不过十余丈，用留泄水，令积易盈，今建设改革益多。见闸坝条下。

国初会通河故道犹在。今济宁城闸，洪武三年晓谕往来船只不许挤塞，碑石故在北岸，可考也。二十四年，河决原武，漫过安山湖，而会通河遂淤，往来者悉由陆以至德州下河。永乐初，粮道由江入淮，由淮入黄河，运至阳武。发山西、河南二处丁夫，由陆运至卫辉，下御河，水运至北京。厥后济宁州同知潘叔正因州夫递运之难，请开会通旧河。朝命工部宋尚书礼发丁夫十余万，疏凿以复故道，又命刑部金侍郎自汴城北金龙口开黄河故道，分水下达鱼台县塌场口，以益漕河。十年，宋尚书请从会通河通运。十三年，始罢海运，而专事河运矣。明年，平江伯陈瑄又请浚淮安安庄闸一带沙河，自淮以北沿河立浅铺①，筑牵路，树柳木，穿井泉，自是漕法通便。窃惟运东南粟以实京师，在汉、唐、

---

① "浅铺"，运河沿线疏通运河淤浅的组织。

宋皆然。然汉、唐都关中，宋都汴梁，所漕之河，皆因天地自然之势，中间虽或少假人力，然多因其势，而微用人为以济之。非若会通一河，前代所未有，而元人始创，我朝修理而拓大之。前元所运，岁仅数十万，而今日则逾四百万，盖十倍之矣。宋人论汴水，谓大禹疏凿，隋炀帝开通，终为宋人之用，以为上天之意。呜呼，夏至隋，隋至宋，中经朝代非一，而谓天意颛在于宋，非也。若夫元之为此河，河成而不尽以通漕，盖天假元人之力以为我朝之用，其意彰明矣。

——王在晋《通漕类编》卷五《河渠》之"会通河"

永乐九年六月，会通河成。河合汶、泗，汶水出宁阳县，泗水出兖州，至济宁而合。置天井闸以分其流，南流达于淮，而新开河，则其西北流由新开河通东昌，入临清，计三百八十五里。自济宁至临清，置十五闸，以时启闭，舟行便之。

——王在晋《通漕类编》卷五《河渠》之"运河疏筑"

按历代建都于西北者，皆仰给东南之漕。都长安者，阻塞陕之险，漕运极难，所资者江、淮、河、渭。都洛阳、汴梁者，兼资汴、洛、汝、蔡而已。惟我朝建都幽燕，东至于海西，暨于河南，尽于江北，至大漠，水涓滴皆为我国家用，其用自大、其功最巨者运河。

由江而入邗沟①，由邗沟达淮而渡上清口，经徐吕二洪、沂沁泗水，至济宁。济宁居运道之中，所谓天井闸者也，即《元史》所谓会源闸也。泗、沂、洸、汶诸水毕会于此，而分流于南北，北至安民山，入于新河，地降九十尺，为闸十有七，而达于漳、御。南至沽头，地降百十

---

① "邗沟"，联结沂沭泗河水系和淮河的中国古代运河。春秋时期吴王夫差于公元前486年至前484年开凿。因南起今扬州近郊的邗城之下的长江，故名邗沟，北经樊梁湖（今高邮附近）折向东北，入射阳湖，再向西北经淮安入淮河。邗沟开凿后，吴国水军得以北上和齐国、晋国争霸。西汉吴王刘濞亦有开凿，凿通了茱萸溪（今扬州市湾头镇）向东经海陵仓（今泰州市海陵区）到蟠溪（今南通市如皋东陈家湾）的河运。隋代开凿隋唐大运河，就部分利用了这条水道。《宋史》卷九六《志》第四十九《河渠六》："春秋时，吴穿邗沟，东北通射阳湖，西北至末口。汉吴王濞开邗沟，通运海陵。隋开邗沟，自山阳至扬子入江。"

有六尺，为闸二十有一，而达于河、淮。此盖居两京之间，南北分中之处。自是而南，至于河淮，顺流也。河、淮东流至清口而入于海，乱流而渡，由邗沟渡江而达于南京，自是而北至于漳、御，顺流也。御河北流至直沽而入于海，沂流而上，由白河抵潞，而达于北京。迤南接济之水，有自武陟来之沁，有自琅琊来之沂。迤北接济之水，有自金龙口之河，有分滹沱河之水。

通论诸闸，天井居其中，临清总其会。居中者如人身之有腰脊，总会者如人身之有咽喉。腰脊损则四肢莫运，咽喉闭则五脏不通。国家都北而仰给于南，恃此运河以为命脉。济宁居腹里之地，州县栉比，居民鳞次，而又多有旁出之途。惟临清乃会通河之极处，诸闸于此乎尽，众流于此乎会，且居高临下，水势泄易而涸速，是凡三千七百里之漕路，此其要害也。东控青齐，北归燕赵，且去边关不远，疾驰之骑不浃旬可到。为国家深长之思者，宁有而弃，毋无而悔，屯兵以为防守，是亦思患豫防之一事也。

——王在晋《通漕类编》卷五《河渠》之"漕河总论"

《北河纪》

《北河纪》八卷，谢肇淛撰。谢肇淛（1567—1624），字在杭，号武林，福建长乐人。万历二十年（1592）进士，是年冬除湖州推官。不久因得罪吴兴太守，移官东昌。后历仕南京刑部及兵部主事、工部屯田司主事、都水司北河郎中、云南布政司左参政、广西右布政使、左布政使。谢肇淛于万历三十七年（1609）任工部屯司田主事，转员外郎，主管节慎库。三十九年（1611），任工部都水司郎中，督理北河。是书乃肇淛"以工部郎中视河张秋时所作"（《四库全书总目提要》）。《北河纪》首列河道诸图，次分河程、河渠、河工、河防、河臣、河政、河议八纪。卷一《河程纪》交待各驿站起止、里程。卷二《河源纪》记述济运诸河即汶水、泗水、沙水、薛河、御河、漳河等河流。卷三《河工纪》记述黄河、运河自汉迄明决溢、修堵史实，其中元、明两代以运河及与运河相关黄河河段为主。卷四《河防纪》记述北河工程，自南而北，以府为范围，再以闸、坝、月河、月河闸等为序。卷五《河臣纪》为记载运河组织管理的专篇，包括机构沿革、职官设置和各官在任情况，涉及上自朝廷、下至闸坝各级机构及人员，条理清晰，内容充实，是明代运河管理的原始资料。卷六《河政纪》涉及运河各项管理制度，如河工夫役及工料征集、河防、漕河禁例等，其中运河沿岸林木管理与湖泊禁垦条例、南旺段运河大、小挑期间运河放行制度、运河各工种人员配置和职责等内容为他书所不载，或记载甚略。卷七《河议纪》，收录自汉至明治河议论五篇。卷八《河灵纪》，记述运河沿岸庙宇、祠堂修建缘由，创修、修复及祭祀情形。此书详叙北河原委及历代治河利弊，资料丰富，条序分明，颇为后人撰著此类书籍所取法。《四库全书总目提要》称此书"《明史·艺文志》著录，卷数亦同。首列河道诸图，次分河程、河源、河工、河防、河臣、河政、河议、河灵八记，详疏北河源委及历代治河利病。撰采颇备，条画亦颇详明。至山川古迹及古今题咏之属，则别为四卷附后，名曰《纪余》。盖河道之书，以河为主，与州郡舆图体例各不侔也。"《北河纪》记述聊城境内之运河闸坝、官制及规程颇为详悉，保留了明代后期聊城运河治理的重要资料。

是书有明万历刻本，《四库全书》收录，为江西巡抚采进本。

元世祖既定江南，漕转之路自浙西入江、淮，由黄河逆流，至于中滦登陆，以至淇门，复由御河登舟，以达燕京。至元二十年，以江淮水运不通，乃命兵部尚书李奥鲁赤[1]等自今济宁州开河，达于今东平州之安民山，凡百五十里。北自奉符为一闸，以导汶水入洸，东北自兖州为一闸，以遏泗、沂二水，亦会于洸，以出济宁之会源闸，分流南北。其

---

① "李奥鲁赤"，即李处巽。李处巽生平见前文注释。"奥鲁"为蒙古语音译，为古代蒙古人出征时留守后方或随军的家属、辎重之总称。《经世大典序录·军制》："军出征戍，家在乡里曰奥鲁。"至元元年（1264）后，改由地方长官兼领诸军奥鲁，管理汉军军户。蒙古军与探马赤军之奥鲁官仍旧隶于千户、万户，不受地方路府州县管辖。

西北流者，至安民山以入清济故渎，经东阿县至利津河入于海。其后海口沙壅，又从东阿陆转二百里，抵临清州，以下御河。二十六年，以寿张县尹韩仲晖言，复自安民山之西南开河，由寿张西北至临清，径达于御、漳，凡二百五十里，是名会通河。会源以南为逆，以北为顺，南接丰、沛，北迄天津，凡一千五百余里，而推挽之劳不事焉。今列其程于左。

……

七十里至东平州之安山驿_{在州西南十五里}。

七十里至阳谷县之荆门驿_{在县东四十里安平镇之西岸}。

九十里至东昌府聊城县之崇武驿①_{在城东}。

七十里至清平县之清阳驿_{在县西南三十里}。

六十里至临清州之清源驿_{在新城内西北隅}。

七十里至临清州之渡口驿。

七十里至武城县之甲马营驿_{在县北三十里}。

——《北河纪》卷一《河程纪》

自虞舜命伯禹作司空，帝曰："俞，咨禹，汝平水土。"② 至秦汉有都水长丞，汉武帝以都水官多，乃置左右使都以领之。成帝以王延世为河堤使者③，哀帝初，平当为钜鹿太守，以明《禹贡》，使行河，为骑都尉，领河堤。晋武帝置都水台④，而河堤为都水官属。梁改都水使者为大舟卿，其最卑者主舟航河堤。后魏初，有水衡都尉及河堤谒者、都水

---

① "崇武驿"，在今山东聊城市古城东门外运河西岸。《方舆纪要》卷三四称："为往来孔道，置水马驿于此。"

② 语出《尚书·虞书·舜典》："舜曰：'咨，四岳，有能奋庸熙帝之载，使宅百揆，亮采惠畴？'金曰：'伯禹作司空。'帝曰：'俞，咨禹，汝平水土，惟时懋哉！'禹拜稽首，让于稷、契暨皋陶。帝曰：'俞，汝往哉。'"

③ "河堤使者"，官名。汉朝设此官，掌保护河堤等事。瞿蜕园《历代职官简释》："汉代有河堤使者，与都水使者、河堤都尉、河堤谒者皆同一职掌而因事异名。"《通典》云："武帝以都水官多，乃置左右使者以领之。"

④ "都水台"，官署名。秦有都水长、丞，西汉太常、少府、水衡都尉下皆设此官，掌诸池沼，后改称使者，东汉改称河堤谒者。晋代正式设置都水台，命使者一人，掌舟楫之事。

使者。隋炀帝河渠署置令丞各一人，唐因之。开元中，以宇文融为九河使。石晋置堤长。宋置都水监，黄御等河都大提举、巡河主埽使、提举河防司。元以工部尚书为总治河防使。国朝或以工部尚书、侍郎、侯伯、都督提督运河，自济宁分南北界，或差左右通政少卿，或都水司属，又遣监察御史、锦衣卫千户等官，巡视运河闸泉。宣德以后，遣郎中一人提督济宁河道主事一人，提督徂徕等处泉源，已而部郎罢遣，以山东参政副使管理河漕。天顺二年，以河南道副使一员整理济宁以北河道。成化初，改命通政驻扎张秋，掌卫河、会通河漕政。北至天津，南至鱼台一带。凡泉湖闸坝堤浅之事，皆隶焉。旋以山东副使兼摄之。已改都水司郎中，奉敕行事。凡沿河有司及管河文武官员悉听节制。又除都水司主事二员，奉部檄行事，一驻扎宁阳，一驻扎济宁，掌诸泉源闸坝之政，凡有司管泉管河官员皆属焉。弘治十八年，南旺别设分司，以济阳都水兼摄。正德十四年，专差主事一员驻扎南旺。嘉靖二十四年，罢遣南旺主事，而以宁阳主事兼摄其政。隆庆三年，罢遣济宁主事，而三分司之政俱属宁阳。其临清闸座，则正德间设都水司主事一员管理。嘉靖七年罢之，而属其事于砖厂。然地虽分管，而总理之者北河郎中[①]也。既又以济宁、东昌、天津三兵备道奉敕带管河政，凡事与北河分司会议呈请，其文武官属，郡有丞判，州有判，县有簿尉，闸有官，卫有指挥，所有千百户，各守其疆，不相逾[②]越。是纪稗史也，不敢以辱总督大臣爵里。藩、臬及府卫州县具见郡邑志。闸官微不足录，故但具员焉，而都水司郎中独有题名，主客也。

钦差总理漕运都御史[③]一员或兼户部、工部衔，驻淮安府，巡抚庐凤淮扬。

---

① "北河郎中"，即工部北河分司郎中，正五品，掌管天津、河北、山东三地河道事务，辖区内有南运河、北运河、闸河以及卫河、海河、徒骇河等人工或自然河流。北河郎中不但要节制静海至济宁一带管河官员，还须"及时挑浚淤浅，导引泉源，修筑堤岸，使河道疏通，粮运无阻。其应该出办桩草等项钱粮俱要查照原额数目，依期征完，收贮官库，以备应用，出纳之际仍要稽查明白，毋容所司别项支用"，为确保运河漕运畅通的重要官员。

② "逾"，原文作"渝"，据文意校改。

③ "总理漕运都御史"，即"总督漕运兼巡抚凤阳等处都御史"。明清两朝为强化漕运管理权，朝廷给漕运总督加"都御史"官衔，赋予其弹劾官员的权力，确保高效指挥调度，以实现南北物资调配，保障漕运经济命脉。

钦差总督河道都御史①一员或兼工部衔，驻济宁州。

钦差巡漕兼理河道监察御史一员岁一差。

钦差巡盐兼理河道监察御史一员岁余一差。

钦差提督河道工部都水司郎中一员驻张秋，三年一差。

……

钦差管理砖厂兼管临清闸座工部营缮司员外郎一员驻临清，三年一差。

……

兖州府运河同知一员驻济宁州，鱼台以北至于汶上河道隶之，兼管泉源。

兖州府捕河通判一员驻张秋，东平以北至于阳谷河道隶之，兼管张秋城池。

东昌府管河通判一员驻府城，聊城以北至于德州河道隶之，兼管直隶之清河县。

……

寿张县管河主簿一员带管东阿县河道，南接东平戴家庙起，北接东阿沙湾止，共二十里。又自沙湾起，北接阳谷荆门上闸止，共二十里，属东阿。

阳谷县管河主簿一员河道南接东阿荆门上闸起，北接聊城官窑口止，共四十里。

荆门上下闸官一员。

阿城上下闸官一员。

七级上下闸官一员。

聊城县管河主簿一员河道东岸南自本县皮家寨起，北接博平梭堤止，共六十里。西岸南接阳谷官窑口起，北接堂邑梁家乡止，共六十五里。

周家店闸官一员带管李海务闸。

通济桥闸官一员。

永通闸官一员。

平山卫管河经历一员河道止西岸一面，南接聊城龙湾铺起，北接东昌卫冷铺止，共三里。其东昌卫河道南自真武庙起，北至粮厂止，共九十一丈，并无铺舍。

---

① "总督河道都御史"，为明代治理河道的高级官员。明永乐九年（1411），遣尚书主持治河，后有时派遣侍郎、都御史。成化七年（1471）设河道总督（简称河督、总河），驻扎山东济宁，首任总河为工部侍郎王恕。正德四年（1509），规定以都御史充任。嘉靖十三年（1534），以都御史加工部尚书或侍郎职衔，隆庆四年（1570）加提督军务。万历五年（1577），改总理河漕兼提督军务，八年（1580年）废。万历三十年（1602），朝廷将河、漕再次分职，此后直至明亡再未复合。

堂邑县管河主簿一员 河道南接聊城吕家湾起，北接清平魏家湾止，共三十五里。

梁家乡闸官一员 带管土桥闸。

博平县管河典史一员 河道东岸南接聊城梭堤起，北接清平减水闸止，共二十七里。
西岸南接清平魏家湾起，北接清平丁家口止，共四十里。

清平县管河主簿一员 河道东岸南接博平减水闸起，北接临清潘官屯止，共三十九
里。西岸南接堂邑函谷洞起，北接临清潘家桥止，共三十三里，内带管德州左卫四铺。

戴家湾闸官一员。

临清州管河判官①一员 汶河北岸东自潘家桥起，西北至板桥止二十里，南岸东自赵
家口起，西北至板桥止二十三里。卫河东岸自板桥起，北接夏津赵货郎口止三十四里，西岸南
自板桥起，北接清河二哥营止三十一里。

新开上闸官一员 带管南板闸，自此以北无闸。

……

北河都水司公署，在东阿、阳谷、寿张三县之交，其地曰张秋。宋
真宗时名景德镇，元设都水分监于此。国朝弘治七年，河决张秋，命都
御史刘大夏等塞之，因更镇名曰安平。公署在河之西南，未详其建于何
年。嘉靖十四年，郎中郭敦重修。四十四年，郎中姜国华以堂宇皆南向，
而公门独折而东，非居正之体，乃费公帑二百金，改而南。门之左为坊
表，其右为土地神祠。大门三间，仪门三间，大堂五间，东西廊房各六
间，左幕厅三间，右吏书房三间，外厨房二间，衙内上房五间，东西厢
房各三间，左书房三间，右厨房三间，旁小房三间。东楼五间，其上有
小阁三间。楼前有堂五间，东连房五间。堂之外东西小轩各二间，外为
客厅三间，左右耳房各一间。厅南菜园半亩许。万历四十年二月，衙房
五间灾。四十一年春重建。

工部书院，在公署之西，创自弘治间，为管河府佐厅。嘉靖末添设
捕厅于城西南隅，寻革。而以捕务兼属管河通判，于是移驻捕厅，而河
厅为废署。万历十六年，郎中吴之龙修葺其颓圮，改为工部书院。凡本

---

① "判官"，古代官职名。唐代节度使、观察使、防御使均设判官，为地方官僚属，辅理
政务。宋沿唐制，并于团练、宣抚、制置、转运、常平诸使设置判官。元代改为各州府设置判
官。明清仅州置判官。

司新旧交代，以为驻节之所，近亦颓圮。

南旺行署，在南旺分水之傍。

临清行署，在临清州之西南。万历四十一年，以营缮分司署偪侧两易之。以上二署，每岁大小挑，往来驻扎焉。

——谢肇淛《北河纪》卷五"河臣纪"

国朝宣德四年，奉圣旨：今后除进用紧要的船外，其余运粮、解送官物及官员、军民、商贾等船到闸，务俟积水至六七板方许开放。若公差内外官员等，或乘马快船①及递运站船②，如果事务紧急，就于所在驿分给马骡过去，竝不许违例开闸。敢有仍前倚恃豪势，逼凌闸官及厮争厮斗，抢先过去的，许闸官将犯人拿赴巡河官处及所在官司，或巡按监察御史处问实。轻则如律处治，重则奏闻区处。那沿河管闸官若再不用心依法照管，仍听豪权势要逼胁，启闭不时，致水走泄，阻滞舟船，都拿来重罪。

……

成化十三年五月，奉圣旨：近闻两京公差人员装载官物，应给官快等船，有等玩法之徒恃势多讨船只，附搭私货，装载私盐，沿途索要人夫，揞取银两，恃强抢开洪闸，军民受害，不可胜言。运粮官军仿效成风，回还船只广载私盐，阻坏盐法。恁都察院便出榜通行禁约，敢有不思改悔，仍蹈前非者，船只等项许管河管闸官员弁、军卫有司巡捕官兵严加盘诘，应拿问者就便拿问，如律照例发落。应奏请者，指实参奏以闻。若管河管闸等官容情不举，坐视民患事发，一体究治。

……

南旺、临清等处旧系三年两次挑浚，隆庆六年题准每二年大挑一次，以九月初一日兴工，十月终完。北河郎中预呈，本部具题。命下之日，备咨漕抚衙门并山东巡抚及咨都察院，转行山东巡按，会同本官，调集

① "马快船"，明初的大型快速水战与运输兼用船，初"以备水军征进之用"，永乐以后，"遂专以运送郊庙香帛、上供品物、军需器仗及听候差遣"。

② "站船"，在航程有驿站递次接待的官船。王圻《三才图会·器用四·站船》："此官府所坐之船，谓之站者，就驿中之程言耳。"

兖州、东昌、济南等府泉坝闸溜浅铺守口见役人夫，前来兴工，并动兖、东二府河道官银，召募夫役，以备停役。各夫不足之数，其南旺月河及临清、阿城、七级等处淤浅，俱调附近驿递等夫协同见在徭夫依期挑浚，合用桩草钱粮及廪粮工食，亦于兖州府库河道银内动给，北河郎中仍与南旺主事往来督查。

……

万历十六年，总督河道金都御史钦奉敕谕，南旺、临清一带每年大挑小挑俱有钦限不议外，但势豪船只多方阻挠筑坝，惟利其迟，天寒挑浚为难。开坝又利其早，水利潴蓄不广。大挑年分原有钦限外，其小挑年分亦以钦定限期，每年以十月十五日筑坝，至次年二月初一日开坝。遇有鲜贡船到彼，另为设法前进。其余官民船只俱暂停止，候开坝放行。敢有势豪阻挠者，听管河衙门从重参究，仍大书刻石，竖立南旺板闸，示众遵守。

工部都水司郎中员下书手十名、听事官七员、巡警官四员、管桥官一员、门子六名、皂隶十八名、伞轿夫九名、马快手十名、步快手六十九名、民壮二十名，总院探事快手二名、听事水夫一名、厨子二名、兵夫二名、马夫三名、座船头二十名、守门总甲二名。书手工食不等，一年共银一百四十四两四钱，遇闰递加，外给饭食火炭银二十两。遇大挑年终，犒赏银五两，小挑犒赏银二两五钱，俱于临清、东平、寿张、武城等州县子粒赁基地租银内支给。听事等官工食不等，一年共银八十两五钱九分六厘，于阳谷县徭编，寿张、汶上、聊城、堂邑、夏津、武城、馆陶、东阿、清平、博平等县浅夫厂夫银内支给。门子工食不等，一年共银四十二两，于单、曹、钜野、阳谷四县徭编银内支给。皂隶工食每名每年十两八钱，内东平州徭编六名、阳谷县五名、寿张县四名、东阿县三名，轿夫工食每名每年十两，伞夫每名每年九两五钱，于阳谷、堂邑二县徭编，临清州行夫银内支给。马快手工食不等，一年共银二百零三两六钱，于青县、沧州、东光、景州、寿张、东阿、阳谷、汶上等州县徭编，堂邑、清平、聊城、博平、武城、馆陶等县浅夫，临清州行夫银内支给。步快手工食不等，一年共银四百零七两四钱，于阳谷、寿张、东阿、东平、聊城、临清等州县浅夫及临清州行夫，恩县、清河县厂夫银内支给。民壮工食不等，一年共银一百六十八两一钱，于寿张、东阿、阳谷三县徭编银内支给。探事每名每年工食银一两五钱，听事水夫每年工食银十两八钱，厨子每名每年工食银九两，兵夫每名每年工食银四两八钱，俱于阳谷县徭编银内支给。马夫每名每年工食银二十两，于阳谷、东阿、寿张三县徭编银内支给。船头每名每年工食银十两八钱，于济宁州徭编、阳谷县徭夫银内支给。守门总甲工食每名每年八两，地方杂行内追给。其它听事吏承、土地祠官吏及南旺、临清二行署听事官吏俱无工食，亦无定数，大都近邑幸民借部役以免州县杂差而已。即其有工食者，半出徭编，半出设处，扣除占役之数，或因乏用而增加，或因眷顾而赐予，历年久远，不可穷诘，盖至于今而冗滥极矣。

——《北河纪》卷六"河政纪"

《北游录》

　　《北游录》九卷，谈迁撰。谈迁（1594—1658），原名以训，字仲木，号射父。明亡后改名迁，字孺木，号观若，自称"江左遗民"，浙江海宁人。谈迁喜好博综，子史百家无不致力，对明代史事尤所注心。自天启元年（1621）始，以《明实录》为本，遍查群籍，考订伪误，按实编年，序以月日，历时六年，完成《国榷》初稿。顺治二年（1645），增补《国榷》中崇祯、弘光两朝史事。四年（1647），全稿被窃，发愤重写。十年（1653），应弘文院编修朱之锡聘，携稿赴京，探求公私著述，访询故明遗老，校补厘订《国榷》。十三年（1656）夏，南归海宁。次年夏，应沈贞亨聘，赴山西平阳作幕，是年冬病死于幕所。其著述除《国榷》外，又有《枣林杂俎》《北游录》《海昌外志》等。《北游录》为谈迁顺治十年癸巳（1653）至十三年丙申（1656）赴北京期间的经历见闻和所写诗文。内纪程、纪邮、纪咏、纪闻各二卷，纪文一卷。其中"纪程"为谈迁自嘉兴北上，至到达北京期间的日记，"后纪程"为谈迁离京返家期间所写日记。因谈迁经由京杭运河北上南下，此书遂保留了

大量对清初聊城运河状况的有价值记述。

　　余结发期一当于燕，既弃繻，无户外之履。窃自恨少壮时愧司马子长，或一缃一笠，庶几旦暮遇之。间以告友人，浸假有食言之惧。过不自量，附骥千里，则邀惠于义乌①。方舟而北，纤津征古，十得一二。昔者周公作里鼓，不迷远道，今其制佚矣。余代之以侧理，非足存也。博弈犹贤，唾壶欲阙，执途之人而问之。虽在桑榆，于玩日愒月，其未之敢出，故纪程。

　　癸巳②

　　……

　　己丑。发十里开河闸，元至正间立，亦一聚落，岁十月下旬为市集，百货萃焉。迤北东平、东阿、寿张、阳谷之交境也，有砖堡，加以戍楼。十二里袁老口闸，正德元年立，砖堡戍楼如上。五里刘家口闸。七里靳家口闸，正德十二年立。五里金家口闸，并有砖堡。时风利，舟捷于奔驷。鄞县范考功③光文以忧归，值朱太史。闸北二里野泊。夜梦故刘念台④先生讲博学审问节，兼示季札挂剑草，醒不及详。念于先生无素，何寤寐以之也。

　　庚寅。晓雾。二十里安山闸，以安民山故名。山在东平州西南三十五里，山半有寺，上有甘罗墓。安山湖在州西十五里漕河西岸，周百里，环堤置闸，以时蓄泄，曰水柜，水岁填淤，民多菱牧其中。万历十六年

　　①　"义乌"，指义乌人朱之锡。朱之锡（1623—1666），字孟九，号梅麓，浙江义乌人，顺治三年（1646），中进士，任庶吉士，后担任编修。十一年（1654），升任詹事府少詹事兼侍读学士。十四年（1657），任兵部尚书兼河道总督，驻节济宁，治理河道。十八年（1661），加太子少保衔。康熙元年（1662），进阶资政大夫，继任河道总督。五年（1666）二月，病卒于任。著有《河防疏略》。

　　②　即清顺治十年（1653）。

　　③　"考功"，官名，三国魏尚书有考功、定课二曹，隋置考功郎，属吏部，掌官吏考课之事，历代因之，清末废。

　　④　"刘念台"，即刘宗周。刘宗周（1578—1645），字起东，别号念台，浙江山阴人，世称蕺山先生。万历二十九年（1601）中进士。天启间，官至礼部主事、右通政，因疏劾魏忠贤、客氏，削籍归。崇祯初，起为顺天知府，累官左都御史，又以论救姜埰、熊开元，遭革职。福王监国时，再起原官，又因痛陈时政，劾马士英、阮大铖等，辞官归里。杭州失守后，绝食而亡。

始复旧闸，有砖堡，水始平。其西寿张之梁山，本曰良山，梁孝王尝猎焉，改梁，周二十余里，上有虎头崖及古龛迹。山南为古大野泽，《禹贡》所谓"大野既潴"也，濒湖荻絮，萧飒可念。二十里戴家庙闸，属阳谷，鲁僖公三年会于阳谷是也。中丞宋祖舜、进士祖伊家闸旁，筑城立市，雄于其乡。支河置石闸，虹卧雪奔，尝刳于兵，犹岩镇也。

辛卯。发二十四里，折入五空桥。桥对沙湾，汉文帝时，河决酸枣，溃金堤，即此。景泰四年，徐有贞治沙湾决河，命曰"广济渠"。渠口通源闸石堤二，自大感应庙至沙湾修百六十丈，自沙湾至荆门驿修一千九百三丈。顺治庚寅九月，河决仪封荆隆口。壬辰七月，决□洙源口，俱冲会通河之长堤，溺人畜亡算。至今平陆被水，或露确突，或露杨枣，有江河日下之叹。桥北六里入张秋城，泊会通楼北。张秋古景陵州，元为景德镇，设都水监。弘治甲寅，都御史刘大夏塞决河成，赐名"安平镇"，专辖水漕。其城夹漕渠，南北不阓。会通楼下，联舻系筏，为浮渡。河以东东阿，有金堤，《春秋》鲁庄公十三年盟于阿是也。河以西阳谷，西南又寿张也。齐鲁之间，萦河如带，襘结于张秋。其南济宁，其北临清，俱大都会也。出东城南角门里余，则吴季札挂剑台。正德十一年，都水郎中关中杨淳立祠，祔徐君。后为徐君墓，垒礕焉。元至正十三年，西畴康时记柏一株，大于斗，石刻季子挂剑、徐君墓树。按徐君墓，一在泗州城北。又古冢类高广，不宜一抔土，意泗州为确。问挂剑草，草长六七寸，寸节叶挺而末锐，形似剑，今水失之，虽多宿草莽，非也。畴昔之夜，刘念台先生所示，殆其征乎？余能疑梦，不能疑草。天且以草明季子之心，贤者固不可测矣。又庆云县南八里季札墓，土人曰"延陵台"，邑人杨州鹤辨为季札之子墓。季札适齐而反，其子死，葬嬴博之间。《春秋注》云："嬴音盈，齐地。"庆云，古齐地也。北齐悼陵属河间，大业初，河间郡属县十三，博野居其一。广德间，无棣隶魏博节度使，其为嬴博之间无疑。噫！昔人辨延陵之墓，而余不能辨徐君，谬矣。河汹汹啮堤，危及祠墓，役者旁午趋之。战国时，堤防皆去国数十里，以两堤相去，则不下五十里，其水势尚得往还而不至迫隘，不至大暴。今之堤防，近者数百步，远者不过数里，故其势迫隘，不得息决矣。还东城而北，有祠翼然临河，故分守东兖道①参议山阴陆景邺先生梦龙祠也。崇祯初，先生巡陇右，逐寇殁于隆德。稍北显惠庙，故弘治时决口，都御史刘大夏功成，立庙其地，祀东岳、北极、文昌三神。庙貌甚壮，培土于后，曰"戊己山"，取土制水之义，即城壕也。登其上，东城中坎然洼然，犹沉灶产蛙也，所可托足者无几耳。夜雨。

壬辰。晴。洪相国②督师南下楚粤，舳舻衔接不绝。先一日，朱太史赍轻舟驰谒。今舣，俟其过焉。相国家南安，万历丙辰进士。崇祯庚午擢金都御史，巡抚延绥。辛未，晋兵部右侍郎，总督陕西三边，兼摄五省右都御史，加兵部尚书。丁丑，加太子太保。己卯，移蓟辽保定总督。辛巳，督师东援。壬午，松山陷，殁。先帝震悼，筑坛临祭而哭，赐祭九坛，赠太□，谥忠烈，荫恤有加。顺治甲申，从入燕，任内秘书院大学士。乙酉，迁太子太傅，兵部尚书，总督江南。己丑，加少傅兼太子太傅，今南征。朱太史舟晚发，虽忤风而流下，故舟驶始用招。招者，直其木于舰首，四五人转之以破浪也。出城半里黑龙潭，一曰平河泉，深不可测，大旱不枯，相传龙渊也。嘉靖初，郎中杨旦饮其地，欲涸而观之，水决未半，风雷大作，舟皆覆没，杨乃惧而祭之。过张秋山遂绝望，徒见冯夷③之虐。又八里泊荆门上闸，属阳谷。

九月癸巳朔。始寒。过上闸二里曰下闸。又十里阿城上闸，亦羡市，盐贾骛焉，有土寨。又三里下闸，为小市，梨枣弥望。十二里为七级上闸，又三里曰下闸，皆元时立。阿城闸，齐阿大夫治处。七级镇，古渡也。十五里聊城县周家店闸，元大德四年立，今淹。度月河十里，故相国朱文□④延禧墓，松楸不存，且水及之。三里，泊李家务闸⑤，元元贞

---

① "分守东兖道"，守道由布政使下的参政，参议发展而来，巡道是按察使下副使、佥事演变的结果。初设只辖一府，或数道同辖一府，后来有的统辖全省，有的分辖三四府之地。为此，守、巡二道由原来临时性差使变为固定的地方长官。而且前此守道主管钱谷，巡道侧重刑名，久之两者各加兵备衔，所掌渐趋一致。

② "洪相国"，即洪承畴。

③ "冯夷"，即河伯，河神。《庄子·大宗师》："冯夷得之，以游大川。"陆德明《经典释文》卷二六《庄子音义上》："冯夷，华阴潼乡堤首人也。服八石，得水仙，是为河伯。"

④ "□"，原文缺，当作"恭"。朱延禧，字允修，山东东昌人。万历二十三年（1595）进士，授为翰林院检讨，官至太子太师，建极殿大学士兼吏部尚书。卒谥"文恭"。

⑤ 即李海务闸。

二年立。

甲午。风利。过通济桥闸，十八里永通闸，并永乐十六年立。经朱相国南园，圮甚。泊东昌之崇武驿。晋开运二年，博州守羊□值河决，城欲没，祝天投水死，水患顿息。民德之，立羊使君庙，今水势半之矣。聊城，春秋齐聊摄之地，秦置县。城东七里漯河，俗呼湄河，黄河之支流也。《穆天子传》："天子自五鹿东征，钓于漯水。"午趋东门曰"迎仙"，水浸城堤，环筑板桥二十余丈，石刻"鲁仲连射书处"。按元国子博士吴师道注《战国策》曰："鲁仲连说燕将下聊城，史不著年。其书引栗腹之败，此事在其后，故《通鉴》《大事记》载于秦孝文元年，当燕王喜五年，齐王建十五年。自赧王三十一年，燕率五国伐齐，闵王死，襄王立；三十六年燕昭王卒；明年，惠王立。越武成王、孝王而至王喜，凡三十四年。此盖二事误乱为一。自'燕攻齐'止'杀骑劫'二十五字，或他年脱简；而'初燕将'止'谗之'十一字，亦他本所无也。即单由即墨起七十余城，即复为齐，不闻聊城尚为燕守。以齐之事势，岂有舍之三十余年而不攻，单之兵力，三十余年而不能下欤？今曰'攻之岁余不下'，可见为此时燕将守聊城事也。《史》独①毅破齐不下者，聊、莒、即墨。《策》亦有三城不下之言，果一时事，则聊城亦为齐守，而非燕将为燕守者。此误因聊城不下，而引与莒、即墨乱也。考之《单传》，自复齐之后，无可书之事。齐襄公十九年，当赵孝成王元年，赵割地求单为将；次年遂相赵，必不复反齐矣。距聊城之役，凡十六年，单岂得复为齐将哉？此因'岁余不下'之言，聊、莒、即墨之混，而误指以为单也。夫仲连之言，止谓栗腹败，燕国乱，聊城孤守，齐方并攻，势将必拔。其言初不涉闵、襄、昭、惠之际。所谓'楚攻南阳，魏攻平陵'，闵王时，楚取淮北，单复齐后，盖已复之，不闻楚、魏交攻之事，二事必在后也。燕将被谗惧诛，连书亦无此意。《史》又称，燕将得书自杀，单遂屠聊城，尤非事实。齐前所杀燕将，惟骑劫耳，不闻其他，此因骑劫而讹也。"师道援据详覈，录之以俟博考。东门以水不启，缘

---

① "独"字，似应为"称"。

板桥入于子门。二里望岳门，高广数丈，四层，下石洞四达，胜甲齐鲁间，以杜工部《望岳》诗名。近改为光岳，失其指矣。相传出鲁班手，梁有遗斧，方钥之，不克上。又鲁连台，城西北十五里，古聊城地，高七十尺，今城中亦有之。东昌饶枣梨，今困水，枣一石三金，梨贵甚。寻解维①度闸。又朱相国北园，袤里许，废尽。柳丝旖旎，可想张绪当年。噫！裴晋公午桥庄，遭五代迄宋不废。以朱氏全力，独不铸六州铁，惜哉！十八里新闸。二十里泊梁家浅堂邑。盖聊城东岸界博平，西岸界棠邑②也。梁家浅亦大聚落。闻尚书张凤翔家焉，今年八十一，语云："人以寿为荣，我以寿为辱。"谅哉。堂邑在漕渠西南三十里，博平县在漕渠东岸四十里。

乙未。出梁家乡闸，宣德四年立。十五里土桥闸，成化七年立。民多楼居，并清平县，县在漕渠东二十里，齐贝邱地。十二里戴家湾闸，成化元年立。上即清扬驿，民居千家，今减过半。二十里魏家湾闸。二十里南板闸，一曰双浅闸，俱永乐十五年立。二十里泊临清州东关，古赵东鄙也。汶水自南旺分水来，至此渐微，递置闸，出临清之南板闸，始合卫水。卫水出卫辉辉县之百泉山，即隋之屯氏河永济渠也。炀帝四年，自百泉东北引淇、滏、漳、洹诸水为大河，赐名御河。流八百里为元城，又百五十里当清河之南，值临清，同汶水北达天津入海。临清夹河而城，如张秋，嘉靖壬寅巡抚曾铣筑，万历又新筑城，共周四十里，而旧城为繁。

丙申。游大宁寺，二龙爪槐，婆娑可爱。方元焕③书"第一山"于石。市驵云集，固一都会也。晚出南板闸，可三百弓④，则新开上闸。有金龙神庙，门榜曰"汶卫合流"。舟出口无闸矣。合流处有洲亘之，曰"中洲"。环以石堤，分建四闸，而广济桥其尻也。贾贩辐辏。以上

---

① "解维"，解开缆索。指开船。
② "棠邑"，即堂邑县。
③ 方元焕（？—1620），字晦叔，别号两江，临清人。嘉靖十三年（1534）中举，性情孤傲，一生好古文辞，著有《茗柯堂》《半林堂》等集。嘉靖中，编纂《临清州志》。尤擅书法，长于行草，闻名海内外。
④ "弓"，旧时丈量地面的计算单位，一弓等于五尺。

有观音阁，故地云"观音嘴"。

丁酉。移泊户部钞关前。听贾人登货受榷，有茶若干筐，列岸三日夜，榷使未检阅，毋敢室也，客露寝以待。偶入三官神庙，庙祝曹某，父故明经，遭乱家破，听其言，惨甚。

戊戌。有朱氏招饮，不赴。沿河西岸以望，卫水自西南来，稍清，异于汶水。按西岸十五里，东汉安帝葬母耿贵人处，有池曰"莲花池"，无考。

己亥。

庚子。阴。出西城，渡河而东北走五里，登永寿寺塔，万历癸丑建。塔九级，登其三，亦遐瞩百里矣。还憩一村庵，僧云："洪督师舟过贩盐，派各文武吏输价若干。"故今盐贱。

辛丑。重阳节。午刻解维。是日，朱太史别御淮安之轻舟。六里，阻风泊。

——谈迁《北游录》"纪程"

余欲归屡矣。乙未春三月，欲附朱方庵；秋八月，欲附徐道力，而居停①见挽，遂不自决。虽蜗沫足濡，而心终不怿。盖追访旧事，稍非其人，则不敢置喙。至于贷书，则余交寡，市书，则余橐耻。日攒眉故纸，非其好也。迨萌归计，而居停适有纂修之命。意效一二，佐其下风，则天禄石渠②之藏残缺失次，既无可资订，遂束身而南。所附漕艘，谓功令方严，浃月可俟。乃自天津以南，沿程相促。及过德州而回空，置不问矣。于是进寸留尺，凡四阅月始弛装，而余心滋戚矣。然因漕舟而知漕卒之困，与贫氓等也。工料之重，私耗之繁，其费十倍于先朝，余欲别载之而未暇也。第据舟中所及，曰后纪程。

……

庚寅。风阻。

---

① "居停"，寄居的地方。对主人或房东的别称。也作"东家""店东""居停主人"。
② "天禄石渠"，均为阁名，为西汉藏书、校书之所。

辛卯。风虽利，仍不发。盖舟人闻临清榷货，严盐禁也。回空利于货，而盐尤利，过临清倍价矣。明永乐初，许回空带盐以此也。满洲人榷关，琐细已甚。晚发二十里。

壬辰。霜寒。发五里渡口驿。驿故大聚，今耗矣。二十里油房。四十里半边店。

癸巳。三十里泊真武庙，距临清十里。闸浅，多滞舟，故不发。

甲午。夜大风，雨雷雹，寻止。

乙未。阴。田麦改色。登永寿寺塔，尽九级。返舟行十里，泊水门。已饮于处州卫舡夏氏。

丙申。午入临清上闸，暮过下闸，泊总兵公署前关将军庙。有井近日焰腾数，有司以骍听，石覆之。

丁酉。出南门。临清南北水门相距十五里，各筑角楼。沿河士女多溱洧之游①。二十里双浅闸，废，今时建。三十五里泊清平县界。

戊戌。让重运，不发。

己亥。发五里戴家湾闸，有清平管河主簿分署。三十里魏家湾，泊。

庚子。是日魏家湾为集，属清平县。稍北朱家湾，则博平县境也。旧市人三千余家，今耗甚。闸板十二，蓄水至八板可重运，否则封闭，故不发。

辛丑。

壬寅。魏家湾闸始启，放淮阳运艘。夜二十刻发，五里入土桥闸博平县，又五里，泊。

癸卯。晡刻，梁家乡启闸。发舟五里，泊。

甲辰。阴。步五里许为梁家乡闸。上下悬流五板，瀑声雷厉。夜大风，闻雨，寻止。

乙巳。晴。梁家乡放闸堂邑县，行三里梁家浅。十八里新闸。十五里东昌城北。

---

① "溱洧之游"，《诗·郑风》，溱和洧是两条河的名称，诗中写青年男女到河边春游，相互谈笑并赠送香草表达爱慕的情景。

丙午。晨刻，同陈冰远步五里，渡浮桥，入东昌北门。城坚濠广，先朝铁铉之所守也。光岳楼当城之脊，凡四层，其架栋如井字，俗传鲁班之斤，妄也。碑刻俱芜猥，且不详其所始。寻出东门，即鲁仲连射书处。往年大水塞东门，由子门入。仲连祠尚岁祭，祠废于水。

丁未。粥后寻隆兴寺。寺当城濠之左，明初建，铸铁塔十三级。顺治七年，寺被水，门以外方水盈盈，非其初也。出寻羊使君、丁御史二祠，俱东门外。羊使君，失其名。五代晋开运二年，知博州，大水，城且陷。使君投水死，以请民命。丁御史志芳，洪武进士，殉建文难。祠在环阓间，子姓可八十余人。羊祠倾于水，不存。

戊申。未刻放闸。我舟待渡，俄飞骑止之，云："满洲官舟来也。"顷刻间，陈冰远之舟隔矣。夜大风。绍兴漕艘火其一。

四月己酉朔。辰刻，南舟立平南王之牌，旂上双龙贯月。巳刻，我舟度闸。十五里周家店闸。

庚戌。大风。步堤上，入高氏茅斋，土垣草卉，楚楚可爱。

辛亥。又入茅斋，值主人，语移刻而别。午大雷雨，晚霁。度闸，十里，泊。

壬子。步五里至七级镇下闸阳谷县。观音寺直闸，明初浚土，得旧碣云"琥珀寺"。观音寺则其来旧矣。民居殷繁，其北真武庙尤壮。殿前文官果一、金雀花一，并奇卉也。

癸丑。暮度闸。十二里阿城下闸。阿城，古阿大夫邑地，后徙治东四十里，曰东阿。

甲寅。午度阿城下闸，才数十家。直闸而西三里有井，楼其上，汲井水煮黑驴皮为胶，治女科神效。晚行三里阿城上闸。八里荆门下闸。二里荆门上闸。以上俱属阳谷县。夜雨。

乙卯。晴。行二十里张秋城。先时城北大水，今舟出厓下如壑。文昌阁、三元宫并杰出，则河伯之吐余也。土人絷一小狼，如灰犬，喙尾略长，须五十钱。沿城南挂剑台，走上流西岸之月河，则五空桥，修十五丈，五窦，弘治九年刘大夏筑。登桥读李东碑，记往大水舟行桥之左。今淤其左，仍右行矣。堤多石。南二里有庙。舟人云："昔淮安大河卫千户某，运粮舟坏，自沉于河。迨运舟抵京，则运先告竣。漕卒神之，因立庙，卫弁岁祭。"惜碑刻未及考也。又十里寿张县之十里铺，麻山枕其后。土妇曰："钓台山也"。河西梁山，汉梁孝王葬处，今辄称宋江，则儿童之见也。宋江碑大小二，通近河中。十五里戴家庙闸，亦巨镇，今屯将城焉，戍以五百人。夜行二十五里，泊。

——谈迁《北游录》"后纪程"

《两河清汇》

《两河清汇》八卷，薛凤祚撰。凤祚，字仪甫，益都人。尝师事鹿善继、孙奇逢，受算术于西洋穆尼阁，以善天文著称。薛凤祚曾应河道总督王光裕之聘，考察黄河漕运利病，此书即在此基础上撰成。《四库全书总目提要》称："其书首列黄运两图，一卷至四卷为运河修筑形势，北自昌平通州，南至浙江等处，河湖泉水，诸目皆详载之。五、六两卷记黄河职官、夫役、道里之数及历代至清初治河成绩。七卷则辑录潘氏《河议辩惑》及崔维雅《河防刍议》《惑问》二书。八卷为凤祚所自著，记刍论、修守事宜、河防绪言、河防永赖等事。书中援据古今，于河防得失疏证颇明。"是书所记河防行政制度及河防工程较为周详，其中对聊城境内运河亦有记述。

漕河第三节，自山东东昌府临清州起，至江南淮安府宿迁县止，分四段：一段临清州漕河会卫河，一段济宁州漕河会泉河，一段江南邳州漕河会迦河，一段宿迁县漕河会黄河。

州县职官河道夫役

临清州知州　管河州判　所属潘家桥等浅凡十一。

河道东岸自夏津县，西岸清河县界下杖铺起，南至清平县界潘家桥止，长四十里。卫河西南至馆陶县尖铺止，长六十里，浅铺桥溜夫一百

六十六名。新开上闸兼管南板闸闸官、浅夫七十七名。

清平县知县管河主簿　所属魏家湾等浅凡九。

河道北自临清界潘家桥起，南至博平县界魏家湾止，长三十九里，浅铺夫九十四名。戴家湾闸闸官、闸夫三十九名。

德州左卫千总掂分南河一道，坐清平县境内。

博平县知县　管河典史　所属梭堤等浅凡六。

河道北自清平县朱家铺起，至聊城县梭堤铺止，长三十五里，与堂邑县对岸，浅夫八十一名。

堂邑县知县　管河主簿　所属梁家乡等浅凡十。

河道北自清平县界西岸起，南至聊城县界南梁家乡铺止，长三十五里，与清平县对岸，浅铺溜夫一百零二名。

聊城县知县　管河主簿　所属官窑口等浅凡二十三。

河道北自堂邑县吕家湾起，南至兖州府阳谷县官窑口止，长六十五里，浅铺溜夫一百九十四名。

永通闸闸官、闸夫二十八名。

通济桥闸闸官，系周家店闸官兼管，闸夫二十八名。

周家店闸闸官、闸夫二十八名。

平山卫管河千总　所属浅凡五。

河道三里，在聊城境内，军夫十五名。

阳谷县知县　管河主簿　所属铺驿湾等浅凡十一。

河道自聊城县南界官窑口起，南至东阿县北界北湾铺止，长六十里，浅铺桥夫一百四十二名。

七级上下闸闸官、闸夫四十七名。

阿城上下闸闸官、闸夫四十六名。

荆门上下闸闸官、闸夫四十七名。

东阿县知县　管河主簿，寿张县主簿兼管　所属沙湾等浅凡八。

河道北自阳谷县南界北湾铺起，南至寿张县北界沙堤铺止，长五十里，浅铺夫一百一十七名。

寿张县知县　管河主簿　所属戴家闸等浅凡五。

河道北自东阿县沙堤铺起，南至东平州戴家庙止，长二十里，浅铺闸夫五十八名。

——薛凤祚《两河清汇》卷三"运河"

《居济一得》

《居济一得》八卷，张伯行撰。张伯行（1651—1725），字孝先，晚年号敬庵，河南仪丰人。康熙二十四年（1685）进士，历官二十余年，官至礼部尚书，以清廉刚直称，卒谥清恪。张伯行于康熙三十九年（1700）由总河张鹏翮推荐参理河务。四十二年（1703）授山东济宁道，驻济宁州，亲历境内沿运河各地，周详审视，考古验今，偶有所得，辄笔之于书，"聊以自尽其一得之愚"，故有是名。此书约成于康熙四十五年（1706）。前六卷条议东省运河坝闸堤岸的修筑疏浚蓄泄启闭之法及有关官吏职司，条分缕析诸水利病，疏证最详。第七卷论及宿迁以下黄河、中河及高堰、清口等处疏导修筑事宜。第八卷为河漕类纂，总论黄运梗概，并辑录元、明以来郭守敬、刘天和、万恭、李化龙、潘季驯等河臣议论。本书所载大多得自阅历，故论证翔实，为研究明、清时期山东运河的重要资料。

大感应庙东减水闸

张秋迤南八里庙有沙河一道，出道人桥入运，其源出滑县。开州有魏河、洪河、小流河三道，俱由濮州范县以达张秋。每遇雨潦之年，其水甚大，势莫能御。再往南沙湾，有枣林河一道，出小闸入运。其上源自荆隆口旧决口至张秋，有六七百里之遥。每逢大雨之年，此六七百里远之水俱至张秋，出小闸，入运河。沙河、枣林河之水，俱入运河，运河势不能容。曹家单薄，必致冲决。此以前屡决屡塞，最称险要者也。然曹家单薄，地既洼下，土又虚松，势难建闸，故宜于大感应庙东地势高阜之处，开引河一道，建闸一座，使水过闸东行，仍由曹家单薄旧河，

入盐河下海，则既可以泄运河有余之水，又可使盐船直入运河，且可以通商贾往来，而濮州、范县、阳谷、寿张、东阿永无淹没之患矣，所谓一举而三善备焉者也。

……

引沁入运

查沁河由河南武陟县木栾店入黄河。夫黄河之水至大，而加以沁河之水尤大，是以其害为最甚。与其入黄河而为黄河之害，何如入运河而为运河之利？查陈桥至张秋，原有旧河一道，名为枣林河，即金龙口旧河也，可以穿运河，至济南府雒口下海，不烦大为挑浚。而木栾店至张秋亦有沙河一道，但久经淤浅。若由木栾店挑浚至陈桥，分为二河，一由沙河入运，一由枣林河入运。而于张秋运河东岸，建闸以备蓄泄。水大则启板放水入海，水小则闭板蓄水济运。而又于枣林河之双河集，建闸二座。南运水小，则闭北闸，使之由小黄河、牛头河以济南运，至沭阳下海。若北运水小，则闭南闸，放水北行，以济北运。又于曹州之白茂建闸二座，可以分水由曹县、城武、单县、金乡、鱼台入南阳湖。又于宋家洼开河一道，冬月使水由小黄河入南旺湖蓄之，以济春运。是此河一开，既可以除黄河之害，又可以资运河之利，可以使河南开封漕米由陈桥上船，归德之漕米由东明杜胜集上船，可以不至卫辉府，亦可不至小滩矣。并可以兴西北之水利，使河南、山东、北直、江南俱为水田，其利真无穷也。此区区一得之见，不能无望于后之君子力为举行耳。

……

阿城闸放船法

阿城两闸，其上启下闭，下启上闭，亦与荆门闸等。其在荆门之下，犹天井、在城之有赵村、石佛也。盖其斟酌得宜，古人不知几经筹划，而始建此良规。数年以来，亦因司闸者失其意，而齐启齐闭，以致水势太泄。每逢水小之年，北运辄有浅阻。今亦为订正之，使悉遵古人之制，一启一闭，则水势有余，而粮运无阻矣。若闸上积船太多，亦宜上下两

闸齐启放船，又不可执定一启一闭，反致船行迟滞也。

阿城上下闸

阿城上下闸，皆阳谷主簿所管也。主簿衙门现在张秋，今宜移于阿城，亦掌二闸之锁钥。盖此二闸与赵村、石佛相对，故宜如赵村、石佛之例，一启一闭，递为开放，以蓄水势，庶粮运不致于浅阻。亦如荆门闸，缴上闸钥匙，则领下闸钥匙。缴下闸钥匙，则领上闸钥匙，则水有所蓄，而不至大泄矣。

七级放船法

七级塘河，亦系上启下闭、下启上闭者也。但七级塘河止二里许，而至周家店，则有十二里。二里塘河之水，焉能足十二里河之用，此周家店所以每有浅阻，而七级放船，必两闸并启也。夫两闸并启，既虑泄上源之水而下启上闭。二里塘河，又不足十二里之用，为之奈何？则惟有并塘之法焉。七级放两塘，周家店始放一塘。若仍不足，七级放三塘，周家店始放一塘，再无不足之理。船愈多，则水愈高，至船尽归下塘，而水仍留上塘，此法之至善者也。查七级塘河可灌六七十只，两塘则有百余只，三塘则有二百只。即发会牌于周家店，令周家店启板放船，此一定不易之理也。若一塘灌二三十只，两塘止灌四五十只，而周家店即行启板，则水仍多泄矣。故七级必尽塘灌放，乃为得法也。若闸上积船太多，亦宜上下两闸齐启放船，更为便捷。

周家店放船法

周家店距七级十二里，而七级塘河仅有二里余，以二里余之塘而灌十二里之河，水势自不足用。故必七级放两塘，而周家店始放一塘，乃为得法。或七级放两塘，而周家店水势仍小，则俟七级放三塘，而周家店乃放一塘，水势再无不足之理。若一塘放一塘，周家店上下未有不致浅阻者，司闸者不可不知。盖船少则泄水必多，而船多则泄水必少。故周家店放船必须百五十只，多不过二百只，少亦必须百只，始可放一塘。

则船既易出，而水亦不至大泄矣。

东昌府上下各闸放船法

东昌府第一闸为周家店，其上闸为七级下闸。七级既放两次，周家店始放一次，七级二里之塘所容不过四五十只船，是七级放二塘，其船不过百只。若七级放二塘，周家店水仍不足用，不妨再放一塘。是七级放三次，周家店始放一次。约周家店之船，少不过百只，多不过百五十只，其以下各闸之水，谅无不足用者。倘或再不足用，须两塘并一塘。如此塘水小，船不可过闸，即将上塘之船合并此一塘内，再无不足之理。或疑船多，一塘能尽放，不知船愈多，则水愈高。譬如置一大盆，水止半盆。若置西瓜二三个于盆内，其水立时即满。四月初间，催民船进京，各闸水小，乃将五塘归并一塘。民船六百二十五只、皇木筏十七吊、粮船二十四只，各闸俱过，并无浅阻，用此道也。盖船少则用水多，船多则用水少，此不易之理也。

——张伯行《居济一得》卷四

土桥闸

土桥至梁家乡止十二里，至戴家湾乃三十五里，故十二里之水，每不足三十五里之用，必须土桥放两闸，戴家湾始可放一闸，则上下之水俱足，而无浅阻之虞矣。若照常例，一塘灌一塘，则土桥以上必致浅阻而难行。若土桥放两次，戴家湾水势仍小，即再放一塘。是土桥放三塘，而戴家湾始放一塘。合三塘之水，以为一塘之水，合三塘之船，以为一塘之船，而水又焉有不足者乎，而船又焉有浅阻者乎？

又

此闸离梁家乡闸十里，离戴家湾闸三十里。以十里之水，放入三十里塘内，故每有浅阻之虞，此放船之所以甚难也。法宜戴家湾闸上常存船数十只，或百余只则此塘之水，可以接济土桥之水，土桥放船，自无浅阻之患。土桥放完，然后戴家湾闸启板，将前数十只，或百余只尽行

放出，却将土桥新放下之船存在塘内。使土桥再放一漕，然后启板，将此船放出，又将再放之船存入塘内，以接济后船。如此节节放去，浅阻之患庶可免矣，此土桥放船之的着也。

戴家湾放船法

戴家湾闸上离土桥三十里，下离砖板闸四十里，乃运河一大关键也。此处最宜斟酌得宜，蓄积有方，必先计算船数之多寡、水势之大小，或土桥放两塘，此闸放一塘；或土桥放一塘，此闸放一塘；或土桥放一塘半，此闸放一塘，则土桥三塘可分为此闸二塘。要使水势足用，运行无阻，乃为尽善。然此处放船，必酌量砖板闸之水，使不大不小。盖水大则恐漫溢，水小则恐其浅阻，必审夺至当，使之得宜，则既无浅阻之虞，亦无漫溢之患矣。此闸宜多备板块，若水势太大，则此闸可蓄积。倘一放至砖板闸，势不能留矣。然此闸放船尤宜多，无论砖板闸能出不能出，皆宜多放。盖外河水小，则船难出口，而砖板闸以上不可不多存船只者，则以船蓄既多，外河水一长，即可俱出矣。若不先存船数百只，恐外河水一涨，即欲放而无船，故戴家湾闸放船宜多也。

又

戴家湾闸离砖板闸四十里，离土桥闸三十里，此闸最关紧要，启闭一不如法，则七十余里之塘河未有不致浅阻者。故必蓄水既多，则放闸之时，上下自无浅阻之患。若一塘灌一塘，蓄水必不能多，须土桥放船两次，此闸始可放船一次，则蓄水既多，而上下皆有余裕矣。或谓土桥放两闸，恐船太多，此闸不能放完。不知土桥放两闸，其船不过二百余只，即使三百四百，无不可放。前者一塘曾经放过民船六百余只，并无浅阻，又何虑乎？

砖闸放船法

砖闸灌塘，必先于板闸多下板块，使水不下泄，则无论船之多少，皆可灌放而无难。若下闸下板太少，灌塘之时，板闸水已下泄，则船必不能多放，而上源恐致浅搁。惟于砖闸灌塘时，板闸多下板块，板闸放船时，砖闸多下板块，则水不妄泄，而船皆可出口矣。或板闸不能放完，塘内浅阻，或砖闸亮板一块，以接济之。或板闸下板，砖闸启板，再灌入数十只，一时开放。惟在临时相机酌夺，审时度势，以一心权衡之而已。

……

板闸放船法

灌塘之时，必使粮船在先，民船在后，盖民船吃水甚小，而粮船吃水甚大。若先放民船，及至水小，粮船不能行矣。四月间，曾目睹放船，每板止放粮船三四只，皆因先放民船甚多也。必先放粮船，俟粮船浅阻不能出口之时，然后放民船。盖民船甚轻，至粮船不能行，而民船犹自易行也。如此放去，则粮船所放必多矣。盖外河之水甚小，则闸河之水当如惜金，岂可以有用之物而置之无用之地乎？外河水小，板闸一启板，水泄而船浅搁矣，故放船最难也。予心窃忧之，复设一法，于板闸启板之时，将砖闸之板多下，滴水不致空泄。俟板闸启完板，放船出口，视船将浅搁之时，即将砖闸之板，酌亮一块，或二块，或三块，使足送船出口而止。又视粮船可以尽出口闸，不致浅搁之时，即将砖闸之板依旧严下，毋使泄水。如此则水不空泄，而船多得出矣。故从前每日止放船三二十只，自予行此法，每日出船一百二三十只，甚至一百七八十只。附志于此，以备后人之采择焉。

又

山东四十余闸，放船皆易，惟板闸放船独难，盖板闸之下即系外河，更无闸以蓄水也。而独外河水小之时，放船为尤难。盖以板闸一启板，则塘内之水一泄无余，粮船每致浅搁。须于砖闸灌塘之时，板闸放船之时，砖闸多下板块，无使水势下泄，直至塘内浅阻，不能出口。然后亮砖闸板一块，或二块以接济之。然又不可待其既浅，而后亮板也。既浅而后亮板，则粮船一时恐难行动。须于将浅之时，即行亮板。如放二十

只后始浅，则放至十五只时即行亮板，则水足接济，到底不浅矣。然必砖闸、板闸多下板块，上源蓄水盛满，然后可行。不然上源无水，恐板亦难亮矣。

板闸

板闸底坏漏水，所以从前东昌一带粮运浅阻。予于甲申乙酉挑河时，将闸底修好，至今再不浅阻。如再浅阻，必闸官、闸夫启板误漕，不可以不察也。

……

卫河

卫河旧名御河，源出河南辉县苏门山东北，会洪漳诸水，过临漳，分流为二。其一北出，经大名，至武邑，以入滹沱；其一东流，经大名东北，出临清，合会通河，至直沽，会白河入海。愚按临清以北，运河每有浅阻，此河既至临漳，分流为二。若遇临清迤北水小之时，将临漳分流处其北出入滹沱者堵闭，则东流出临清合会通河者水自大矣，再将武城蔡河开通，又何水小之足患乎？

——张伯行《居济一得》卷五

《行水金鉴》

《行水金鉴》一百七十五卷，傅泽洪主修，郑元庆纂辑，书成于雍正三年（1725）。傅泽洪，字育庵，号怡园，镶红旗汉军。累官江南淮扬道，官至分巡淮扬道按察司副使。他曾任水官，有丰富的治水经验，"尝寒暑风雨，于泥淖奋锸间者二十余年"（《行水金鉴序》），遂"积数年心力，目眵手披，渔经借史，远稽胜国之实录，近述当代之文献，世祖、圣祖两朝之训旨，参以众说"（同上），编成是书。郑元庆，字子余，一字芷畦，浙江归安人。自幼即通史传，旁及金石文字，曾游历四方，后为傅泽洪僚幕，编纂《行水金鉴》。雍正十三年（1735），举博学鸿词。

书内所收资料上起《禹贡》，下迄康熙末，包括河水、淮水、汉水、江水、济水、运河水等流域水系的源流、变迁、兴废和疏筑塞防施工经过以及河工官司、夫役钱粮等记载。其中河水为卷一至卷六十；淮水为卷六十一至卷七十；汉水、江水为卷七十一至卷八十；济水为卷八十一至卷八十五；运河水为卷八十六至卷一百五十五；附录、两河图说为卷一百五十六至卷一百六十三；官司为卷一百六十四至卷一百六十九；夫役为卷一百七十至卷一百七十三；河道钱粮、堤河汇考为卷一百七十四，闸坝涵洞汇考、漕规、漕运为卷一百七十五。卷首附《河水图》《淮水图》《汉江二水图》《济水图》《运河图》。其例皆摘录诸书原文，以时代先后编次，俾各条相互证明，首尾贯串。其中有原文未备者亦间以考核，附注其下。上下数千年间地形之变迁、人事之得失丝牵绳贯，始末明晰。此前记述水道的著作大多只偏举一隅，专言一时一水。首次综括古今，胪陈利弊，统前代以至于清初，系统记录四渎分合，集运道沿革和防治工程于一书的著作，当推《行水金鉴》，故"凡讲求水政者，莫不奉为圭臬"（《再续行水金鉴》杨寿楣序）。

《行水金鉴》所录资料，元以前主要采自《禹贡》《水经》《水经注》及各正史纪、志、传。明以后又据实录、会典、方志和治河专著、河臣奏牍，旁及传记碑版、稗官小说等，广采博引，为研究历代河流变迁、水利兴废的重要资料。《四库全书总目提要》评述称："谈水道者，观此一篇，宏纲巨目，亦见其大凡矣。"

此书汇集群籍，记述聊城境内运河修治历史史实、河工要政及管理体制颇为细致，颇便使用。

世祖章皇帝顺治九年，大王庙口决，沙湾复溃，冲断运道。总河杨方兴修筑堤岸，又自西岸河边起，至八里庙河边止，开引河一道，长五百丈，至顺治十三年工始告成。盖张秋为黄河下流，其决于明世者，正统十三年徐有贞治之，弘治五年刘大夏治之，皆费极浩繁，工极艰难，

然运道得以无恙者垂三百年，防御之法周矣。至是三岁再见，不重可虑哉。（《山东全河备考》①）

——傅泽洪主修、郑元庆纂辑《行水金鉴》卷一三四

临清州河道，北自直隶清河县界盐店起，南至清平县界二十里铺止，计长四十里，内立二闸，板闸一，砖闸一。西南卫水自馆陶县流入临清板闸下，与汶河合流。闸河地亢，卫河地洼，临清板闸口，正闸、卫两水交会处。每岁三四月间，雨少泉濇，闸河既浅，卫水又消，高下陡峻，势若建瓴，每一启板，放船无几，水即耗尽，漕船多阻。潘季驯谓宜于闸口百丈之外，用桩草设筑土坝，中留金门，安置活板，如闸制然。将启板闸，先闭活闸，则外有所障，水势稍缓，运艘出口，易于打板，卫水大发，即从拆卸，此亦权宜之要术也。（《山东全河备考》）

——傅泽洪主修、郑元庆纂辑《行水金鉴》卷一四三

临清州所管卫河，自馆陶县界尖冢集起，至南板闸汶卫合流处止，计六十里，河宽至十七八丈，深至二丈四五尺不等。（《河防志》）

……

清平县河道，北自临清州界二十里铺起，南至博平县界魏家湾迤南田家口止，计长三十九里，内有戴家湾闸一座。（《河防志》）

……

德州卫收并左卫南河河道，计长六里二百六十一步零，在清平县河道境内。（《河防志》）

……

博平县河道，北自清平县界魏家湾迤南田家口起，南至聊城县界吕家湾铺止，计长三十五里，系东岸一边，与堂邑县对岸，其河道截分一十七里半，东岸有减水闸五座，如遇河水涨发，则开此泄水东流入海。（《河防志》）

---

① 此处所列书名为《行水金鉴》原书引用出处，下同。

……

堂邑县河道，北自清平县界函谷洞起，南至聊城县界梭堤止，计长三十五里，系西岸一边与博平县对岸，其河道截分一十七里半，内建二闸，曰土桥、曰梁家乡，西岸有进水闸三座，如遇伏秋霖潦，坡水积聚，则开此引水入河，以利漕运。（《河防志》）

……

东昌卫收并平山卫河道，在东昌府东南隅，地名南龙湾，北自本营界牌起，南至邓家楼界碑止，西岸一边长三里。（《河防志》）

……

聊城县河道，北自堂邑县界西岸梭堤、博平县界东岸吕家湾铺起，南至兖州府阳谷县界官窑口铺止，计长六十三里，闸四座，曰永通，曰通济桥，曰李海务，曰周家店。西岸有进水闸二座，如遇伏秋霖潦，坡水积聚，则开此引水入河以利漕，民田不致淹没。东岸有出水闸四座，如遇河水涨发，则开此泄水东流入海，堤岸不致冲决。本县河道内有平山卫河道一段，仅长三里，系西岸一边。（《河防志》）

……

张秋河，北自阳谷县官窑口，接东昌府聊城县河道南界起，南至东平州靳家口上接汶上县河道北界止，计程一百五十五里，设石闸九座，属兖州府捕河通判管辖，临河阳谷县、东阿县、寿张县、东平州东平所。（《河防志》）

……

阳谷县河道，北自官窑口铺接东昌府聊城县南界起，南至五里铺接东阿县北界止，计长六十里，内石闸六座，曰七级下闸，曰七级上闸，曰阿城下闸，曰阿城上闸，曰荆门下闸，曰荆门上闸。（《河防志》）

——傅泽洪主修、郑元庆纂辑《行水金鉴》卷一四四

东阿县河道，北自五里铺接阳谷县南界起，南至沙湾铺接寿张县北界止，计长一十五里。其堤岸北自阳谷县河道荆门闸上红庙起，南至沙湾铺止，计长二十里，而安平镇居其中。安平镇旧名张秋，春秋为卫地，秦汉以来为东阿、寿张、阳谷三县地，或属济北，或属东平。周世宗时，

遣宰相李谷治堤，自阳谷抵张秋口，镇名防此，宋改为景德镇。明弘治七年，塞决河功成，赐镇名安平。抱河为城，北河都水郎中治之，其地仍为东阿、寿张、阳谷三邑边界云。（《河防志》）

张秋城南曰广济渠，在运河西岸。明景泰四年，徐有贞治沙湾河决时，先为疏水之渠，起张秋金堤，通寿张之沙河，西南至于竹口，又西南至大渚潭，乃逾范暨泊而上，又西北接河沁之水，命曰广济渠。渠口为通源闸，有石堤二道，自大感应庙起，至沙湾长一百六十丈。运堤自沙湾起，至荆门驿长一千九百三丈，有五空桥在张秋城南，与沙湾相对，即为减水石坝，广袤各十五丈，又于上甃石为五窦，以漕渠余水入之小盐河。顺治七年，黄河决荆隆，冲张秋，南北堤岸俱溃，唯此石堤巍然独存，复行修整，以便牵挽，实为利漕。有浅八，曰挂剑，曰新添，曰沙湾，曰北湾，曰安家口，曰仲渡口，曰南浮桥，曰北浮桥。东岸戴家闸东有三空桥，大河神祠北有五空桥，俱泄入盐河。西岸南自老黄河口，次即沙湾闸，又次坎河，斜对东岸之五空桥，而西岸沙河由夹河出减水坝，乃在五空桥之北，至荆门上闸东岸稍远。又有黑龙潭，亦泄入盐河。此处遏汶西北，与故道清河东北之处呼吸关通，旱不令运河枯涩，潦不致运河涨溢，节宣最宜慎云。（《山东全河备考》）

……

沙湾在张秋南十二里，黄河旧决口也。明弘治间，塞黄陵冈口，有里河一道，由郓城来，经寿张黑虎庙至此入漕。（《河防志》）

……

寿张县河道，北自沙湾铺接东阿县南界起，南至东平州界戴家庙闸下三空桥止，计长二十里。内沙湾运河西岸有积水闸一座，旧黄河口，自前成化七年建，每岁伏秋，郓濮等处倒坡之水，接流于此济运。东平州河道，北自戴家庙闸下三空桥接寿张县南界起，南至安山闸接东平所河道止，计长三十里。内石闸二座，曰戴家庙闸、曰安山闸，又北自安山闸起，南至靳家口汶上县北界止，内除东平所河道一十二里，实管河道一十八里。内石闸一座，曰靳家口闸，共计东平州所管河道四十八里，靳口闸至安山闸三十里，安山闸至戴家庙闸三十里，戴家庙闸至荆门上闸四十五

里。闸路颇远，向藉安山湖水为之节宣，今安山湖久为平陆，倘遇亢旱之岁，闸远路长，水力不厚，虑有胶浅，应于三闸适中之地，增建一二闸，以节水势。路近则水力自厚，可无阻涩之虞矣。（《河防志》）

———傅泽洪主修、郑元庆纂辑《行水金鉴》卷一四五

《水道提纲》

《水道提纲》，齐召南撰。齐召南，字次风，号琼台，浙江天台人。雍正十一年（1733）荐为副榜贡生，累任侍读学士、内阁学士、礼部侍郎。乾隆十四年（1749）因堕马受伤，未几卒。

齐召南认为："以一水论，发源为纲，其受支流为目；以群水论，巨渎为纲，余皆为目；如统域中以论，则会归有极，惟海实为纲中之纲。"此书以巨川为纲，以所会众流为目，故名提纲。书中记述各省诸水，或以政区为分，如盛京诸水、山东诸水、云南诸水等；或以流域为分，如黄河、长江、淮河、闽江、粤江等，而运河、南运河、江南运河等均有专篇。每卷首有小序，概述大势和编记次第。然后依水系叙述，脉络清晰，源委详明。又最早用经纬度定位，虽有错误，但仍为中国地理著作的创举。

此书有《四库全书》本、光绪四年（1878）刊本、文瑞楼铅印本等。

运河，北至天津，南至黄淮。近地诸水泉，无不引为便漕之用，总以汶水为上源。汶上南旺正当水脊，如屋极居中，左右皆建瓴直达也。漕舟自南而北，曲折不可数计。粗志入闸出闸、上水下水，以见涯略。东省诸水自入海者，由天津以南，至黄淮以北，悉类次于后。

……

运河自南旺北流，为十里闸，又北流，下开河闸、袁家口闸西望见梁山，即古梁山泺也。其西南即郓城，又北流，过张八老口，为靳家口闸、安山闸

其东北为东平州境，**折而西北流，有魏河自西南来会**魏河，源出直隶开州①东境，东流经清丰县南境，东入山东界，经濮州②城南，东北流，经范县东南境，寿张县南境，又东至东平州西境，入运河，**又西北为戴家庙闸**其西即寿张东境，**又西北，过安平镇③折而北流，为荆门闸**阿城在东，东阿县又在其东。闸自荆门、阿城至七级，皆谷阳县东北境，**又北，为七级、周家店、李海务三闸**周家店为聊城县南境，**又北，经东昌府城东，稍北为通济闸，又西北为水通闸，又北为梁家浅闸**堂邑县东北境，**又北为土桥闸**博平县西北六十里，**过清阳驿西折而西北为戴家闸**清平县④西境，**为板闸、砖闸，又北贯临清州城，城左右如断环，西会卫河水如丁字，河势始盛，顺流而北，遂不复置闸矣**卫河，西自卫辉大名东北流，经冠县北，与西来漳水会，又东北至临清州入运，见前卷。右自南旺至临清凡十九闸。临清，中近西六分，极三十七度弱。

——齐召南《水道提纲》卷四《运河》

《山东运河备览》

《山东运河备览》十二卷，陆燿撰，成书于乾隆四十年（1775），为运河工程专志。陆燿（1723—1785），字青来，号朗甫，江苏吴江人。乾隆十七年（1752）举人。他"自幼立志以古人自期，学兼体用"（《清史稿·陆燿传》）。乾隆十九年（1754），考授内阁中书，充军机处章京，

---

① "开州"，金皇统四年（1144）改澶州置，治所在濮阳县（今河南濮阳县）。辖境相当今河南濮阳市和濮阳、清丰、长垣三县及山东莘县南部地区。元属大名路。明洪武二年（1369）。省濮阳县入州。清不领县。

② "濮州"，隋开皇十六年（596）改濮阳郡置，治所在鄄城县（今山东鄄城县北旧城镇），大业初废。唐武德四年（621）复置。辖境相当今山东鄄城及河南濮阳南部地区。天宝初改为濮阳郡，乾元初复为濮州，其辖境屡有伸缩。金属大名府。元初属东平路，至元五年（1339）直隶中书省。明洪武二年（1369）省鄄城县入州，改属东昌府。景泰三年（1452）移治王村（今河南范县西南旧濮县）。清不辖县。

③ "安平镇"，即张秋镇，在今山东省阳谷县张秋镇。

④ "清平县"，隋开皇十六年（596）改贝丘县置。治今山东临清市东南康庄南。属清河郡。唐属博州。北宋熙宁二年（1069），徙治明灵寨，在今山东高唐县西南清平，属大名府。元属德州。明清属东昌府。

累迁至户部郎中。三十七年（1772），调补山东运河道。曾上书东河河道总督姚立德，提出一系列浚渠导泉、修治运河的建议，都得到采纳。在这期间，他又请修《河渠志》，遂编成《山东运河备览》。

陆燿因叶方恒《山东全河备考》已成书九十余年，其间虽有靳辅《治河方略》、张鹏翮《河防志》、傅泽洪的《行水金鉴》等书，但均非专为运河而作，而张伯行《居济一得》"于掌故沿革甚略"，于是参照明人谢肇淛《北河纪》和清人阎廷谟《北河续纪》等关于运河的著作，"博采旁搜，稽之载籍，考之见闻，核之案牍"，纂成是书。除《序》《凡例》和《目录》外，首载图四幅，即《运河图》《五水济运图》《泉河总图》《禹王台图》。各图均计里画方，大致皆以百里为计，各附图说。卷一为《沿革表》，卷二为《职官表》。两表各以年表形式，分别记述元至元十六年（1279）至清乾隆四十年（1775）运河工程沿革和主要官员姓名、任职年份。卷三至卷八从南向北，依次记述迦河厅、运河厅、捕河厅、上河厅、下河厅以及泉河厅、沂河厅等河段的水利工程和航运管理，尤其对峄县至临清四十九座单式船闸启闭运用，以及济运水源、水柜调节蓄泄等经验教训记述更详。卷九叙述挑河人夫以及财务管理等规章制度情况。卷十为对运河有贡献的主管官员作传，计元代十四人，明代二十五人，清代十四人。卷十一至卷十二辑录前人论述黄运相关、运河大势、经理漕河、疏浚泉源、清理水柜、南旺大挑、通漕诸法等方面的著作。

本书引用前人著述达八十种之多，是山东运河集大成之作，涉及运河的范围北起山东德州柘园，南迄峄县（今枣庄）黄林庄；时限上自元代，下至乾隆三十七年，重点在明末清初，保留了该时期京杭运河工程兴建和管理的重要史料，与明代编纂的《漕河图志》《北河纪》上下相承。有乾隆四十一年（1776）、同治十年（1871）刻本。

东昌府管河通判，原管德州等十余州县卫河道，计六百余里。康熙二十一年，总河靳文襄公辅始请添设下河通判一员，分辖德州一州二卫，恩县、夏津、武城、直隶之清河、故城八州县，卫河道驻扎武城县，而以原设之通判改为上河通判，分辖聊城、堂邑、博平、清平、临清、馆

陶六州县，河道驻扎郡城。然是时，上河通判犹兼管聊城等十四州县粮务，当收漕监兑之时，正挑挖运河之候，彼此兼顾，难以分身。乾隆六年，总河白庄恪公钟山奏令专管河道，其粮务归清军水利同知管理。

由七级下闸十四里《备考》十二里至周家店闸。

元大德四年建，国朝雍正六年修，金门宽一丈九尺六寸，高一丈九尺二寸……

月河长六十五丈。

官窑口、周家店古浅二，今不浅。

西岸刘家湾木石桥一、真武庙木石桥一。

闸官一员，闸夫二十八名。明万历八年革李海务闸官，以周家店闸官兼管。

由周家店十四里《备考》十二里至李海务闸。

元元贞二年建，国朝雍正六年修，金门宽一丈九尺五寸，高二丈一尺六寸。

于家口、林家口即洪庙，古浅二，今仍浅。蔡家口即张家口，古浅一，今不浅。西岸娘娘庙涵洞一。

周家店闸官兼管闸夫二十八名。

由李海务闸二十里至通济桥闸。

明永乐九年建，国朝雍正六年修，金门宽二丈，高二丈四寸。

月河长三百八十丈。

耿家口即真武庙，裴家口即养生堂，古浅二，今仍浅。米家口、宋家口、李家口、龙湾铺、北坝口古浅五，今俱不浅。［北河续记］①聊城西岸，南自龙湾，北至西北坝铺平山、东昌二卫也，有浅二，曰中浅，曰小浅。

东岸减水闸二，一为明景泰年建，国朝乾隆四年修；一为明成化年建，国朝乾隆十七年修。

龙湾　滚水坝，明正统六年建，本系减水闸。国朝雍正六年改为滚

---

① 　《山东运河备览》原书多引用相关资料，并于引文之首表明出处。本书所录各节相同。

水坝，乾隆二十四年改铺石底，俱泄异涨，入徒骇河。[山东通志]龙湾减水坝，明徐有贞所作，有一空、二空、三空、四空、五空等，第五空桥分支入小盐河，其大盐河故道已堙，余四桥泄入土河，即俗所谓徒骇也。今用第一空桥为滚水坝，第二空桥为减水闸。

西岸旧闸口涵洞一，龙湾进水闸涵洞一，俱受聊城、阳谷等县坡水入运。

徒骇河　在运河之东，由聊城东岸龙湾减水闸、滚水坝泄汶水，并阳谷、莘县积水入之，东北迳博平、高唐、茌平、禹城、齐河、临邑、济阳、商河、惠民、滨州，至沾化之久山口入海……

按：此河虽在运河东岸，而于西岸东昌、曹州一带县最关紧要。盖聊城运河之西，上受阳谷鲁家堤口之急流，并接濮、范、观、朝等州县之坡水，每遇伏秋大汛，水势日增，运河顶阻，疏泄无路。必俟运河水落，方能开西岸之闸，放之入运，使由运入河归海。若运河消落稍迟，则数州县之淹浸不免矣。乾隆十九年，河道水利工程案内曾自聊城至临邑等八州县卫，挑浚淤淀河身凡三万六百一十三丈，使水由减水闸滚水坝畅流入海。

漯河　在城东七里，俗呼涓河，黄河之支流也。[水经注]源自顿邱，出东武阳县，经博平至州境，又东北流入海。《穆天子①传》：天子自五鹿东钓于漯水，出东郡东武阳，至乐安千乘入海。[田雯长河志]漯河又作漯沃，为漯沃津，《汉书》作湿沃，《水经》谓之商河，隋加水曰滴河，从其音近，又以字改互异也。《禹贡》浮于济漯，达于河水。经云：漯水又东北过阳墟县东，商河出焉。注云：阳墟，平原直隶县也。商河亦曰小漳河，商、漳声相近，故字与读移耳。《水经》又云：商河迳安德县故城南，又东北漯沃津。注云：漯沃县，王莽之延亭也，《水经》所称迳平原，历安德，此地是其所经。按《汉书》许商所欲开者乃是九河，虽数移徙，不离此地。其流迳平原、安德之间，即是九河故道。自九河不能复开，后人乃于故处名为商河，故桑钦漯沃之津、郦元小漳

----

①　即西周周穆王。

之号为得之矣。若夫许商名河，未闻前史也。

西岸为东昌府治，古漯河故道所经，其古迹曰光岳楼，在城中；曰鲁连台，在东门外，春秋齐之西鄙。秦置东郡，汉后分为魏郡，为济阴，为清河，唐为博州博平郡，元改为东昌路，明初为府，领三州十五县，今因之。上河通判、聊城主簿、通济桥闸官皆驻此城。

闸官一员，闸夫三十七名。

由通济桥闸二十二里《备考》二十五里至永通闸。

明万历十六年建，国朝雍正六年修，金门宽一丈九尺五寸，高二丈一尺六寸。

月河长一百六丈。

稍长闸即三里铺，古浅一，今不浅。徐家口、柳巷口、白庙、房家口古浅四，今俱不浅。

西岸涵洞二，曰大寺东，曰七里铺。又进水闸二，曰十里铺闸，曰房家口闸。又闸下涵洞一，曰吕家湾。

按：聊城西岸白家洼汇聚濮、范、观、朝、莘、阳等州县坡水，由十里铺、吕家湾入运，宣泄不及。于乾隆三年，巡抚岳公浚请于房家口另建进水闸。后恐运河下游难以容纳，总河白庄恪公复于博平县三教堂地方修建减水旧闸，使泄入马颊河。

以上为聊城主簿汛主簿一员，浅夫八十七名，西岸堤长一万一千三百四十丈，官堤七千四十五丈。自官窑口起，至永通闸下堂博界止，计程六十三里。西岸为堂邑县境，东岸为博平县境。聊城，附府郭邑也，春秋聊摄之地，至秦始置聊城县，历代因之。元属东昌路，明改路为府，而县属焉，治在运河西岸二里。闸官一员，闸夫二十八名。

由永通闸二十二里《备考》二十里至梁家乡闸。

明宣德四年建，国朝乾隆二年修，金门宽一丈九尺六寸，高一丈九尺二寸。

月河长二百三十九丈。

吕家湾、双堤铺、梭堤、朱家屯、宋家湾、梁乡闸南古浅六，今俱不浅。

西岸涵洞一，曰大梭堤。石桥二，曰巨家滩，曰梁家浅。又涵洞二，曰梁家浅，曰皮狐洞。

闸官一员，闸夫二十八名。明万历八年，革土桥闸官，以梁家乡闸官兼管。

由梁家乡闸十五里至土桥闸。

明成化七年建，国朝乾隆二年修，金门宽一丈九尺六寸，高一丈九尺二寸……

月河长一百八十五丈。

闸上月河新浅一、白堤儿新浅一。袁家湾、马家湾、南减水闸、中闸口、土桥闸上古浅五，今俱不浅。

东岸板桥一，曰王婆寨。减水闸一，曰三教堂。

西岸进水闸二，曰中闸口，曰涵谷洞。

梁家乡闸官兼管，闸夫二十八名。

由土桥闸三十四里《备考》四十八里至戴家湾闸。

明成化元年建，国朝乾隆九年修，金门宽一丈八尺八寸，高二丈三尺……

月河长一百十六丈。

新开口、涵谷洞、魏家湾、丁家墩、十里井、张家屯、李家口、赵官屯、李官屯古浅九，今俱不浅。戴家湾闸上古浅一，今仍浅。又田家滩新浅一。

东岸石桥三，曰赵官营，曰戴家湾，西曰陈官营。

魏湾　滚水坝〔山东通志〕徐有贞作减水闸于魏湾，旧有六闸，今用第四空为减水闸，第五空为滚水坝。又石涵洞一。

按：减水闸一即土桥上，三教堂一即魏坝上。

马颊河　在魏湾，由博平东岸减水闸滚水坝泄汶水，并马颊上源之水入之，东北迳清平、高唐、夏津、恩县、平原、德州、德平、乐陵、庆云、海丰之沙河口入海。〔禹贡指南〕河势上广下狭，状如马颊。〔长河志〕乐史以笃马河为马颊河，自古河堙塞，名称相乱，又复同为马字，后人乃以笃马为马颊。乐氏不专其源，漫指为一，非也。马颊本道

在徒骇、太史南，其数居九河之三，在沧州废清池县东南为是。自河水旁流后，人穿渠引派，因循旧名，谓之马颊，若今土河名徒骇矣。

按：乾隆三十八年，以马颊河淤浅已久，运河横梗中间。每年伏秋之际，运水盈满，泄放不及，以致莘、冠、堂三邑恒被水灾，议将马颊河挑挖宽深，使各处坡水有容。俟运水消落，粮艘过完，开闸泄放。经上河通判洪世仪覆勘，议禀马颊河来自直隶开州、清丰、南乐、元城，经曹州之观城、朝城等，绵亘数百里，至莘、冠、堂三邑境内，复一百三十余里，积淤年久，有仅存河形者，有淤成平陆者。每至伏秋，积水散溢，宽至十余里，深至数尺。至霜降后，由中闸及迤南、迤北里许二闸通启，泄放尚未得及时，干涸有妨播种。若照议开挑，则河归一泓，水势全注中闸口出运。伏秋水发，建瓴而下，源远流长，波澜浩瀚。彼时运水盈漕，涓滴难消，两水夹堤，冲激堪虞。即运水消耗，可望宣泄。顾欲以宽丈余之闸口疏导数百里之积水，势必拥挤闸座，汕刷堤岸，干系运河匪浅。查西岸中闸口系马颊河上游归运之所，现在该闸底石高运河底五尺，马颊河底较运河底高九尺五寸，应将中闸口一带旧堤加倍帮筑高厚坚实，以备挡御。再将马颊河上游长河通挑，深与运河底平，口底加倍宽阔。所挑之土堆积两涯，顺筑堤堰，俾水有归宿。或该闸两旁接建两空，或左近添设闸座，各闸金门深开板槽，照例清明后通下闸板，里面靠板坚筑高厚土坝。至伏秋，视运河水势之强弱为酌量启闭板块之多寡，以节宣之。纵水潦不时，无虞倒灌，亦不至积水久停，淹浸逾时。至马颊河下游在东岸魏家湾水坝入口，经博平、清平、高唐、夏津、恩县等共一百六十余里。现在河身宽窄深浅不齐，向来只能泄运河异涨之水。若西岸上游开通，添闸宣泄，运河必加涨满。苟不导其去路，水满堪虞。东岸亦应添设减水闸数座，接挑引渠，导达马颊故道，并将博、清等马颊下游疏浚宽深，以畅全流，则承受有门，消纳有路，运道民生均有裨益，堤岸庄田各无妨碍矣。至接恩县界，为平原禹城、陵县、庆云、海丰等地，居该河之尾间，尤须通会一律挑挖宽，俾入海之道不至堙塞，方为万全之策也。

西岸石桥三，曰黄河口，曰张官营，曰李家口。

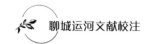

以上为堂博主簿汛，主簿一员，浅夫九十一名半，两岸堤长六千三百丈，官堤五千四百八丈。自聊城汛起，至清平交界止，计程三十五里，入清平汛。

堂邑县，周为齐清邑；秦属东郡；汉置发干、清二县，属东郡；东汉为乐平县侯国，仍属东郡；晋属阳平郡；隋置堂邑县，属武阳郡；唐属博州，宋金因之；元属东昌路，明属东昌府，今因之，县治在运河西四十里。

博平县，周为齐博陵邑，秦属东郡；汉置博平县，属东郡；晋属平原国，北魏属平原郡，隋属清河郡；唐属博州，元属东昌路，明属东昌府，今因之，县治在运河东三十里。

闸官一员，闸夫二十八名。

由戴家湾闸三十八里《备考》三十里至砖闸。

明永乐十五年建，国朝雍正六年修，宽二丈，高二丈四尺……

月河长三百九十五丈……

按：明景泰三年，直隶清河县训导唐学成言，临清至沙湾有闸十二，有水之日，其势甚陡。今秋漕运毕，得泄干闸河，于临清浚月河以通船，不必由闸。其临清迤南俱从月河疏浚，不动原闸，直抵沙湾。又成化十八年，总漕陈锐请于临清县南三里开通月河，分减水势，则知临清之开月河久矣。观徐溥《东大闸记》，岂不可令两利俱存乎？

潘家桥即左家桥、陈官屯、赵家屯、张家庄、朱家滩古浅五，今俱不浅。又临清汛新庄、七里墩、潘家屯、沙湾、潘家屯古浅五，今亦不浅。

东岸王家窖石桥一。

西岸刘家口石桥一。

以上为清平主簿汛，主簿一员，浅夫五十三名，两岸堤长七千二十丈，官堤九百四十七丈。自博平县界至临清州界止，计程三十九里，入临清汛。

清平县周为齐贝邱地；秦属巨鹿郡；汉置贝邱县，属清河郡；东汉为清河国，北魏属清河郡；隋改贝邱为清阳，复改清平，属清河郡，后废；唐清平县属博州；宋清平县属大名府，元属德州，明属东昌府，今因之，县治在运河东四十里。观音嘴在旧河上口，乾隆三十二年修建，闸座金门宽二丈，高一丈五尺六寸，闸板八块。运河异涨，由此宣泄。[荟撮]汶、卫二水合处名鳌头矶①，延亘二十余里，突峙中流，有四闸，曰会通，曰临清，在汶北曰新开，曰南板，在汶南俗名观音嘴。今会通、临清已废，止存新开、南板而已。

按：此即前临清月河，今宜仿白司徒②之制，重加开浚，使回空之船由此入汶，而移大挑于九、十月间。

闸官一员，兼管板闸，闸夫共七十七名。

由砖闸二里《备考》五里至板闸。

明永乐十五年建，国朝雍正六年修，金门宽二丈，高二丈七尺六寸。……

[全河备考]此为会通河尽境，即为闸河尽境。卫河历馆陶而至临清，亦于板闸之西南，与汶合流而北，运艘过此，即云出闸矣。汶清而微，卫浊而盛，倒灌即沙壅，故有间年大挑之役。若卫涨之时，必禁擅开板闸与砖闸，更番启闭，庶积沙少而挑浚易为力也。又曰：闸河地势亢，卫河地势洼，临清板闸口正闸、卫两水交会处。每岁三四月间，雨少泉涩，闸河既浅，卫水又消，高下陡峻，势若建瓴，每一启板，放船无几，水即耗尽，漕船多阻。潘季驯谓宜于闸口百丈之外用桩草设筑土坝，中留金门，安置活板如闸制然。将启板闸，先闭活闸，则外有所障，水势稍缓，运艘出口，易于打放。卫水大发，即从拆卸，此亦权宜之要术也……

鸡嘴坝一，在板闸西岸汶卫交流处。

按：乾隆三十一、三十四等年，卫灌入汶，淤淀四十余里。李公清时以砖板闸外旧有坝，为抵卫重障，不宜废，因于闸南汶卫交流处筑鸡

---

① "鳌头矶"，在今山东临清市汶河分汊处，建于明弘治十七年（1504）以前。《（民国）临清县志》古迹载："鳌头矶在鳌背桥西南数十步，中洲东起处砌以石，如鳌头突出，筑观音阁于其上，旧闸、新闸各二，分左右如鳌足，而广济桥尾其后，明知州马纶题曰鳌头矶。"旧时临清十景之一"鳌矶凝秀"即此。

② "白司徒"，即白昂，明代弘治年间的治黄名臣。白昂生平详见前文注释。

嘴坝，一宽其势以御之，仍岁加高厚，著为永利。

漳神庙，在板闸卫河东岸，康熙六十一年建……

以上为临清州判汛，州判一员，浅夫九十二名，两岸堤长七千二百丈。自清平汛起，至直隶清河县界止，计程六十里。又经管卫河，自馆陶界尖冢起，至三岔河止，计程六十里。过清河境，入下河厅夏津汛。

临清州，周为卫国地，后入于晋；战国时为赵之东鄙；秦属东郡，汉置清渊县，属魏郡；晋属平阳郡，北魏清渊县，又析置临清县，并属平阳郡；唐属贝州清河郡，宋属大名府，金属恩州，元属濮州；明升县为州，属东昌府。今因之，治在运卫两河东岸二里。

卫河　即隋御河，源出河南辉县苏门山之百门泉，亦名搠刀泉，方池二十亩许，泉出其中，不可数计。南流至新乡境，渐深广，通舟楫，蜿蜒而东，经汲县、淇县、汤阴、安阳、直隶浚县、滑县、内黄、大名、元城，至山东馆陶县，北入临清州，与汶河会。自发源至汶河会流处，共计九百二十三里零。［荟撮］临清西有卫河，自馆陶县入合会通河，又入夏津县界，亦名清河，即隋炀帝所开之永济渠也。阔一百七十丈，深二丈四尺。南自汲郡，引清、淇二水入白沟，穿永济县入临清。盖汉屯氏故沟，隋修之，宋皇祐①初合永济渠，注乾宁军。用李立之言，以永济延安镇在大河两堤，即相度迁于堤外。崇宁②初，开临清坝子口，增修御河西堤，开置斗门，决大名、恩、冀、沧州、永静军积水入御河。［黄河考］禹导河至大伾，厮为二渠。二渠者，其一为漯川，自大伾之南东北流至千乘入海。千乘者，今高苑也。其一为大河经流，则冀州东河之来自宿胥口者也。郦道元谓之宿胥，故渎在浚县西十里，亦曰西河。班志邺东，故大河之上流也。故大河北折行二百里，西岸为汤阴、安阳、临漳，东岸则内黄、魏县，再北西岸为肥乡、曲周，而漳水入之。《禹贡》北过洚水是也。禹河既徙，而漳水循其道，北行彰德。土人至今知其地旧有大河，故有所谓黄河老身、黄河老家者。荟撮云，汲县即卫辉

---

① 皇祐（1049—1054），宋仁宗赵祯的年号，北宋使用该年号共计 6 年。

② 崇宁（1102—1106），宋徽宗赵佶的第二个年号，取继承神宗常法熙宁之意。北宋使用这个年号共 5 年。

府治，与新乡浚县接界。卫河在城北一里，入大名府。浚县界南有古黄河，既此是也。［长河志］卫河即汉之屯氏河，隋大业中疏为永济渠，亦名御河，其源出苏门山。《魏书·地形志》所谓苏门山、苏门水所出，南流名太清水是也。晋阮籍常于苏门山遇孙登，至半岭闻啸声①，归著《大人先生传》《神仙传》。孙登授嵇康一弦之琴，《魏氏春秋》云：康采药于汲郡共北山，见隐者孙登矣。山有百门泉，泉通百道，《卫风》泉源在左、淇水在右是也。又合滏、洹、淇三水，滏水源出磁州神麕山，东入于漳；洹水者，《水经》注出上党洹氏县洹山，过邺城南，《春秋左氏传》曰：声伯梦涉洹水，歌曰：济洹之水，赠我以琼瑰，归乎归乎，琼瑰盈我怀。杜预曰：水出汲郡林虑县是也。屡伏屡见，东入卫河。淇水者，源出彰德府林县大号山，流迳淇县，合清水入卫河。《山海经》曰：淇水出沮洳山，疑大号山异名矣。［河防志］自临清板闸以北，全赖卫水接运。然春夏之交，漕船盛行，每患浅涩。康熙二十九年，原任河臣王新命②议以丹河口分渠九道，每岁三月初用竹络装石，横塞八河，使水归小丹入卫，而留涓涓之水与民间灌地。至五月尽，重运过毕，则开八河渠，用竹络装石，塞小丹口，以防山水漫溢。奉旨行河抚阎兴邦再议，如雨水足时，照河臣议，倘遇亢旱，令每三日放水济运，一日灌田，五月十五日以后听民便用，中有浅阻，责令各官量浚。王新命又议卫河于辉县境内民间设立五闸，蓄水灌田，往例于五月初一日封板放水济运。惟是五月正当农人需水之时，未免有妨农务。应亦用竹络装石，量渠口之高下堵塞，使各渠之水常盈，而所余之水昼夜常流济运。其万金渠水即洹水，出自安阳县西南六十里善应村下，约二十余里至高平村。

---

① "至半岭闻啸声"，典出晋隐士孙登长啸事。《晋书·阮籍传》："籍尝于苏门山遇孙登，与商略终古及栖神导气之术，登皆不应，籍因长啸而退。至半岭，闻有声若鸾凤之音，响乎岩谷，乃登之啸也。"后用为游逸山林、长啸放情的典故。

② 王新命（？—1708），字纯嘏，四川三台人。顺治四年（1647）归清，隶汉军镶蓝旗。由翰林院笔帖式官刑部郎中。康熙十七年（1678），迁江西布政使。时江西民散地芜，遂募民垦田八万余顷。十九年（1680），擢湖广巡抚。二十三年（1684），任两江总督，后调闽浙总督。二十七年（1688），官江南河道总督。三十一年（1692），因勒取库银革职。后复出督理永定河工，又以浮冒亏空罪拟斩监候，遇赦。后病卒于家。

昔人建闸开渠，引水灌地，其水仍由县东北五里许入安阳河。亦应照五闸之法，用竹络装石塞闸通渠，漕民两便。

按：乾隆三十九年，总河姚公复奏引洹济运。议令四月初一日启板济运，五月十五日封板灌田。

——陆燿《山东运河备览》卷七《上河厅河道》

《会通河水道记》

《会通河水道记》一卷，俞正燮撰。俞正燮（1775—1840），字理初，安徽黟县人。道光举人，晚年主讲江宁惜阴书院。学问渊博，通经史百家，擅长考据，每多精当之见。是书为作者对此段运河之考察，约成书于嘉庆间，记事止于嘉庆二年（1797），近三千字。首叙会通河地理位置、流域等自然状况，次分述明永乐九年（1411）、嘉靖二十年（1541）、清顺治、雍正、乾隆间治理会通河之功过，对自春秋至清嘉庆黄河改道、河水泛流之地理变迁及治洪修闸之要事均予记载考证，为重要的水道史料。有《连筠簃丛书》《小方壶斋舆地丛钞》本。

元时，自安山西南开渠，引汶绝济，由寿张西，又北径今东昌，至临清入卫，为会通河，凡二百五十里。《河渠志》云：起须城安山西南，而西北至临清御河，凡建闸三十一。明洪武时，黄河决原武，会通淤。永乐九年，尚书宋礼用汶上县老人乡官名白英策，于东平戴村筑石坝五里，以遏汶水，使全注于汶上县西南之南旺湖。置分水口，四分南行，接泗及南清；六分北行，于元渠之西凿渠，由汶上之袁口至沙湾，入元渠，达临清，接卫。又浚深河身，则今会通河也。汶水至南旺，势南趋，谨闭柳林闸，导之北行。或言汶水七归南，三归北，以地势言也。

……

自戴家庙闸北四十五里，径寿张之沙湾、东阿之张秋，抵阳谷之荆门。上闸自坡水北至张秋西岸，有大清河上游之两派，统为北清河。其

赵王河上为灉河、贾鲁河，贾鲁河由仪封黄陵冈，径祥符地，历曹县、
濮州、郓城、汶上、寿张、阳谷地，复至寿张沙湾之积水闸，入会通河。
沙河上为清河、瓠子河、魏河，魏河由开州，径濮州、范县、寿张、东
阿地，复由沙湾大坝折而北入引河，由道人桥至引河口，入会通河，则
东阿县地也。东岸有三空桥及八里庙之滚水坝，及五空桥，泄西岸两派
水。东会东平戴村北之汶水，旁流为大清河。东北径东阿、平阴、肥城、
长清、齐河、历城、济阳、齐东、青城、惠民、蒲台、滨州地，至利津
牡蛎口入海。

……

　　沙湾东岸有挂剑台、曹家单、薄苇河头，为历年黄河决流所经。寻
览碑迹所记，立台植表，联索贯舟，负薪囊土，沉石压埽，费帑愁人。
既则黄流上断，清汶东流，张秋以北，车徒接于故渎，粮艘在陆，舟子
步嬉。即又闭闸筑堰，修堤置埭，工毕乐成，著诗金石，视事考文，俱
成典故。张秋西接濮范，金堤南捍，势若长虹。汉文帝十二年、建始四
年，梁龙德三年，晋开运元年，周显德五年，宋景德元年、嘉祐五年、
熙宁十年，皆有河水流泛。金明昌五年，河渎改移，皆在安山之北。明
正统十三年，河决，溃沙湾。景泰六年，徐有贞筑金堤，即此也。其东
北鱼山，即汉孝武《宣房歌》所谓吾山平者，惟张秋之名未显。《山东
通志·河防治》云：《宋史·河渠志》周显德五年，命宰相李谷治张秋
决河。张秋名始见此。《册府元龟》云：显德元年十一月戊戌，命宰相
李谷治河。二年三月壬午，谷回，见薛《史》，亦在元年时河决。自杨
刘至博州，或谷驻张秋欤？张秋元时名景德镇，置都水分监，明弘治七
年赐名安平镇。沙湾南去镇城十里，其上游黄陵冈，河防数溃，冲曹濮。
宋金河决阳武后，由济泗分派入淮海，十里之间浩淼矣。元至元时，会
通河成，黄河大势南趋，而贾鲁、瓠子及菏泽水行之于济故渎者，亦未
能绝。明弘治八年，刘大夏筑断黄陵冈后，上下决流，若金龙口古黄池
之溃，会通病焉。盖张秋、沙湾古兼河、济二渎，自黄陵冈之役百四十
年，至崇祯七年而张秋始决，刘公之泽远矣。

　　自荆门上闸北七十一里，至聊城通济闸。城东南龙湾西岸，漯河由

南进水闸及永通闸涵洞入漯河者，上游自朝城、阳谷，又西北越莘县界，复由阳谷至聊城，出会通之东岸二空桥、一空桥，为湄河、鸣犊河、土河、徒骇河，北至博平，经高唐、禹城、齐河、临邑、济阳、商河、惠民、滨州地，至霑化大洋堡口入海。《山东通志》：龙湾有三空桥、四空桥，今已湮，不复修。其五空桥则分流入大清河者，今亦湮。《禹贡锥指》云：漯为周、汉黄河所占，《汉志》一出东武阳，一出高唐。据汉成帝后言之，《水经注》之漯，则西汉末至北魏之漯川。今漯过会通而易名，以非古迹也。自通济闸西北五十里至堂邑、博平二县之土桥闸，其魏湾西岸中闸口及元谷涵洞，纳马颊河水。马颊无水源，其渠自元城、朝城、莘县、冠县地至堂邑，出会通东岸之减水闸滚水坝，始有水，径博平、清平、高唐、夏津、恩县、平原、陵县、德州、德平、乐陵、庆云地，至海丰月河口入海。

龙湾则东汉以后《水经》之大河所经，稍南则唐至宋初大河所经。《元和郡县志》：大河在聊城南四十三里，是也。魏湾则定王至东汉初大河所经，以今高唐有古灵县鸣犊口知之。《汉书·沟洫志》引《周谱》云：定王五年河徙。盖禹迹初改。《春秋·宣公七年》：卫孙良夫盟于鲁，当此年也。又为宋六塔二股河之东股，其后又出今张秋。明弘治时始绝流，其北股入永济渠，则卫河亦宋黄河也，又为古屯氏河。其漯河、马颊、徒骇，皆非禹名，朝城之漯洼水聚流于晋故渠耳。徒骇为土河音转，马颊则《水经注》笃马。《禹贡锥指》云：唐马颊河出澶州清丰界，东北流，至平原合笃马河，即此河是也。《水经注》亦有马颊水，则今东阿之马颊口道也。自土桥闸西北七十五里至临清砖闸，又二里至板闸。

博平北为清平地，清平北即临清，其名由清河。清河者，卫河也。初，元会通出临清，陡峻，数坏舟。明弘治时，白昂于砖闸南置板闸，刘大夏成之，出闸为卫河。卫出辉县百泉，经新乡、汲县、淇县、浚县、滑县、汤阴、内黄、大名、元城、馆陶，一名清河，从清漳名也。又曰御河，隋征辽道也。又曰永济渠。卫纳小丹出彰内丹谷口。其大丹由沁入黄，小丹自石斗门分流修武、获嘉，至新乡合河镇入卫。洹、汤、淇至馆陶合漳。漳出长子者曰浊漳，出平定州旧乐平县者曰清漳，至临漳县合流。《明会典》

言漳水，一自临漳北经大名，至武邑入滹沱。杨锡绂《漕运则例纂》卷
一一《卫河考》因之，误。北流乃滏水，非漳水别流也。至馆陶入卫，
至临清纳汶。由清河、夏津、武城、故城、恩县、德州、景州、吴桥、
东光、交河、南皮、沧州、青县，纳滹沱河，由静海至天津三岔口东入
海。粮艘自岔口北转白河，达顺天通州。自分水口至板闸，今为水程三
百二十三里，北流水改六分。嘉庆丁巳秋，自汶上泛舟至临清，检书记
之，时九月七日也。

《中衢一勺·闸河日记》

《中衢一勺》三卷附录四卷，包世臣撰。包世臣（1775—1855），字
慎伯，安徽泾县人，以布衣游于公卿间，凡河漕盐务诸政，无不谙悉。
本书论述嘉庆、道光年间河、漕、盐三事之得失，尤以《筹河刍言》
《策河四略》颇有见地。《筹河急言》论及治河经费，《策河四略》分述
救弊、守成、筹款、积贮，皆河防工务及经费之事。书中《郭大昌传》
《南河杂记》及《漆室问答》诸杂文，是嘉庆、道光两朝河工及盐、漕
诸政的重要史料。《中衢一勺》附录之《闸河日记》为包世臣道光九年
（1829）行经运河时所作，对清晚期聊城运河记述颇为详悉。

道光九年六月六日戊辰，由馆陶登舟，沿卫溯汶入闸河南返。予南
北往来十次，从未经行闸河，仅据图籍，终苦不能了达心口，此行庶补
其缺。先是八年冬，王氏妹率男家起送女孟仪，与馆陶明府阳湖张翰风
之次子仲远成礼。予今春入都，约夏间迂道至馆陶偕返。馆陶去临清陆
路七十，卫河回曲，水程增十之八，而湍流迅疾，申刻发枻，薄暮已抵
尖庄，盖去城已五十里矣。

初七日己巳，昧爽抵临清小关，关就河岸老树络竹缆截船。巳刻抵
汶口，清溜虽外出，而深才三尺许。卫汶交汇之处有钳口草坝，坝内有
江西粮艘搁浅，冠盖四五事络绎严催，用五六十人引缆，缆绝而船不行，

乃于口外提拨船入拨米。予上坝东南行五六十步至头闸，闸外浅船三，闸内浅船四。转南行二里许则二闸，两闸之间名塘子，可容粮艘五十。若并两艘于塘中，名双灌，则容百艘。向例：先下满头闸版，乃启二闸放船。一帮入塘，俟二闸版下，乃启头闸打船出口，名曰倒塘灌放。为汶口溯流至分水龙王庙，水程三百六十里，势如建瓴，节节以闸约水济运，恐敞闸则直泄无余，浅滞重艘故也。

先是汶水微涨，而卫水未发，清溜外注颇旺，刷深口门。五月廿七八日，卫水长尺许，抵注汶水，浊溜漾入头闸口渍沙。江广船身笨重，虽迭经在济宁、东昌、临清卸载，仍吃水至四尺。予见二闸板上水高于板下五尺许，询知二闸上抵戴湾闸，河路长四十里，现过江西饶九帮，在后止剩八帮，不过四百余艘。相度形势，若先下满头闸板，启放二闸，注水令极盛，乃启版，用长河水力冲刷，不过半日，积沙即可刷通。计泄减水势不过二三寸，无碍浮送尾帮。否则，于一塘尾船见浅之时即下头闸，启二闸打船进塘，前后套搭。头闸蓄水高于外河且六尺，虽二闸下版，水力不盛，而乘高下注，闸外坝内之船自然浮起遄行。打出数十艘，积水宣泄略尽，即将尾船留塘，下头闸版，再提二闸内船进塘。如此钩连打放，一日可两塘半。官吏减守候催督之烦，丁舵免耗米盘船之费，七帮尾船，不两三日亦可出口矣。来年于初倒塘时即行此法，必可趱快廿余日，官民两便。而有司皆催漕熟手，实力从公，坐烈日，挥浊汗，手敝唇焦，计不出此，可怪也。又登土山周览，始知闸北有砖城，名旧城，南面套以土城，名新城，两闸皆在新城内。土墙大半倾卸，而阛阓悉在者，以倚河为通商马头故也。酉刻，浅船始出口。予船趁空抢过两闸，抵大关不得过，遂宿关下。

初八日庚午，过关行里许。西岸有新葺佛祠，询知即乾隆甲午秋寿张逆民王伦据为宫以攻城月余之大佛寺也。四十里抵戴湾闸，居民十余户，皆编箕柳为筐斗。三十里至魏家湾，为粮食码头，清平之首镇，而高唐、清平两州县兑漕水次在焉。予酣饮月下，与肆主张老闲话，言及东省兑费皆头船一丁独得。以办粮道总运卫帮通仓各费，赢余岁三四千两，他船丁止得行月正项而已。又言高唐崔君长于催科，莅高唐不三年，

捐升知府，又为子弟捐知县二、县丞二，而囊橐尚从容。清平送本府漕规，例三百两，高唐四百五十两。去年本府刘君改为按漕一石取规库纹一钱，较旧加倍，语俱骇听。是日交小暑。

初九日辛未，开船行八里至土桥闸，十二里至梁乡闸。湖南帮接连过闸，舣舟候至午刻，尾船始尽，俗谓之大扳艄。漕帅朱公押尾船。朱公清操过人，仆从起居至简易，漕委随员座舰，前任已派定者，公皆不变易，然节制之，使不得借公事以诛索丁舵。遇脱空不发令催提，而船行自速，可谓握要而事理者也，然漕弁之谤詈起矣。吴闸入堂邑境，过闸五六里，河道渐直。自此至临清口门九十里，河流环曲句倨，水回而湍，足以刮空，又不径泄，因知前此为川者，能明《周官·匠人》之义。士不通经，果不足用，亮哉！

风闻堂邑有草名气不忿，又名公道人，植田头以为界址，或起意欲占邻田，则草反向己田行根，茂不可芟。唯堂邑与冠有此种，故二邑无田土之讼。予以让闸散步，询阡陌间土人，为指田头所种。形略同枸杞，而叶背有芒。释氏谓冥王鞫狱，先吞铁丸，有私曲则铁丸内灼。以此草例之，则其说殆信。安得其种遍植寰区，以息讼睦民耶！二十里至新闸，大风雨骤至，惜不久，未能透土，无救旱望。霁后于月下又行廿里，抵东昌府东门闸，住船。

初十日壬申，入城探毕恬溪明府亨信问。恬溪文登人，侨寓东昌，经术湛深，年逾七十，以大挑知县需次江西，三年未得缺，甚以为念。至其家，知于今年三月始署上高。又于途中闻推小车者云：昨晚高堂①下冷子，大如盉，木棉尽坏，屋宇伤者无算。直隶、山东皆呼雹为冷子。廿里至利和务②闸。十三里至周家店闸。丙戌六月，偕亡弟季怀出都，曾驻车于此，食大桃甚甘。今舟子倚桅买桃，予不忍见也，急令解缆。十二里抵七级闸，闸入阳谷境，夹岸俱有市。阳谷、莘、东阿三县，兑漕之水次也。

---

① "高堂"，当即"高唐"。
② "利和务"，当即"李海务"。

十一日癸酉，风略定。连日皆逆风溯流，昨日尤旺，纤挽之劳，几如上峡。十八里至阿城下闸。又二里至上闸，闸东阛阓甚盛，土产阿胶。河西三里许有角大寺，寺后百余步即阿井。井宽三尺许，深四五尺，色深黑，出井即清澈，饮之令人坠重，止中煎胶。土性沙松，砖不数年即坏，近唯土围，出水颇涩。阿城古甄治，陈王墓在焉，今属阳谷。唯阿井周围百步属东阿，故东阿有贡胶役。而土人颂之曰："山东有二宝，东阿驴胶，阳谷虎皮。"虎皮今藏阳谷库，土人传为武松所打死于景阳冈者也。景阳冈在阿城东南廿五里。土人又言：明初有阳谷知县武姓者，甚贪虐。有二妻，一潘一金，俱助夫婪索。西门有庆大户，尤被其毒。民人切齿，呼之为"武皮匠"，言其剥割也，又呼为"卖饼大郎"，言其于小民口边求利也。说虽不经，足以为戒。闸口为盘盐码头，盐捆重八百斤，为圆球，浮于额引者倍差，而入店仍搀和沙土，扣克斤重。土人皆言有司利其规费，助为奸虐，是天下之通病矣。又言现任陈君，人安静，唯任胥吏过甚，赴诉者常半年不得一面。前任蔡君，年少勤政事，无留狱，判决速而平，唯收漕每升加三文，其时民皆乐输，而今以为例，不可复减。予见丹徒故令周以勋，以办嘉庆十九年旱灾捐赈得民。次年收漕，公议以加二完纳，后任欲援其例，乡民万余围其署，至不通薪水三日，而竟不得减。君子之于取也，当思其事之所止，毋徒畏伤廉已也。

八里至金门下闸。又二里至上闸，水势甚平。旁无民居，而作双闸，既扰商，复滞漕，不能测作者用心之所至。十里至张秋闸，闸入寿张境，夹河为城，西半城乃商贾所聚，土产毡货，为天下甲。十里至张家营。嘉庆八年、廿四年两次河决，粮艘皆由此处入湖。中间东岸有五孔桥石滚坝一座、单闸三座、木桥五垛、石滚坝一座。西岸有木桥两座，为南北沙河口，又木桥一座，为赵王河口。两河头皆在直隶长垣县，经由曹濮一带。其河皆宽廿余丈，两滩为土人占种，止存中泓二、三丈，以故平日则为旱河，一遇大雨，宣泄不及，随地淹没。小民不明大计，全在司牧之加意矣。每年汶涨而西水未至，常有水倒漾入河尾，远者至十余里。自临清至此二百里，乃有支河傍入之水。东岸之坝闸所以防两河水发，减入东平、东阿一带沟港，引下齐河之大清桥，以保民堰而利运道也。

嘉庆廿四年秋，予客山东承宣松庭先生_{岳龄安①}署。时东河马营坝决口，水由赵沙二河穿运入大清河，黄水北抵阿城，南抵戴家庙，宽五十余里，东省被灾者五十余州县。予告承宣以发赈银，必用两宝，免致印官借口赔垫，开滥遗之渐。承宣以为然，并委解交府库，使委官不得与印官相见，至今以为法。嗣奉部拨饷一百卅万协济马工，承宣仍发两宝。公子伊绵阿告予曰："家君到东半年，已赔三千余两。马工饷若用碎白对搭，可得平余万一千七百两，用资办公。"予以告承宣。承宣曰："极知吾兄见爱，且吾兄首教吾发两宝，非教居停封殖者。唯此银本当解户部，解部例用两宝。今以马工决口，圣主忧勤，小臣曾不能少效棉薄，而反以为利，于心不安。至局员之是否干没，非小臣所敢知也。"予叹服。予出游三十年，所识大吏以百数，见得思义，自大兴朱文正外，唯有岳公矣。公满州正白旗人，出身吏部，调任陕藩而卒于疫，惜哉！

是时也，黄河由利津蒲台入海，而惠民城逼河滨，狂淦啮护堤至险急。署令陈超诗，苏州进士，予同年友也。岳公许以帑三万，抢护城池。陈君只领八千，曰："若能守者，八千已可。必不能，即三万无济。且恐吏民知有三万，心稍懈，反致贻误。"陈君欲遣其妻子侍太夫人赴省寓，而己身与城为存亡。太夫人曰："惠民城中七、八万户，谁无父母？若能尽迁城中老弱妇女者，我自率妇与孙上省。"卒不肯行，而城亦竟保完固。母义子廉，真不愧恺悌君子之称。

二十里至戴家庙闸，东平州之西境也。

——包世臣《中衢一勺》卷六附录三

《转漕日记》

《转漕日记》，李钧撰。李钧，字梦韶，直隶河间人。嘉庆二十二年

---

① 岳龄安，满洲镶白旗人，官学生，曾任理藩院员外郎。嘉庆二十三年（1818），任直隶按察使。二十四年（1819），任山东布政使。二十五年（1820），任陕西布政使。道光元年（1821）卒。

（1817）进士，入翰林院。道光九年（1829）起，累任河南省河南府知府、开封府知府。十六年（1836）暂署河南粮盐道，次年转任河南粮盐道。十八年（1838），任陕西省按察使。后历任贵州按察使、大理寺少卿、太常寺卿、刑部右侍郎、刑部左侍郎。咸丰五年（1855），擢东河河道总督。咸丰九年（1859）卒。道光十六年（1836）九月至十七年（1837）六月，李钧督运河南漕粮往返河南、通州，以日记形式记载了漕粮运输情况，为研究漕运及运河的第一手资料，可弥补其他史料之缺。此书除记述漕运事宜外，还以相当篇幅记述自作及与同僚、友人所作诗词，亦可据以考见道光朝文坛掌故。有道光十七年（1837）河南粮盐道署刻本。王锡祺《小方壶斋舆地丛钞》亦收入。

（道光十七年二月）十二日卯刻行，十里过尖庄_{临清州地}。又六十里，泊菜园，距临清不及十里也。接总运禀，知帮船于本月初四日过临清。"苍茫野色又黄昏，荡入烟波又一痕。沽酒难寻红杏墅，泊舟多傍绿杨村。琴书自得窗间趣，鸡犬遥闻岸上喧。指点清泉前面是，明晨准拟叩关门。"

十三日辰刻行，五里过南水关，署临清州候补同知贵格以柬来。关以缆为之，两岸之间，横牵为界。迤东曰大关，则限以闸，即南粮帮船所由之会通河也。设闸七十二，蓄水济运，故俗曰闸河。至此合流于卫。又五里，泊临清西关外。日尚未午，本拟饭后再行，缘家丁船户上岸买什物，人不能齐，遂止。临清，古为清渊，又为清泉，元魏始曰"临清"。本县治，今升为直隶州。南北冲要，运道所经，设关榷税，巡抚委知州监收。山东粮船尚有在河下候兑者，知前帮未开行也。明谢榛①，州人，布衣工诗，列前七子中。乾隆三十九年，逆匪王伦作乱，连破寿张、堂邑、阳谷等县，遂围临清。舒将军_{赫德}率禁旅讨平之。《临清杂咏》："折柳为樊不可攀，一绳横亘水中间。于今虎豹真无势，估客讴吟晓度关。""盈盈带水湛清波，岁运皇粮百万多。南自江淮北漳卫，千秋利泽会通河。""何李才名孰比伦，布衣当代有诗人。东邦坛坫多风雅，

---

① 谢榛（1495—1575），字茂秦，自号四溟山人，山东临清人。眇一目，刻意为歌诗，有声于时。嘉靖间至京师，与李攀龙、王世贞等结诗社，榛以布衣为之长，称五子。旋以论文与攀龙交恶，遂削其名于七子、五子之列。而秦晋诸王争延致之，河南北皆称谢先生。有《四溟集》。

今日谁为谢茂秦?""曾作围城递纸鸢,天戈一扫靖烽烟。儿童此日头都白,小劫沧桑六十年。"发家书,暨山东经秋山抚军额布候启。晚间月色朦胧,与联璧由马市街赴关上一游。临水有名灵阁盖取"有仙则名,有龙则灵"之意,未入。历头二两闸,坐岸上观渔人搬罾。

十四日辰刻行,未数里,浓阴四合,细雨廉织,万点轻沤,波纹如绣。不但眼前好景涤尽尘氛,甘泽一犁更足为农人庆也。雨意连绵,大有终日之势,遂泊。《赋得春帆细雨来》得春字五言八韵:"坐对溟濛雨,轻舟泛水滨。平添三尺浪,稳送一帆春。蕴酿催花信,霏微敛曲尘。浓垂沿岸柳,凉扑倚窗人。风飐千丝软,烟拖十幅匀。有痕天际影,无恙客中身。往迹思南海,前途近北宸。恩波流浩荡,记日涉龙津。"申刻,变而为雪,登岸一眺,见有佛刹,曰"净宁寺"。古柏森然,少事游览,冒雪而归。

十五日,天微明,闻爆竹声,询之为舟人祭神,乃复就枕。辰刻兴,天已放晴。行十余里,为风所阻,过午始行。又三十余里,泊安泰寺仍临清地。《咏明瓦窗》以蛤蜊为之:"泛舟有客游春江,木兰之枻木兰艭。吟眸欲纵秋水双,碧纱不羡玲珑窗。草间吠蛤其形厖,此中别有光明幢。良工磨洗借奔泷,琉璃片片声玎瑽。纵横棂格排如杠,眼前春色窥兰茳。水晶失色云母降,绮疏窈窕明金釭。更禁夜雨声声撞,郴台声价不可扛。欲评真赝徒纷哤,何如此瓦来南邦?镜中常看波淙淙,泊船且系垂杨桩。吹火烹鲜酌玉缸,听我水调歌新腔。"安泰寺,巨刹也。与联璧、晴皋登岸欲往一游,叩扉不应。归坐岸上,月色皎然,听晴皋吹笛。

——《转漕日记》卷二

《钦定户部漕运全书》

《钦定户部漕运全书》,雍正十二年(1734)始纂,后每十年续编一次。道光年间又有续纂。以后漕粮改由海运及江浙减赋,卫所停歇,漕运制度发生很大变化，故光绪朝续行纂修。该书对漕粮额征，征收、兑运事例，河道、粮储及通漕禁令等规定甚详，为记载清代漕粮征收及水道运输制度的总汇。有嘉庆二十四年（1819）户部刻本，八十八卷，托津等纂。道光二十四年（1844）刻本，九十二卷，潘世恩等纂。光绪刻本九十六卷，福趾等纂修。本部分录自福趾纂修本。

河闸禁令

一、漕船纤夫中途患病，沿河闸官及管河主簿、巡检验看明白，拨夫送至普济堂。如隔普济堂窵远者，暂送附近庵观，官给口粮，调养病痊，令回本籍。或病重难救，先问姓名，死后殓埋义冢_{乾隆二年}。

一、东省运河各闸，沿河镇道文武员弁催儧漕船，如遇春夏水微之时，务遵漕规启闭。如上下会牌已到，而闸官尚未启板，一面暂令开闸放船，详报总河①总漕②查参。如会牌未到，不得逼勒启板，其会牌亦不得稽迟。如河水充足，相机启闭，以速漕运，总不得两闸齐开，过泄水势_{乾隆二年}。

修建闸坝

……

一、山东八里庙地方，乾隆二十三年奏准，添建滚水石坝，以泄汶河异涨。

一、乾隆二十四年奏准，于张秋镇以南之八里庙建滚水石坝，以泄汶河异涨。

——福趾等纂《钦定户部漕运全书》卷四二《漕运河道》

卫河挑浚

……

---

① "总河"，明清总理河道的官名。清初称河道总督，雍正时改称总河。
② "总漕"，明清总管漕运的高级官员。

乾隆二年，工部侍郎赵殿最等勘视，请于馆陶立一水则，以验彰、卫之浅深；临清立一水则，验汶、卫之浅深，每岁豫省遣员勘实。如果东省运河畅流之年，应酌议通融便民。再如临清以北重运已过，不必拘定五、六、七月，即宜将官用余润波及群生。请于百泉官渠口门内，再制一层闸板，将官闸上板，小丹河原有石闸亦将官闸上板，使水分济东西民渠。洹河东石洞之外，再酌予数洞，以济灌溉。如东省运河平流之年，及临清以北重运未过之日，则将百泉、小丹河官闸悉行撤开济运，洹河石洞之外不许再增。如东省运河涩流之年，除百泉官闸去板外，再于东西民闸酌议轮流启板济运，洹河东石洞之内再酌量封禁，小丹河东西民渠亦应堵塞其口。但藉此汲饮，未便封闭，其上有竹络坝一处，亦应免其封闭。至漕船回空，即或遇有浅阻，饬令山东管河道测量水则，飞檄豫省，酌议启板。至东省畅流、平流、涩流之年，俱视水则记号为准，其期则俟漕船将抵临清之候为率。部议应如所奏，在于馆陶、临清二处各立一水则，每岁豫省派委贤能之员会同山东管河道，于漕船将抵临清之际，将运河水势或系畅流、平流、涩流之处，验看确实，以便将百泉等处渠闸随时启闭，庶蓄泄得宜，于漕运民田均有裨益。至漕运需水之时，该管河道尤当加谨查察，倘有私自启板及挑挖等弊，即行详报该督抚，严拿治罪。官吏失察贿纵，该督抚访查确实，亦即照例参革究治。

乾隆三年，河道总督白钟山疏称：侍郎赵殿最等原奏馆陶、临清立一水则，以为平准。惟查水则之浅深，可定泉源之强弱，难必卫河水势情形。大约漕船将抵临清之候，正在三四五月，其时天晴日燥，源微流弱，涩流居多，平流殊少，畅流则数年不能一遇。以臣愚见，水则竟可不立。如雨水调匀之年，运河水势尚可足用，即将百泉等处渠闸，照旧官民分用。如遇雨泽愆期，河水浅涩，则将民渠民闸酌量暂闭，以济漕运。若遇重运经临之时，河水充畅，或漕船早过临清，民田尚需灌溉，则官渠官闸亦即酌量下板紧闭，以灌民田。总令东省管河道及上河通判、豫省河北道及卫河通判不时查看水势，彼此关照，相机启闭，务使漕运民田两利无害。工部覆准遵行。

乾隆二十四年，总漕杨锡绂①因重运已出临清，卫河水涩，行走维艰，奏请令河南抚臣疏浚泉源，酌闭民渠，全启官闸，以利运行。经河抚胡宝瑛②奏请，将民间渠闸全行堵闭。奉上谕：据胡宝瑛奏，将卫河民间渠闸洞口全行堵闭，俾河流归注下流，以济漕运。候正流充足，再行照例分启等语。现在漕艘已过济宁，正资卫水浮送，蓄水济运，固属因时酌办之法，但豫省河南各属得雨已经充足，其河北一带虽节次得雨数寸，民间尚不无需水灌田之处，若将渠闸洞口全行堵闭，恐农民不能接济，亦关紧要。著传谕张师载、杨锡绂、胡宝瑛等公同酌量，但使漕艘自临清以北，足以资送天津，不致浅阻，则民间渠洞亦须酌为开放，俾畅正流以济运，而旁分余水以润田。总在该督抚等彼此咨会，审度水势③情形，妥协调剂，一面办理，一面奏闻，务使漕运民田，均有裨益。钦此。嗣经会奏，将封闭之民渠民闸三日之内，闭两日以济运，开一日以灌田。俟尾帮全过德州，即飞咨豫省全启。如先得大雨，卫河增长，亦即咨会全启。

——福趾等纂《钦定户部漕运全书》卷四三《漕运河道》

《钦定大清会典事例》

　　《钦定大清会典事例》，清朝官修政书，昆冈等奉敕纂。《清会典》为清康熙时初修，雍正、乾隆、嘉庆、光绪各朝迭加修纂，成书于光绪二十五年（1899）。在此基础上，自《乾隆会典》以下扩展内容，增添事例，另行成书。《会典事例》是对会典的详细阐述，记录各级行政机构的职掌及因革事例。凡有关清朝的政治、军事、民族、宗教、土田、

---

　　①　杨锡绂（1703—1769），字方来，号兰畹，江西清江人。雍正五年（1727）进士，授吏部主事。历任御史、道员，广西、湖南、山东各省巡抚，官至漕运总督。前后官漕督十二年，兴利革弊，实绩最著。卒谥勤悫。

　　②　胡宝瑛（？—1763），字泰舒，江南歙县人。雍正举人，后考选内阁中书，历官左副都御史兼顺天府尹，江西、河南、山西等处巡抚。乾隆中，先后筹划河南、河北水利、督理浚河修堤，定修防之制。曾疏论流民、营伍事宜，皆被采纳。卒谥恪靖。

　　③　"势"字，原文漫漶，据文意补。

户口、钱法、盐法、赋税收支、驿递邮政、行政区划、科举学校、刑名律例、外交边务、天文历法、工程营建、桥道船政、河工水利等项法令制度及其沿革无不备载，为研究清代典章制度的重要资料，其中涉及河工官员、漕运水利等方面的内容颇多，亦有不少涉及聊城境内运河。

乾隆六年议准：山东运河通判所管运河工长汛远，又管东昌府粮务，兼顾殊难。将粮务归东昌府水利同知管理，通判专司河工。

——昆冈等纂《钦定大清会典事例》卷二七《吏部》"官制"

（乾隆五十五年）又定：山东德州州判、吏目，东平州吏目，济宁州州同、吏目，临清州州同、吏目，滕县县丞、典史，恩县县丞、典史，汶上县县丞、典史，峄县、阳谷、曹县、鱼台、单县各典史，河南仪封厅照磨①今裁，祥符、中牟、兰阳、荥泽、考城、河内、武陟、孟县各典史，商邱县县丞、典史，郑州吏目等缺，俱注明沿河字样。遇有河工汛员缺出，一体拣选升调。

——昆冈等纂《钦定大清会典事例》卷六三《吏部》"汉员遴选"

（雍正）十年议准：山东省临清、德州二处，建造仓廒截留漕米二十万石，所有随漕席片在东交纳，以资铺垫。

——昆冈等纂《钦定大清会典事例》卷一九四《户部》"漕运"

（道光）二十四年谕：山东临清州境卫河，水势微弱，下游又多淤浅。现在南粮重运头进首帮，即日抵境。剥船②恐有不敷，著循照成案添雇民船三百只，责成该州一手雇觅，分别拨发存留，俾资轮转。仍由司委员前往监收，随时察看。如水势增长，即行酌量减雇放还，以节糜费。

——昆冈等纂《钦定大清会典事例》卷二三〇《户部》"漕运"

---

① "照磨"，元代以后设置的掌管宗卷、钱谷的属吏。陶宗仪《辍耕录·为将嗜杀》："时王元吉为本府照磨，元吉能备言其详，且有抄录公文。"

② "剥船"，运输货物的小船。《六部成语注解·户部》："剥船：装载减货之小船也。"

（康熙）四十五年题准：漕船至临清、德州等处，河水浅阻。山东巡抚拣委贤能官，自济宁随押督催，遇浅疏浚，催出山东地界，将出界日期奏报。

……

（雍正）二年定：山东省寿张营守备移扎张秋镇。自张秋至七级闸，责令催趱，其魏家湾、戴家庙，仍责该管把总专催。

……

（雍正）七年奏准：北河寿张、东昌等处无专驻大员，巡察不密。今遴派专员驻扎，各按河汛往来催趱。其临清砖、版二闸，即令临清副将催趱巡察。如不实心奉行，致空船重船停泊耽延者，仓场侍郎①题参。

……

（乾隆）四十一年定：山东省运河，每年于十一月初一日煞坝挑浚。其开坝日期，以南漕船只顶台庄为准。如有逾期不筑，及粮船未到台庄，先行开坝，督抚将该管官查参议处。至闸座启板，均俟漕船齐帮，始行开放。官商民船随漕过闸，不许越漕启板。闸官瞻徇私启，致泄水误漕，将闸官及厅员分别议处。粮船因守候齐帮，耽延时日，准于单内注明，免其查参。再山东运河各闸遇春夏水微之时，遵照漕则启闭。如粮船到闸，必俟上下两闸板紧闭，会牌俱到，始行开闸。如会牌已到，而闸官尚未启板，催漕员弁即令闸官开闸放船，详报总河总漕查参。会牌未到，不得逼勒启板。如河水充足，相机启闭，以速漕运，总不得两闸齐开，过泄水势。

——昆冈等纂《钦定大清会典事例》卷二四〇《户部》"漕运"

（同治）九年谕：江北漕船行抵八里庙一带，节节阻滞。现在水势消涸，抽沟剥运业已无及。拟筹雇民车，改由陆路，运至临清，再行接

---

① "仓场侍郎"，清朝户部设仓场衙门，其长官即仓场侍郎，主管京仓（京城内外粮仓十三所）、通仓（通州粮仓二所）政令，负责漕粮收贮，驻通州。其所属有坐粮厅及各仓监督。因其总督各仓监督，所以又称仓场侍郎为"仓场总督"。

运，自应如此变通办理。即著分饬江安粮道、运河道等，赶将已到临清之米一万余石，立即装载开行。其未到漕米务当星速催齐，一律转运，并筹备船只，随到随装，不得再有迟延。

……

（同治）十年谕：张秋筑堤束水，查勘情形，碍难办理。现拟将沮河头、车家楼民堰堵塞，添筑拦坝圈堤。并将郓城属之七里铺民圩堤堰加筑坚厚，添镶护埽。其八里庙临河民堰及王家垓两处，分别添筑内堤大坝，所筹尚属周妥。惟黄流变迁靡常，必须就目前水势地形熟筹审办，方不至虚糜工费、徒托空言。即著饬令派出各员实力兴办，总期于漕船未到之先，一律修浚妥协，免致临事张皇，以重漕务。

（同治十年）又谕：现在黄水挟汶东下，安山以北毫无来源。拟导水济运，于临清卫河入运及张秋清黄将接之处各建一闸。俟漕船将届渡黄，蓄高卫水，使之南行。并拟于张秋淤高之处挑深丈余，增培两岸，以为运河口门。将安山以南运河一律挑浚深通。黄水盛涨，即由安山入盐河，至鱼山上驶，以达张秋，可免绕坡渡黄之险。漕运关系京仓要需，亟宜设法迅办。即著派员前往详细查勘，妥速办理。至侯家林决口，现当水涸之时，及早堵筑，尚易为力，仍当赶紧筹办。务于年前兴工，将该处决口迅速堵塞，并将淤垫运道一律疏浚，俾来岁江北漕粮过境，得以畅行，毋得畏难迟延，致干重咎。

……

（同治十年）又奏准：黄水穿运之处，渐徙而南。自安山至戴家庙三十里，自戴家庙至八里庙二十二里，运河旧有之堤尽被黄水冲破，缺口极多，需用划船下椿，以立之根，然后漕船缴关，步步上移。十里铺、姜家庄、道人桥等处又极淤浅，须由山东设法，一面于淤阻处极力疏浚，一面于运堤各缺口排钉木桩，贯以巨索，俾漕船经过，有所依傍牵挽，不至失事。

（同治十年）又奏准：渡黄以后，张秋至临清二百余里，河身有高有下，其疏导之法须量河身高下，一律深通。再于黄流已长未落之时，即下闸板蓄水，以免消耗，或就平水南闸迤东，筑一挑水坝引黄入运。

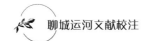

......

（同治）十二年谕：本年江北漕粮仍办河运。东境河道阻塞，所有漕船经由戴家庙马家口一带，及张秋至临清等处淤塞地方，又菏泽、临濮菉汛各口民堰冲缺处所，亟应分别疏浚堵合。著将漕船经行河道赶紧豫筹修理，以利转运，毋稍延误。

（同治十二年）又奏准：山东省预筹来年南漕经行河道，勘估戴庙旧运河及十里堡等处淤垫，并堤堰残缺各工程亟应挑筑。又东阿、阳谷、聊城、堂邑、博平、清平六县，量挑长河工段，切实估计需银四万四千余两，筹款发给委员，会同地方官切实办理。

......

（光绪）三年奏准：本年江北回空漕船，由卫河行抵临清。天气严寒，河流枯绝，不能入运。即在卫河停候汛涨，任各船户载货谋生，经过地方暂免征收船料。至船内货物税厘仍照常征抽，俟来春汛涨南旋，即行停止。

（光绪）七年奏准：山东省八里庙黄运口门，因上游水势南趋，来源微弱，酌在陶城埠地方开挑新河。漕船由十里堡出闸入黄，顺流至陶城埠，径达阿城闸进口。

......

（乾隆）六十年谕：临清等各州县，本年雨水过大，民舍田禾均有淹浸，著加恩将被水较重之临清等四州县本年应征钱粮漕米全行蠲免。夏津、聊城、堂邑三县低洼处所，本年应征钱粮漕米，亦著加恩全行蠲免。其被水较轻之清平等九州县被淹地亩，应征本年钱粮漕米，著蠲免十分之五。

——昆冈等纂《钦定大清会典事例》卷二九〇《户部》"蠲恤"

（同治）十年奏准：山东省张秋镇淤高之处挑深丈余，增培两岸，以为运河口门，将安山以南运河一律挑浚深通。黄水盛涨，即由安山入盐河，至渔山上驶，以达张秋，可免绕坡渡黄之险。

......

（光绪三年）又奏准：东省运河绵亘数百里，自黄水穿运后，溜过沙停，新淤甚多。所有姜庄至沈家口淤浅月河，暨安山迤北至临清运口各州县所辖淤浅河身，遴员逐段兴挑。并疏浚济宁州境新旧泗河，不使河水旁泄，以济漕运。

  ——昆冈等纂《钦定大清会典事例》卷九一四《工部》"河工"

（雍正）四年，挖浚濮州之魏河、聊城之泄水河，并开浚鬲津、赵牛等河。

  ……

（乾隆）六年奏准：临清、德州、馆陶、夏津、武城、恩县、德州诸处，因漳水全归运河，与济水、汶水合流争趋，势甚汹涌。开通直隶省元城县和儿寨村北河沟，与漳河故道相连，严禁小民筑坝阻水，听其宣泄，以分水势。临清、恩县一带民修堤堰，酌量增培，分别修筑。又加修聊城县护城堤岸。

  ……

（乾隆）三十四年题准：堂邑、博平二县之堂博汛运河西岸进水，移建迤南马夹河头地方。金门展宽五尺，门面加高一层，以资宣泄。

  ……

（嘉庆）七年，上河厅属聊城汛周家店西岸，挑挖月河一道。又挑挖李务海西岸月河一道。开挖堂博汛、魏湾坝北口涵洞外引河一道。

  ……

（嘉庆）十三年谕：四女寺支河地处临清卫河下游，为漳卫二水盛涨时宣泄去路。所有应修工段，现据勘估动项，挑挖修筑，应即认真经理，毋任草率偷减，虚糜公项。至该河每届冬季，应行挑浚淤浅，亦当筹款备用。著照所请，于该省司库城工生息银内提取十万两，发给山东运司，交与殷商生息，为每年冬间勘估挑浚之用。

  ……

（道光）三年，修筑寿张县运河西岸民堰，计长一百七十丈。又修筑临清、馆陶、武城三州县民堰漫缺十七处。

……

光绪四年，修理临清州旧城水门圈洞，培高大营、尖冢两庄堤身，添筑滚水草坝，挑挖引河，以泄卫河盛涨。

光绪七年，八里庙黄运口门下游之陶城埠开新河千二百丈，并挑阿城迤北运河。

——昆冈等纂《钦定大清会典事例》卷九二六《工部》"水利"

《山东南运湖河工程计划书》

《山东南运湖河工程计划书》，林修竹撰。林修竹（1884—1948），字茂泉，山东掖县人。1920 年，任山东省实业厅科长，赴各县调查各地风土物产，编写《山东各县乡土调查录》。1924 年，任山东河务局局长兼山东运河工程总办。1925 年，亲督兵民，抢堵黄河险工，并勘察李升屯、黄花寺两处决口。1926 年，任堵口工程总办，在春汛前竣工。1927 年，编纂《历代治黄史》《李黄堵口实记》，总结治黄经验教训。同年秋，任北京政府教育次长。后因政局变化，离职定居天津，1948 年病逝。有《茂泉实业文集》《澄怀阁诗集》。本书为林修竹主持撰写的山东南运湖河治理计划，其中涉及对山东境内运河的治理规划。

第二章　北运河工程计划

北运水源，最初时代，临清以南，则道汶水以济运，临清以北，则引卫水以济运，源远流长。自宋元以迄有清，滨运商民，悉因事重转漕，而咸资利赖。迨至咸丰初年，黄河北徙，夺大清河入海，横断漕渠。河势既经变迁，水系亦因紊乱，故汶仅能合泗以济南运，而不复会卫以济北运矣。由是，张秋至临清，计河程二百十四里。中流断竭，舟楫为之不通。每届漕艘经行，乃启陶城埠拦黄坝，借黄济运。然经借黄一次，水过沙沉，岁必糜以浚工，藉维河运。嗣以漕停工废，河益淤平。因无涓滴之流，遂任居民佃垦。而两岸旧有进水减少，各闸亦皆闭塞，尽失吐纳之灵。不第河道废弛，其影响于运河，西南如濮、范、观、朝、莘、阳、聊、清等县，坡田积潦，既不得假运北行，畅流入卫，亦未能穿运东渡，入徒骇、马颊两河，而注诸海。致使积储雨量疏消无路，宁不泛滥为灾？是欲治临清以南运河，求泄较重于求蓄。非先于徒骇、马颊提前浚导，使东省北部十数县之洼田积水得以分流宣泄，规复入海途径不为功。若仅恃一线漕渠，纵使普治深通，而有层层闸为之钤束，流壅泄迟，已难锐减水量，脱再卫涨倒漾，转恐加厉于灾区也。更进言临清以北运河济运之水，厥惟涨卫，而涨已改归故道。现以卫水为正宗，发源于河南辉县百门泉，流域所经，旁纳滏淇洹漳诸水，合流汇注，至山东馆陶县北入临清，昔与汶河交会处，来源畅旺，每经盛涨，运河几不能容，而夏、武、恩、德等县地处下游，类多坡低于河，在洪水时间，两岸堤工异常危险，向赖恩、德交界运河东岸有四女寺减河，藉资排泄。中经直隶吴桥、宁津两县，穿陈公堤入钩盘河，由老黄河身，复至山东无棣县程子口入海。惜其故道不存，殊失效用。亟应循其旧迹，统筹疏浚，备泄北运河有余之水，不独利于鲁，而上年水患，亦不致再见于京畿，洵为两利要图，最当注意。况临清至德县，计河程三百五十余里，地势降低，全卫北趋，因无闸为之关拦，转恐一泄无余，遗误行漕。故又作湾之河形，以缓其流，藉资节蓄，世遂有"三湾抵一闸"之说。尤易使狂流鼓荡，左撞右击，自起波澜。每值卫涨之时，如德县之陈家庄、武库、八里屯等处堤工岌岌可危。或建裁湾取直之议，希图化险为夷。然昔贤创造经营，宁无精意？骤言改作，是否可行？现时勘测未详，碍难臆断。今于北运为讨论利便起见，以地理上之关系，划为两部分。一为治北运在临清以南之区域，一为治北运在临清以北之区域，分论述之。次及沿运各支河，暨其源流，计划分详于后。

第一节　北运在临清以南之计划

按北运流域，自黄河穿运以后，汶已不能逾黄而北，当然断绝交通。更以漕运议停，河道废弛，不复过问。陶城埠至临清运河之一部分，勺水难求，虽上游接黄河北岸套内之清水沟，恒在伏秋间有积潦之水来注，患在不能持久，殊无水利之可言。即如下游卫水异涨时，容可倒漾，南抵魏湾，而灌至聊邑，转虑顶托西南各县坡田积水，不得于入运后，以宣达于卫河，易致停潴为灾，酿成水患。是临清以南之北运区域，既病无水，又病有水，浚治殊不易为。根本之图，固在浚治北运河身，务极深通，求复原状，或再用引汶道漳之策，别寻水源。苟得挹注之功，必收交通之利。然工巨费繁，恐非旦夕所能办到。今为灾民策按计，莫如先议治标，应即根据地方官绅之请求，亟为金线河下游，筹治泄水河道，俾获排除积水，涸复灾田。事若不涉于运工，而实于运工有密切之关系也。兹先就调查所及，陈述此区域内各河之情状，以为施工之标准。

金线河　该河界在朝、阳、莘、聊四县境内，其上源来水厥有二支，一由朝城县西南旧有引河，即潴河，为宣泄直隶清丰、南乐等县坡水要道。自该河属之毕家屯起，东北行五十三里，至莘县城南入金线河，此朝城县之来源也。一由阳谷县境西南旧有坡河，即古漯河，为宣泄濮、范、观、朝等县坡水要道。自该县属之贾家河头起，西四十里抵鲁家堤口，入莘县境，折向北行二十五里，亦至城南入金线河，此阳谷县之来源也。由此二流合一，全势趋于东北，则为金线流域范围。再接自莘县城南为起点，环绕至城北，又东北行十五里，复入阳谷县属之莲花泓，经鹅鸭坡，行四十里，以聊城南运河左岸进水闸为终点，引导西南各县夏秋霪潦，穿运东渡，出运河右岸三孔桥入徒骇河，流势仍趋东北，经博平、高唐、禹城、临邑、济阳、商河、惠民、滨县、沾化等处，综计河程四百余里，而注诸海，是为宣泄金线河流之正途。抑于入运后，顺势利导，历博、清两县，北达临清板闸，计河程一百十里，以入于卫，亦为宣泄金线河之捷径。以求泄量上之需要，必于斯二者择一而从之也。

徒骇河　该河横贯西东，绵长四百余里，河首则枕于聊城县属运河右岸之三孔桥，赖以吸收西南各县坡水。假金线河为导线，穿运东流，更有临河各地方积储雨量，亦恃此为泄路，汇流递注，竟成一大支河。据津浦路局测过聊城至禹城距离二百十里，河底相差低至四十六尺，排泄流量，天然利捷，莫能与京。故上年曾经东临道尹，以求泄聊城境西北白家洼灾区积水，救济目前，浚治徒骇河。自葛家寨至戴家桥，约长十里，见功既易，收效亦宏。但入博、唐，下达滨、沾，各段河身有无

断续不完之处，及河底起伏，若何状况，能否足资行水，成为坦然无碍之径途，未经逐细测勘，殊难臆断。姑就现测该河上游考察在陈桥以上河底，比较金线尾闾，低不盈尺，过此则愈下愈低。如浚徒骇河，自三孔桥至董家桥，即为葛家寨新挑河之上口。平均浚深，假定以三尺为率，则东岸较西岸当有降低四尺之坡度，排除异涨，虽无吸川之势，而水性就下，亦足以徐畅其流，仍须各各下游均有适当之倾斜，河底高低无甚悬殊，始能释邻壑之嫌，不致生障川之衅。脱使上通下塞，盲于河势，妄贪以调盈泄满之功，窃恐此害未必尽除，彼祸又将断起，为民策安，而益之危，讵谓得宜？

马颊河　该河上游在运河之西，下游在运河之东，运道横贯其间。来自直隶开县、清丰、南乐、元城，经山东观城、朝城等县，绵亘数百里，至莘、冠、唐三邑境内，又一百三十里。积淤年久，有仅存河形者，有淤成平陆者。每至伏秋，积水散溢，恒宽至十余里，深及数尺。上游水势，全注于运河西岸中闸口，奋激欲泄。若遇运水盈槽，涓滴难以容消，则两水夹堤，致生腹背受敌之险。即使运水消落，可望收纳，顾欲以有限之金门疏导无限之水量，势必拥啮闸位，汕刷堤根，运道民田胥蒙其害。其下游则在对岸魏家湾，建有减水闸并滚水坝，用备分泄运涨，排溜东趋，经博平、清平、高唐、夏津、恩县等处，计河程一百六十余里。其间河身宽窄、深浅，殊不一致，固宜普治。但因限于治费，宏愿难偿。拟先将该河穿运一段，计工长七十里，挑除淤浅，以畅全流，则堤岸庄园各无贻患矣。至接恩县界，为平原、禹城、陵县、庆云、海丰等地居河之尾闾，如果财力有余，仍须一律挑挖深通，俾入海之道不致淹没，尤尽善也。

北运河本体　该河仅一部分位置于卫河以南，黄河以北，沉淤深厚，寔较他处为尤甚。况以漕停工废，源流断竭，而两岸进水、减水各闸，亦皆淹塞不通。其影响于沿河各派支流，水系日以紊乱，众流增涨，辄易汛滥为灾。金线河酿祸主因，亦由于此。本段运河，前经南运湖河筹办处派员勘测积淤深浅，俱详记载，犹得按籍而稽。兹复寻查旧置石标，抽段考测，核以纵横断面，援今证昔，形势无甚变迁。自聊城至临清，相距一百十里中，一线河槽，底平亦无大异。惟聊城属之通济闸，与临清属之砖板闸，分踞首尾两端，饱受黄卫积淤，久不通流，河为之废。亟为金线河下游求泄计，应先将此二处施以浚工，平均深度以三尺为率。河成之后，可使运河低于金线河二尺，藉资泄水，由运而卫，得随贯通之便，必适倾泻之宜。或谓运若浚通，设逢卫河盛涨，能无倒漾之虞？不知聊城至临清河底，自然倾斜，降低至十有二尺，即使狂澜上泛，亦必旋进旋退，未可视以为常，且有砖、板二闸，得以相机启闭，决无妨害，可以断言。

方志运河文献

《（宣统）山东通志》

　　《（宣统）山东通志》二百卷首九卷附录一卷补遗一卷，张曜、杨士骧修，孙葆田纂。张曜，字亮臣，号朗斋，河北大兴人，贡生，历官河南布政使、广西巡抚，光绪十二年（1886）任山东巡抚。杨士骧，字莲府，安徽泗州人，进士，光绪三十一年（1905）任山东巡抚，官至直隶总督兼北洋大臣。孙葆田，字佩南，山东荣成人，进士，曾任安徽宿松、合肥知县。去官后，授徒讲学，为清末山东著名学者，著有《校经室文集》。是志始于光绪十六年（1890）张曜奏请修志之举，至宣统三年（1911）志稿始成，于民国七年（1918）铅印行世。正文分典礼志、兵防志、河防志、艺文志、人物志、杂志等十二门，以门摄目，体例完备，编次有序，内容翔实，卷帙宏大，是清代山东省志的集大成之作。此志考查各地建置变迁、山川形势及风俗物产，条分明晰；河防依年编成河流变迁表，对黄河、小清河、大运河等重要河流，详记历代变迁及疏浚整治之法，其中不少内容即与聊城段运河有关。

运河考

　　……

　　运河，故元时所开会通河也。自大江瓜洲口通邗沟，至淮阴渡淮入黄河，经吕梁过彭城，合洳沂，溯汶泗，至济宁，达临清，入卫河。其源以南为逆，北为顺，南接丰沛，北迄天津，凡一千五百余里，而在山东境内者九百余里。本以疏凿而成，故其源最微，黄河冲之，则随他奔，而漕不行，故坝以障其入。源微而支分，则其流益少，而漕亦不行，故坝以障其出。流驶而不积则涸，故闭闸以须其盈盈而启之，以次而进，漕乃可通。潦溢而不泄必溃，于是有减水闸。溢而减河以入湖，涸而放湖以入河。于是有水柜者，蓄也。而雍水为埭①谓之堰，沙解之处谓之浅。浅有铺，铺有夫，以时挑浚焉。今以方里驿闸计之，自江南沛县逆北流而上九十里入鱼台县境，为闸二，又减水闸十四，以泄新河水入南阳湖者也。南阳北岸筑石堤三十余里。由鱼台而北九十里达于济宁州，其东岸邹县境也，为闸一。州以西则济宁卫地也，为闸十四。起鱼台至济宁有旧运道焉，闸四。自济宁而北，顺流而下一百里，至汶上县之开河驿②，其左为巨野县，有闸一，曰通济。巨野而北为嘉祥县境，有减水闸六、坝一。嘉祥县而北又入汶上境，有闸五，曰寺前。自汶上而北七十里至东平州，有闸三，曰靳家口。由东平至阳谷之荆门驿，其间入寿张县境有积水闸一，曰沙湾，遏黄河之水不冲决漕河。寿张而北入东阿县境，有闸一，曰通源闸。在张秋城南，运河西岸，即广济渠也。渠经范县、濮州境，有石堤二道。由东阿而北又入阳谷境，有闸六。在张秋北十里曰荆门上，又北三里曰荆门下。自阳谷九十里至聊城县之崇武驿。其聊城东岸北至博平县境，西岸北至堂邑县境，有闸四，曰周家店。南自龙湾铺北至西北坝铺，则聊城西岸平山、东昌二卫地也，有浅二，曰中浅，曰小浅。自聊城七十里至清平县之清阳驿，由博平北至清平县境有减水闸一、浅铺六。由堂邑北至清平县境有闸二，曰梁家乡。自清平而北六十里至临清州有闸二，曰砖闸，曰板闸。过闸与卫河合流。临清东岸北至夏津县境，有闸二。清平西岸北至夏津县境，有浅铺八。夏津东西岸北至武城县境，有浅铺六。自临清二百四十里至武城之甲马营驿，其间有一渡口驿，亦州境也。而武城东岸北至恩县境，有浅铺十三。恩县东岸北至德州境，有浅铺七。武城西岸北至德州

---

① "埭"，土坝。浙江省有钟埭。

② "开河驿"，地处今梁山县城东南26公里处的开河村。京杭大运河穿村而过，元代置闸于此，称开河闸；设运河水驿，称开河驿。

卫境，有浅铺四。自甲马营驿一百一十五里，北至德州之梁家庄驿。而德州东岸北至德州左卫境，有浅铺三。德州卫西岸至德州境，有浅铺一。德州西岸北至德州左卫境，有浅铺三。德州左卫东西岸北至德州卫境，有浅铺四。由德州之梁家庄驿历七十里，为安德驿，再七十里为良店驿，再七十里为吴桥县之连窝驿。其间有浅铺九。以下遂入直隶境。总计山东漕河所经自南而北由兖州、曹州、泰安、东昌、济南五府，济宁、临清二直隶州，经三州十六县五卫，皆会通故道，明时重加疏浚者也。而北自临清至德州之卫河、南自邳州黄林庄至李家口之泇河，自李家口至南阳闸之新河，皆谓之运河。

卫河旧名御河，来自河南辉县，东北过临漳，东流经大名，东北出临清合会通河。泇河自江南邳州境入东省，通计二百六十里，乃前明河臣李化龙所开，以避黄利运者也。新河为明臣朱衡所开，南自李家口，北至南阳，计一百二十余里。其用为运道者，盖自南阳迄夏镇云。顾运道绵长近千里，非广引诸水，无以裕其源而畅其流。向所称五水济运者，曰汶、曰泗、曰沂、曰洸、曰济是也。惟沂水流本甚微，洸水为堽城坝所遏，已成枯渎。今以济运之水统南北而计之，当以汶、泗、济、漳四水为最要。汶水有三源，至静封镇合流，曰大汶河，绕出徂徕之阳。而小汶河来会，经宁阳县北堽城坝，挟洸水南流，合泗、沂以达于淮。明时筑坝戴村，遏汶水尽出南旺，南北分流以济运。泗水经兖州府城东，元时于东门外金口作坝建闸，明时增修闸洞。夏秋水涨，启闸使南流；冬春水微，则闭闸，遏水西出济宁天井闸入运。济水即洸水也，一名大清河。元人作金口坝，旁有河，曰黑风口，西通运河。漳水有二，曰清漳，曰浊漳。浊漳又分二派，其一流经直隶元城县境，与卫河会。又东北入山东馆陶县界，又北至临清州入运河。

……

《元史·河渠志》曰：立国因漕，疏河渠引清、济、汶、泗，立闸节水，以通燕、蓟、江、淮舟楫万里。后人守其成规，举其废坠，实百世之利也。自元世祖以来迄于今六百余年矣，凡运河事略得而考者，至元十六年穿济州渠，运河由黄河逆流至中滦，又陆运至洪①门入御河。

---

① "洪"，或当作"淇"。

二十年，新开河成。初，毕辅国引汶水入洸入泗，汶水得至济宁。至是李奥鲁赤自济宁开渠，分汶西北流至须城故渎，通漕修闸十有四，经东阿至利津，顺水而北。二十四年，命督水监开汶、泗，达京师。二十六年，用寿张尹韩仲晖言，自安山西开河，由寿张西北过东昌至临清达御河，建闸二十有一。河成，赐名会通。又筑金口坝，建安山开河闸。二十八年，筑堽城坝，浚运河，修堤岸。三十年，建临清会通镇头闸及坝。元贞二年，建李海务、七级等闸。大德元年，建辛店闸。二年，建阿城南闸、师家庄闸。三年，建阿城北闸、荆门北闸、周家店闸。六年，建荆门南闸。七年，建济州在城闸。至大三年，浚会通河。皇庆二年，建戴湾闸。延祐元年，建临清闸。四年，修金口闸，疏为三洞。五年，浚会通河，建石佛闸。至治元年，改东昌河故道，疏为斗门，建济宁天井闸。泰定二年，修土山闸。四年，浚会通河，建赵村闸。至顺二年，建南阳闸。至正元年，筑堽城土坎，建仲浅新闸。九年浚运河。

明洪武元年，开塌场口入泗以通运，浚石佛诸闸，北迳汶济，以通燕赵。又开耐劳坡堤，西接曹郓，以通梁晋之漕。二十四年，河决原武，会通河淤。永乐元年，以运河阻塞，疏泉源，开卫河。五年，卫河溢，自临清至渡口驿堤岸溃决，遣官修筑。八年，浚会通河。九年，尚书宋礼用老人白英策，筑堽城即戴村坝，遏汶水，使西尽出南旺分流。三分往南接济徐昌，七分往北以达临清。又浚沙河，入马场湖，改东昌通济桥为闸，开济宁月河，建上下闸。十年，开魏家湾及德州西北支河。十二年，浚运河。十五年，建新开、上板二闸。十六年，建永通、通济二闸。十七年，疏泉源。宣德五年，开临清月河，置闸。十年，浚济宁至东昌运河，并疏沙湾张秋旧引黄河故道，作斗门，又疏临清卫河。正统二年，浚济宁南北河道。四年，修鲁桥为五空。六年，浚徂徕等处泉源，建龙湾减水闸。九年，修德州耿家湾等堤。十年，疏滕县、济宁州、邹县诸泉。十三年，河决荥阳，溃沙湾，奔济汶入海，会通河淤。十四年，修金口堰，浚临清撞圈湾河达卫。景泰二年，浚沙湾河，改造板闸。三年，沙湾复决，筑石堤，开月河，引水济运。四年，以沙湾屡决，河运不行，使徐有贞治之，乃别凿一渠，逾范暨濮，西北接河、沁之水，以避决口而通运。五年，建戴庙闸。六年，沙湾功成，名其渠曰广济渠，闸曰通源。又建龙湾、魏湾等闸。七年，运河水溢，修运河堤，置济宁至临清各减水闸。天顺二年，改建济安闸。三年，建黄安闸，增筑戴村坝。八年，修临清上闸及广济渠口石坝。成化元年，修戴家湾闸。三年，修筑小长沟至开河驿堤及减水闸，定三年一浚运河。四年，砌南旺西湖石堤。六年，建南旺上下二闸，修临清以北各河口。七年，建沙湾积水闸及土桥闸，改金口土坝，易以石。八年，运河水涸。九年，改堽城土坝为石坝，建堽城新闸，开济宁永通河，疏泉源及各河道。十三年，疏沙河口土坝。十四年，修济宁至汶上运河堤岸。二十一年，浚运道泉源。宏治元年，建赵村等月河石坝。二年，河决荆隆口，复决入漕河，浮入张秋运河。四年，修张秋五空桥河湾减水石坝。五年，荆隆口复决入漕河，浮汶入海。六年，会通河溢。七年，张秋河决，甃张秋石岸，筑南旺湖东堤。八年，张秋河工成，改安平镇。十二年，浚南旺湖。十四年，修筑安平镇濒河堤岸。十六年，修运河。十七年，修堽城、戴村等坝。正德元年，建寺前闸。二年，建袁口闸。四年，筑杨村坝。河决曹濮，趋飞云桥入运河，建孙村减水闸。十四年，浚南旺湖八十余里。嘉靖四年，建靳口闸。六年，筑南旺水柜新堤，建洸河东西闸。十二年，自分水至湖城口两岸筑堤。十三年，河南徙，运道淤积，筑南旺东堤，建恩县减水闸。十四年，筑汶河西岸马场湖长堤。十五年，疏泉源。十六年，建戴庙闸。二十年，浚南旺、安山、马场、昭阳四湖，置闸坝斗门，筑蜀山湖东堤。二十二年，重修南旺西湖长堤，筑独山湖东堤。二十三年，增修德州北石坝，仍沿河做拦水堤。二十六年，曹县河决，运河复淤。四十四年，疏南阳新河，筑沙河、薛河等堤坝，建闸六。四十五年，南阳新河成，开回回墓支河，建冯家坎石坝。隆庆元年，建夏镇、杨庄、满家口等闸，修南阳沙河等坝，开广泰沟，筑独山湖北岸石堤。二年，浚回回墓支河，达鸿沟，引昭阳湖水出沟入漕河。三年，河决沛县，运道淤塞，议开泇河。四年，黄河骤涨，改鲁桥月河为运道，建王家洼、尹家洼通河大坎，挑运河。六年，筑蜀山昭阳湖堤，开南旺月河，凿新泉。万历元年，筑金口，导泗流，会于天井。四年，浚南旺月河，建闸。

十四年，建何家坝。十七年，建冯家坝及马沟、五里堡滚水石坝。十九年，开夏镇闸至李家口里河，凡七十余里。二十一年，挑韩庄中心沟，泇河始通。筑堰城坝，开马踏湖月河及通济闸，二十二年，韩庄新河成，二十四年，浚南旺湖，修何家坝及白马河堤，二十六年，浚洸河。二十九年，开泇河。三十二年，泇河工成，建韩庄以南八闸及湖口闸。三十五年，筑郗山堤，浚猫窝浅，建巨梁闸，增王市、徐塘坝，泇河之工至是乃毕。三十七年，疏南旺、独山、安山诸湖泉。四十六年，浚汶上等县运河。崇祯四年，浚泇河。六年，重浚泇河。十四年，浚邹县白马河，由仲家浅入运。十七年，筑杨家坝。

国朝定鼎燕京，岁漕东南四百万石，由江涉淮入黄河，进董口，由徐塘口经泇河、会通河、卫河，溯大通河以达京师。自台儿庄至李家庄，为山东运道，计长九百余里。顺治五年，修筑杨家坝。七年，河决荆隆口，直趋沙湾，运堤冲溃，汶水由盐河东奔入海。八年，大挑漕河。募民为之多，而工未尽善。九年，河决沙湾，运道复溃，开八里庙引河。十年，令南旺、临清岁一小浚，间岁一大浚。十三年，申严闸座之令……（乾隆）六十一年，河决马营口，复灌张秋，开苇河，筑东平、寿张、东阿、聊城、博平堤工。六月，谕大学士等：秦家厂堤工杨宗义、牛钮不能堵筑，马营口所出之水，想又入去年流至直隶长垣县等处。此水泛滥，必由张秋流入运河，于漕船亦有关系。著山东巡抚李树德亲身前往监看，料理修治。若水势甚大，可引入盐河流泄，使漕船可过，毋致有误。

——张曜、杨士骧修，孙葆田纂《（宣统）山东通志》
卷一二六《河防志》第九

《（万历）东昌府志》

《（万历）东昌府志》二十二卷，王命爵、李士登修，王汝训纂。王命爵，江西庐陵人，进士，万历二十三年（1595）任东昌知府。李士登，字联之，号瀛阳，河南洛阳人，进士，万历二十六年（1598）任东昌知府。王汝训，字古师，号泓阳，山东聊城人，进士，历官直隶无为县知县、刑部主事、光禄寺少卿，卒赠工部尚书。此志之修始于万历二十四年（1596），成于二十七年（1599），翌年梓行，为现存最早的东昌府志。正编分图考、地理志、建置志、帝迹志、封爵志、职官志、选举志、学校志、祀典志、田赋志、户役志、兵戎志、河渠志、驿传志、古迹志、灾祥志、名宦志、人物志、艺文志、别志二十门，内辖十七目。其中《河渠志》记述明代聊城运河颇为详悉。

国家都燕，仰给东南，唯是一衣带水以供天府，而郡绾其会，群职分任经理，岁漕以数百万。春夏水涸胶，不任舟政，在治河使者先事蓄猪①疏引，守津吏以时启闭，然后郡受转漕之利。汶卫合而水盛，秋至时时啮溢，往尝间殚为河矣，防之何可不豫焉？

总理河道军门、管理河道工部分司以上衙门不在府境。

管理河道按察司分署临清，奉敕行事，带管河道。所属本府管河通判一员、临清州管河判官一员、聊城等县管河主簿共七员、博平县管河典史一员、周家店等闸官共七员。

河渠考

元初粮运自浙西入江淮，遡黄河至中滦，陆运至淇门，由御河舟达于燕。世祖至元二十年，以江淮水运不通，命兵部尚书奥鲁赤等，自任城穿渠，导洸、汶、泗水北流，至须城安山入清济故渎，经东阿至利津河入海。后海口沙壅，又从东阿陆转二百里抵临清，下御漳，以道经荏平，夏秋霖潦，转输艰阻。二十六年，用寿张尹韩仲晖、太医令史边源言，复自安山西南开渠，由寿张西北过东昌，又西北至临清，凡二百五十里，引汶绝济，直属御漳，建闸节水，名会通河。国朝洪武二十四年，河决原武黑阳山，由旧曹州郓城西河口漫安山湖，而会通河塞。永乐九年，以陆运劳费不赀，用济宁州同知潘叔正言，遣工部尚书宋礼等发山东丁夫十六万余人，疏濬元会通河故道，自济

---

① "猪"字，通"潴"。

宁至临清三百八十五里。又筑坝戴村，遏汶水分流南旺，北达临清，会通河始复。正统十三年，河决荥阳，自开封北，经曹濮趋曹①，决沙湾东堤入海。景泰四年，左金都御史徐有贞奉命往治，浚广运渠，起张秋金堤，达于大洑，逾范暨濮，上设九堰，建泄水诸闸于东昌龙湾等处，以宣其流，而沙湾塞。弘治六年，都御史刘大夏筑堤黄陵冈，由是河南徙，始不病漕。

卫河，即御河也。始隋炀帝导卫辉百门泉，东北引淇、滏、漳、洹之水，御以巡幸，赐名御河。卫流湍悍，益以汶。七八月间，洪涛峻泻，水势冲激，数败舟。弘治庚戌，侍郎白昂出治河，建临清东闸。正德间，都御史刘恺建南版、新开二闸，以后岁遣都水司主事一员治河。嘉靖七年，主事郑允璋奏革闸务，并隶砖厂营缮司，河道改属张秋都水司。壬子大水，卫河决，工部员外郎周思兼督众筑塞。隆庆三年，总理河道都御史翁大立②檄州县各裁闸坝夫役无事之食者，改编银差，贮府备用。万历十九年，漕流艰涩，工部都给事中常居敬③行河，疏请府北二十五里增建永通闸。一自会通河开，迄今二百余年，决塞不常，前后治河诸臣经营无余力，境内诸役以间征调徐兖挑筑，岁时不足，百姓私益其直，濒河诸州邑困甚。河道经由凡一州七县。

聊城县

河之东岸南自本县之皮家寨，北至博平之梭堤六十里，西岸北自堂邑之梁家乡，南至阳谷之官窑口六十五里，置浅铺二十有三北坝口浅、徐家口浅、柳行口浅、房家口浅、吕家湾浅、龙湾浅、宋家口浅、破闸口浅、林家口浅、于家口浅、周家店浅、北坝口浅、稍张闸浅、柳行口浅、白庙儿浅、双堤浅、裴家口浅、方家口浅、李深

---

① "曹"字，或当作"漕"。

② 翁大立（1517—1597），字儒参，号见海，浙江余姚人。嘉靖十七年（1538）进士。隆庆二年（1568）督理河道。三年（1569），河道决于淮徐间。大立乃上疏言治河事，言朱衡所开新河运道之利，并请增浚回回墓至鸿沟，引昭阳湖水沿鸿沟出留城之水道。又痛言民间愁苦之状，且绘图以献。次年（1570），主持各项工程次第告成，升工部侍郎。山东诸水复涨，河道复淤，被劾罢。万历初起复，历南京兵部尚书，致仕归。

③ 常居敬（1546—?），字惟一，湖北江夏人。万历二年（1574）进士。曾为刑科给事中、浙江考试官，后以工科都给事中、太仆寺少卿、太仆卿督理漕河有功，升右副都御史巡抚浙江。万历二十三年（1595），以科臣勘河失护祖陵罪，被免职赋闲。

口浅、米家口浅、耿家口浅、蔡家口浅、官窑口浅，二十三铺，浅夫七十人。置闸四：周家店闸_{南接阳谷之七级下闸，十二里，闸官一员，夫三十人。}李海务闸_{南至周家店闸十二里，夫三十人。}通济桥闸_{南至李海务闸二十里，闸官一员，夫四十人。}永通闸_{南至通济桥闸二十五里，闸官一员，夫三十人。}官窑等处减水闸五。

博平县

河之东岸北自清平界，南至博平之梭堤三十七里。西岸北自清平之丁家口，南至魏家湾四十里，置浅铺六_{朱家湾浅、减水闸浅、老堤头浅、袁家湾浅、朱家屯浅、梭堤浅。}老堤头北减水闸一。

堂邑县

河之西岸北自清平之魏家湾，南至聊城之吕家湾，三十五里，置浅铺七_{涵谷洞浅、新口浅、土桥浅、中闸口浅、马家湾浅、北梁家乡浅、南梁家乡浅。}置闸二：梁家乡闸_{南接聊城之通济闸，三十里，闸官一员，夫三十人。}土桥闸_{成化十二年建，南至梁家乡闸十五里，夫三十人。}土城中减水闸二。

清平县

河之东岸，北自潘官屯，南至博平之减水闸三十九里。西岸北自临清之潘家桥，南至堂邑之涵谷洞三十三里，置浅铺九_{潘家浅、张家浅、左家浅、李家浅、丁家浅、赵家浅、戴家湾浅、十里井浅、魏家湾浅，浅铺夫四十五^①，捞浅夫六十六人。}置闸一，戴家湾闸_{南接堂邑土桥闸，四十八里，闸官一员，夫三十人。}魏家湾、李家口减水闸二。

临清州

会通河之东岸赵货郎口，南至板桥三十四里，西岸北自临清之二哥营，南至板桥三十一里，汶河北岸板闸，河东至潘家桥二十里，南岸板桥东至赵家口二十三里，置浅铺十九_{破闸口浅、沙湾浅、潘家屯浅、潘家桥浅、北土门浅、郭家庄浅、上口厂浅、王家浅、丁家马头浅、陈家庄浅、白庙浅、夏伏柳浅、赵家口浅、孟家口浅、罗家圈浅、吊马桥浅、尖家浅、房村厂浅、撞圈浅，浅夫一百七十一人。}置闸二：新开上闸_{南接清平之戴家湾闸三十里，闸官一员，夫八十四人。溜夫四十人。}南板闸_{南至新开上闸五里四十八步，夫四十人，溜夫一百十五人。}（以下为夏津县、武城

---

① 此处原文疑有误。

县水工情况，从略）

——王命爵、李士登修，王汝训纂《（万历）

东昌府志》卷一四《河渠志》

《（嘉庆）东昌府志》

　　《（嘉庆）东昌府志》五十卷首三卷，张官五、嵩山修，谢香开、陈可经纂。张官五，浙江萧山人，监生，乾隆五十七年（1792）任东昌府知府。嵩山，满洲镶黄旗人，嘉庆五年（1800）任东昌府知府。谢香开，山东福山人，举人，东昌府聊城县教谕。陈可经，山东博山人，进士，东昌府教授。是志之修始于嘉庆元年（1796），成于嘉庆四年（1799）八月，未及付梓，张氏迁官去，由继任嵩山对志稿校正续补后，于嘉庆十三年（1808）梓行。正编分舆地、建置、食货、秩祀、学校、职官、名宦、选举等十六门、五十一目，保存了与聊城运河有关的基础资料。

　　会通一津，全以各闸节蓄。而临清以北，则环曲而行，不复置闸，世遂有"三湾抵一闸"之说，而不知前人用曲之意，全为漳水设也。漳水之浊虽减于黄河，而易淤亦与黄河等。然而治漳之法与治河又有不同。黄河来源甚高，建瓴而下，彻底翻掀，顺其所趋，则沙随水滚，绝无壅阻。遇曲则势逆，势逆则脉滞，水过之处余沙易留，路愈曲而势愈逆，脉愈滞。迫之使怒，横决随之，故以逢湾取直为上策，盖循其性而行所无事也。漳水浊滓稍轻，而来源平坦，无奔激振荡之力。若津道径直，缓缓而行，则水浮沙沉，随路淀积，疏之不胜疏矣。今多用湾曲，使之左撞右击，自生波澜，鼓动其水，而不使稍宁，则沙亦随之而去，是纡曲之正以排瀹之耳，岂仅以此为节蓄之方哉？若仅知其防淤，而概以黄河逢湾取直之义施之，则求通反滞，大失曩贤规画之精思矣。

——张官五、嵩山修，谢香开、陈可经纂《（嘉庆）东昌府志》卷七

《（康熙）临清州志》

　　《（康熙）临清州志》四卷，于睿明修，胡悉宁纂。于睿明，字君临，辽宁辽阳人，进士，康熙十一年（1672）任临清知州。胡悉宁，号良夔，历任户、礼、刑、工四科给事中。此志始修于清康熙十一年（1672），次年成稿，康熙十三年（1674）梓行，为现存最早的临清州志。正编四卷：卷一建置沿革、疆域、星野、古迹、风俗、城池、河渠、公署附村市、职官；卷二庙祀、学校、赋役附驿递夫役、土产、选举、荐辟附别籍；卷三兵防、名宦附旧志宦籍、人物乡贤孝义另列、列女、侨寓、貤封、仙释、祥异；卷四艺文。是志篇目简明，记注赅备，详列临清之街、市、巷、厂、口、铺、衖衙的名称与坐落方位，为考见明清时期临清城市的规模与发展提供了丰富资料。

城池

　　旧城。自后魏始在卫河西，土人曰旧县集者。宋建炎间患水，移曹仁镇①，在会通渠南，并有剩址。明洪武己酉，徙县治汶卫环流之中，未城。正统己巳，兵部尚书于谦议临清当城，以平江侯陈豫②、都御史孙曰良③治其事，属时饥，不果筑。景泰改元，巡抚洪瑛始卜今地，协二公成之。先是，靖难后，会通渠北置广积仓城，遂因之，故其西北特出，缘仓基也，俗谓之幞头城。城高四寻，广三寻，围九里百步，甃以甓。为门四，东威武，南永清，西广积，北镇定。正隅为戍楼八、戍铺

---

　　① "曹仁镇"，在今山东临清市南八里。《清一统志·临清州》引《州志》："宋时尝移临清县治曹仁镇。今会通渠南宋旧城是。"
　　② 陈豫（？—1463），字立卿，安徽合肥人，平江侯陈瑄之孙、平江伯陈佐之子。袭平江伯爵，进封平江侯。官至临清镇守，卒赠黔国公，谥庄敏。
　　③ 孙曰良（1388—1474），字艮斋，江西丰城人。永乐九年（1411）进士，授监察御史，出知交州府。正统初，超擢广西右布政使，总督广西兵备。官至右副都御史镇守临清，后致仕。所至有能声，有古循吏之风。

四十六，人马陟降处为蛾眉甬道。外凿湟，周匝深广皆九尺。弘治乙卯，副使陈璧为女墙，树界坊，筑月城，溵隍叠石，为四桥。正德庚午副使赵继爵、癸酉副使李充嗣，嘉靖丙申副使张邦教又相继增葺。皇清顺治癸巳，副使傅维鳞①重修。

新城。州四方贸易地，遡河之民生聚日衍，城居不能什一。正德辛未，盗起瀛濒，守臣掘堑筑土，以卫城外之众，谓之边墙。嘉靖壬寅，巡抚都御史曾铣、兵备副使王杨得丘文庄公书曰：临清宜跨河为城。遂协群议，由旧城乾、巽两隅拓而广之，延袤二十里，跨汶、卫二水，为门六，东宾阳、景岱，南钦明，西靖西、绥远，北怀朔。为水门三，汶一、卫二，各为戍楼对峙。为月城四，为戍铺三十有二，凿池深阔，垣高广并如旧城，而阛阓之宏丽峻敞实过之。第诎于时，未有甃甓。嘉靖丙午，按察副使李遂为水道二。己酉，副使丁以忠为小门于靖西、绥远之间。辛亥，巡抚都御史王忬、副使李宪卿为敌台三十有二。己未，副使张鉴、知州李希欧修战舰，增楼橹。水门各筑翼楼二，有云桥射窦，以严攻守之具。

……

河渠

按汶水为会通河。元至元间，自安民山开渠，导汶绝济，直抵临清，建闸三十有一，度地高下远近，以节蓄泄。自行海运，河废。明永乐九年，用济宁同知潘叔正议，命尚书宋礼、都督周长发山东丁夫六十万五千，浚而通之，以罢海运。

卫水为永济渠，始隋炀帝导卫辉苏门山百门泉，东北引淇、滏、漳、洹之水，为大河，御以巡幸，赐名御河。或曰汉屯氏河即此。流八百里为元城，又百五十里入临清。

闸四，曰会通，曰临清。元旧址，明尚书宋礼复置，在汶北支，久废。原为会通东西二闸，今存者止会通一闸。曰新开，曰南板，永乐十五年，平江伯陈瑄创，在汶南支。初，会通入卫，在汶北支，中缩而尾

---

① 傅维鳞（？—1667），初名维桢，字掌雷，号歉斋，直隶灵寿人。顺治三年（1646）进士。历东昌兵备道、左副都御史，至工部尚书。熟于明代文献。有《明书》《四思堂文集》。

回，数坏舟。乃凿南支。

桥四，曰广济、弘济、永济、通济。广济，在卫河中，明兵备副使陈璧创，屡经兴废，至皇清重修。弘济，在汶南支，都御史翁世资创，昔维舟久废。永济，知县奚杰创，制石如闸，以木四十丈撑水中，上为大筏绝河，望之如飞虹，俗名天桥。通济，初副使陈璧以造舟，嘉靖戊申，工部郎中严中、通判程鸣鹤议改石桥如闸，制水涨涸，以时蓄泄，并在汶北支旧又有德绍桥一，在卫河，久废。

浅铺十有九：破闸口、沙湾、潘官屯、潘家桥在汶河、北土门、郭家庄、上口厂、王家浅、丁家马头、陈家庄、白庙、夏杖柳、赵家口、孟家口、罗家圈、吊马桥、尖冢、房村厂、钟圈在卫河。

渡十有二：三里铺、新开口、窑口、卸货口、榷关前以上在汶河、真武庙、太平口、广济桥、南湾、狮子桥、南板闸口、南水门外以上在卫河。

按旧志渡七：新开口、窑口、真武庙者存，余所载无考，不录。

洲一：在汶卫环流之中，财货聚焉。自元以来名之曰"中洲"。其东砌以石，如鳌头突出，筑观音阁于上，四闸建左右如足，广济尾其后。知州马纶题曰"鳌头矶"，俗谓之"观音嘴"。

津一：启秀。上为拱极楼，今修葺弘整。

泉十①：广济、通济、普惠濒汶河、显晦、漱玉、清惠、威武、镇定、遗泽、洙泗、渊源在旧城中，各甃甓为井。

……

公署②

临清兵备道，在州署西南，明成化丁未，副使潘瑄肇创。弘治癸丑，副使陈璧凿外坊之南为三桥。嘉靖己亥，副使王扬，己未副使张鉴相继拓而新之，并修创其未备。

户部督饷分司，在旧城西北隅。仓三，曰广积；曰临清，厫八十一连，连十间；曰常盈，厫二连，百间。又有督储馆，在城外。

---

① 下文所列，实有十一泉。

② 此处存录与运河关系密切的临清衙署。

户部榷税分司，在会通渠西浒。

工部营缮分司，在中洲。砖厂四，上、下、中、后。

州署在旧城之中近西。明洪武初颁公廨式，遂自曹仁镇移建中洲。景泰间再徙今治。弘治己酉升州，知州张𬤝①增址，辟度堂库，房舍皆完备。前为御箴亭_{箴曰：尔俸尔禄，民膏民脂，下民易虐，上天难欺。}知州宅东同知判官宅各一，西判官吏目宅各一，皆附吏舍_{同知判官宅今圮}。

……

漕运行台，在卫水之浒_{今圮}。

工部都水分司，在旧城外西南隅_{今圮}。

工部北河行署，在新城中洲_{今废}。

……

山东督运把总署，在中洲_{今圮}。

遮洋督运把总署，在漕运行台南_{今圮}。

山东卫河提举司，在新城南隅_{今圮}。

清源水马驿，在中洲北向。

渡口水驿，在州北五十里。

清泉水驿，在州南五十里。

递运所，在卫河广济桥_{今圮}。

拨夫厂，在递运所后迤东。二皆创置无考，尽圮。

……

水次仓，在中洲，明洪武间创，即旧县预备仓。

惠民药局，在东水浒，疗漕运官卒_{今废}。

会通税课局，在中洲，明洪武己未知县李真卿建，正统十三年改隶户部榷税分司_{今废}。

……

村市

街

司前　州前　帅府　户部　钞部　小仓　新开_三　永清　太平　礴

---

① 张𬤝，河南河阴人，举人，弘治中任临清知州。

盘　草店　板井　酱棚　茶叶店　斜　侯村　济武　冰窖
市

米　柴　马　猪　牛　鸡　鹅　饭　青碗　线子　小　菜　锅
巷

果子　白布　琵琶　钉子　故衣　纸马　白纸　大宁　躧鼓　宁海
竹竿　鞍子　手帕　香　井亭　打狗　窑冶　毛袄　曲　油篓　皮
弓　豆腐　马尾　箍桶　粜米　土坯　碾子　礼拜
厂

席　板　炭　石灰　南　砖
口

打绳　南司　车道　菜市　鸡市　坝
铺

红花

衖衕

烧酒　缨子　打挂　金家　羊毛　韦家　雕栏
道

东夹　西夹
嘴

观音　万家
湾

上　下　南

——于睿明修、胡悉宁纂《（康熙）临清州志》卷一

《（民国）临清县志》

《（民国）临清县志》十三册首一册，张自清修，张树梅、王贵笙纂。有民国二十四年（1935）铅印本，约四十五万字。此志前首册为图像；第一册为序、凡例、大事记；第二册为疆域志；第三册为建置志；

181

第四册为经济志；第五册为党务志、教育志；第六册为礼俗志、防卫志；第七册为选举志；第八册为秩官志；第九、第十册为人物志；第十一至第十三册为艺文志。后附崔长楷、孙宝贤《跋》。是志在保留旧志内容基础之上更易门类，增辑续补，内容丰富。经济志记清末民初临清社会经济状况，金融记民初币制类别、纸币兴废、银价消长与债息利率，工艺记丝织、制陶、皮革等传统手工生产，商业记商业区域、商会组织、商品种类及商品流通等，均详明具体。对民国时期临清运河的记述，不少资料为其他文献所不载，具有重要意义。

鳌头矶 在鳌背桥西南数十步中洲东起处，砌以石，如头突出，筑观音阁于其上，开新闸各二，分左右如足，而广济桥尾其后。明知州马纶题曰"鳌头矶"，邑人方元焕书之。近因建进德分会，拆矶前木坊，移于会址，方书已失。俗称其地为观音嘴，昔日津途旅客登阁远望，全市景物历历在目。明李东阳有过鳌头矶诗，邑中十景之"鳌矶凝秀"即此。

——张自清修，张树梅、王贵笙纂《（民国）临清县志》
"疆域志"之"桥道"

舍利宝塔 在城北五里许卫河东岸永寿寺南，明万历间，邑人柳佐建，俗称其地为塔湾。塔九级，高十余丈，作八角形，矗立岁峣。晓登其上，可以望岱。清顺治时，荷兰国人曾赏其建造之工，图之以去。旧志十景所谓"塔岸闻钟"，即此。惜民国四年内部焚如，登临者仅可升至第三级，其胜概已非昔比。

——张自清修，张树梅、王贵笙纂《（民国）临清县志》
"疆域志"之"塔庙"

钞关

临清居运河要冲，百货骈集。明宣德四年设关于此，内有厅堂，有仓库，有巡栏舍。仪门之外，南为舍人房，北为船料房，前为正关，有坊二，曰"裕国"，曰"通商"。南侧为玉音楼。又临河为坊，曰"国计民生"。坊之北为阅货厅，河内沉铁索达两岸，开关时撤之。隆庆元年，关主事刘某购北邻民房五十余间扩充之。清乾隆十年，巡抚喀尔吉善[①]檄知州王俊重修，有碑记。民国十九年废。二十二年，鲁北民团军指挥部驻防其间，指挥赵仁泉增建舍宇，形势益复崇焕。

——张自清修，张树梅、王贵笙纂《（民国）临清县志》
"建置志"之"政治类"

临清街市冠于济西。其繁华中心在西南关土城之内，砖城则市井萧条，较之土城，十不及一。兹区分为二部，以便叙列。

砖城街市

砖城四门均不相值，惟东南两门各有大街，及博源门新修街一道。南门大街，自中山门起，其支街之东出者为甘泉庵街，再北为火星庙街，再北为州口街。北至文庙为止，接于东门大街。其支街之西行者为城根，为州前街，县政府在焉。县府之后为学后街，为广积仓街，再北无居民。

东门大街中间名卫井街，西极文庙。其南出支街为南营，为城隍庙街，西接于南门大街。其北出之支街为北营，左右皆荒场，居民艺禾黍焉。

博源门街新筑马路延袤东北，直达县政府。两旁市肆栉比，饶有维新气象。

按：城内街市，当全盛时代，人烟辐辏，有毂击肩摩之势。自经兵燹，元气不复。劫烬之余，惟此尚在。若西门内三两人家，已不成其为街市。北门之内则白骨如莽，瓦砾苍凉，过其地者不胜今昔之感焉。

土城街市

土城跨两河，环抱砖城。南西二面周围诘屈二十余里，水陆设门十，

---

① 喀尔吉善（？—1757），伊尔根觉罗氏，字澹园，满洲正黄旗人。初袭骑都尉，授上驷院员外郎，充浒墅关监督。雍正五年（1727），袭世管佐领。九年（1731），累官刑部左侍郎。十年（1732），充八旗通志馆副总裁。乾隆五年（1740），授山西巡抚。十一年（1746），迁闽浙总督。十五年（1750），加兵部尚书衔。十九年（1754），加太子太保。二十二年（1757）卒。谥庄恪。

其中阛阓纵横绮错，更仆难数。兹区分为五，以中洲市廛所聚，为中心，余分东西南北各部，以中部环绕之河线为起讫，列述如左。

东部以砖城南门外永清街为最大。旧为粮市，南极于汶河，其附城横街左为东梯，右为柴市，止于通济桥。其南沿河斜街为古楼街，西北行通上湾，至鳌头矶两横街之中，又有东西街，名曹档街。其中部则部落零星，无复市衢矣。

南部街市段落有三，不相衔接。最大者为车营，在汶河之右，粮商聚居之南厂街在其西南，中隔土山。再南为南水关，为南来帆船停泊之所，均与中洲大街隔汶河相望。

西部在卫河西岸，为临西入城孔道，居商因运输之便，多业土产者。计大街两道，自下渡口西渡为棋盘街，接磨盘街，达西雁门，此北支也。自浮桥渡河而西为青龙街，分两歧，右出者为花市街，左出者为米市街，至于靖西门，此南支也。两街之间，南北横街有三，东滨河者为灵官庙街，中为曲巷，西为打鼓巷，极西荒地有真武庙。旧历三月三日，有会颇盛。

北部在广积门外、卫河之东、汶河北支之北，为回民聚居之地，皮货及屠宰业颇发达。其间街衢丛杂，多斜行，河流所限也。所有南北通衢分为四支，西端由问津桥东北行，为牛市口，由月径桥北行，为牌坊街，合而为南北街，经华美医院前，至于怀朔门，静宁寺在焉。中支出天桥，曲折北上，歧而右者通清真寺，岐①而左者经香巷，达医院。东支出会通桥北行，经太平寺，至关帝庙，东北经袁家巷，至娘娘庙。其东西横街，在天桥以西者为油篓巷，为前后香巷，在天桥以东者为车道口，接于东部之柴市，为王烈士祠街，为棋杆街，通于新西门。

中部汶卫四绕，形如汀洲，故古称"中洲"。其间商贾云集，市肆星罗，为全境繁荣重心。兹定闹市为干街，余为支街。自鳌头矶西行，至吉士口有栅栏，栅栏之外则后铺街，缘其西北前后关街斜绕，其西南由吉士口入，其东西干街为考棚街，横亘大街，接大寺街，至丁字街止。

_____

① "岐"字，或当作"歧"。

考棚街路北有中学，中学之东为田家店，西为纸马巷。大寺街路北有大宁寺，琵琶巷、大宁巷环列于左右。寺前曲折南行，经大桥冠带巷、南司口，直达西夹道。大寺之西有教育局，附近有街名十七街，皆居民。其南北干街，自天桥至东夹道南端三里余，为商业最盛之区，计分三段，名称各异。北段为锅市街，中为马市街，南段为会通街。北段之西有两大东西支街，北为果子巷，亦名竹竿巷。南为箍筒巷，多以竹木为业。两巷中间有南北横街三，曰公馆街，曰税课局，曰白布巷。中段之马市街，东出之东西支街，为后管街，为碾子巷，中国银行在焉。南为宁海巷，皆通后关街。路西为公安局驻所，局北为史巷，南为马市口，通养济院，商会居之。再南为察院街。会通街为大街之南段，其左右横街，东出者有二，通二闸口西行者有三，皆小巷，此中洲全市之大概情形也。

右列各市，以中洲为最大，商业亦最盛，河西次之，北部又次之。车营面积虽小，而资商颇多，东部则满目萧条，每况愈下矣。惟街道偪仄，各部同病，车不并驰，阴雨尤泥泞难行。故志之，以俟改良焉。

——张自清修，张树梅、王贵笙纂《（民国）临清县志》

"建置志"之"交通类"

《（康熙）张秋志》

《（康熙）张秋志》十二卷，林芃修，马之骦纂。林芃，字郎山，福建长乐人，拔贡，康熙七年（1668）任张秋镇通判。马之骦，字旻来，河北雄县人，贡生，寿张县主簿。是志始修于康熙八年（1669），康熙九年（1670）修成梓行，为现存最早的张秋镇志。正编分方舆志、建置志、河渠志、纪变志、职官志、赋役志、选举志、孝贞志、奇异志、艺文志十门，内辖四十七目。张秋地处寿张、阳谷、东阿三县之交，金元时称景德镇，明弘治时改称安平镇，横跨运河，向有"南北转运锁钥"之称。明清时期，张秋镇是漕运中枢与南北商品集散中心。故是志内载市镇商业经济与运河漕运内容尤为翔实。方舆志内风俗、物产，建置志

内街市，赋役志内税课等篇，载市民习尚、街市店铺及商行课税等，从中尤见该地商业经济状况与特征；河渠志与艺文志内，除详载运河建置外，并收有关运河材料甚丰，对考见元明清时期运河变迁，提供了丰富资料。有康熙九年（1670）刻本，山东省图书馆藏有康熙斌业斋抄本。

街市

镇城幅员数里，自南而北，则漕渠贯其中。自东而西，则谯楼绾其口。城中街市以此定其界焉。

河以东，中则为炭市对谯楼，直东贯东门街也，一名马家街，马举人希昂坊在焉。一名魁春街，一名布市，一名杂粮市。总之炭市为著。

东关厢在东门外迤东，又为菜市焉。

南则为文衢街河口自西而南，一名驴市。

孝廉里自南而北，属之于盐店街者，俗呼为里街。

南水关厢在河东南水门外。

巡检司街南关以东，旧有巡检司，今废。

北则为范家胡同河口自西而东。

显惠庙街在马头津口，自西而东。

盐店街自北而南，属之孝廉里，行盐贾人之所聚也。街径通北、东二门，为转毂大道。北有东阿书院，又名书院街。

北关厢在北门外。

柳行头街南接北关厢。

北水关厢河东北水门外，其里街曰旧菜市，而濒河挽道不与焉自北水门属之。南水门马头据其北，钟楼峙其南，饭坊酒肆往往列居其侧。

此皆属之东河①者也。

河以西谯楼以南，则为竹竿巷巷北为杨家口巷，南为新开口，俱通渡，此诸行杂货之所集也。

居仁街街有小口通渡。

---

① "河"字，或当作"阿"。

李家口街一名李吏部新街，为李主事栋得名，有进士坊在焉，口通大渡。

邓家口口为城南首渡，万历二十二年新修，题曰首津。

南水关厢河西南水门外。

南厅街水关迤西，寿东主簿厅在焉。

皮袄巷自新开口折而西，巷侧有申明亭，西接纸店街。

纸店街街东有造琵琶者，旧呼为琵琶巷。街之西口，俗又呼为高家隅首云。

堂子巷自纸店街折而北。属之北司街。

南司街督理河道工部分司在焉，有坊，曰"万年国脉"。券门二，北曰"拱极"，南曰"观风"。

书院街初为后府治街，今改府治为工部书院，有坊，曰"工部行台"。

南寺洼北接南寺街观音寺，寿张水次仓在焉。

清香市北接南寺洼，市香者列肆居之。

柴市自清香市折而西，属之庶治街。

南米市北接锅市。凡西南方诸乡民负米而贩者，至三八二期皆集焉。

新开街北接米市，南抵南关，遇期，果粮诸货往往而辏，亦名果枣杂粮街，又名小米市。

葱市自东而西，通小猪市，亦称为杂粮街。

羊市自西门内大猪市折而南。

段家街北接羊市。

小猪市北接段街，南抵城隅。

前府治街自小猪市自折而东属之。柴市捕河厅公署在焉。

南关厢在南门外。

此皆属之寿张者也。

谯楼以北则为磁器巷自浮桥口折而北，越侯家、阎家二口，直接馆驿前街，亦杂货所聚也，巷外濒河为铁匠胡同。

侯家巷自磁器巷折而西，属之察院街，巷口有水门，为津口。

阎家街故阎少①乡居之街，之东濒河有水门，亦曰阎家口街，之西则定陶、郓城、观

---

① 此处原文或有脱字。

城、朝城四邑水次仓在焉。又西有玉皇庙，故亦曰王皇庙东街。

馆驿前街南接阎家口，北贯北水门，荆门水驿及曹州水次仓在焉。

北关厢在河西北水门外，又北名新开枣市。

敕赐安平镇街街口旧有琉璃坊，即下浮桥渡口街，西为范县水次仓。又西为城隍庙，故又名城隍庙东街。

北司街南接堂子巷，北接车营。昔有明时德蕃世业，谓之北司。其街之南口又名布市。

大小车营南接北司街，中有阎少卿、王举人坊。

北厅街阳谷县管河主簿厅在焉。

锅市南接南米市。

花市南接锅市。至集，土人以木棉贸易者聚焉。

北米市南接花市，凡北乡贩粮者至期集焉。

尚善街南接北米市，北抵城隍庙。

察院街又名风宪街，东接侯家巷，北尽城隅。

牛市自大猪市折而北。

玉皇庙街南接牛市，北抵庙门。

此皆属之阳谷者也。

谯楼西贯西门大街，则西为西关厢在西门外，又名骡市。

大猪市西门内。

木头市西接猪市。

果子市西接木市。属寿张。

中为鬏髻巷西接果市，巷内旧名升仙街，税课司废局在焉，故又名税课司街。万历初，巷中有刘尚学妻杨氏年百有二岁，郎中汪①扁②其里，为"百岁坊"。属阳谷。

东为南京店街西接鬏髻巷，东抵谯楼，有坊曰"安平都会"。街盛时，江宁、凤阳、徽州诸段③铺比屋居焉。其地百货亦往往辐辏，乃镇之最繁华处，今但存其概耳。

七属阳谷，三属东阿，盖一街而分隶之三邑者也。

本镇地方原设有十二，今裁为十。南寺窪、纸店街、大猪市属寿张、

---

① 此处原文或有脱字。
② "扁"字，或当作"匾"。
③ "段"字，或当作"缎"。

炭市街、钟楼街、显惠庙、谯楼_{属东阿}、北司街、锅市街、税课局街_属阳谷。

闻之乡长老云：其始占籍镇中者仅八家为市。迨弘治塞决，改名安平以后，休养生聚，称殷盛焉，商贾刀泉贸易肩相摩，万井乐业，四民衣食于阛阓者不啻外府。洎庆、历以来，百物凋耗，列肆昼间①，市产民力较昔十不及五。噫！岂荧惑病岁不时稔欤？抑时诎举赢，间阎之间萧然烦费欤？乃信堪与②者则又云：自新城改建，而生理渐弱，岂或妨于五行之说欤？虽然，天地生财只有此数，撙节爱养，则王政先焉。凡我长民者不可不加之意也。

——林芑修、马之骦纂《（康熙）张秋志》卷二

漕河

盖谈张秋河政者，其利在汶，而其要害在黄河。夫古黄河自大伾而北，从信都沧瀛，北入于海，去镇故风马牛不相及也。即汶水故道亦从东北合济渎以入海，与镇无涉焉。时境上之水，惟汴渠及北济之支渎尔。自后河渐南徙，溃金堤，至汉元光中，决瓠子，注巨野。建始中，决馆陶，灌东郡，而害始左右波及于张秋矣。于时，河汴决裂，东浸弥广。至永平中，乃诏乐浪王景修汴渠，徒自荥阳，至千乘海口千余里也_{此即金堤也。今南关外有堤坟隆起，绵亘郓、濮，俗称为始皇堤，疑即景所修也。}阿、鄄之间得免于河害者几七百年。至五代、北宋时，河复南决。百余年中，凡四决杨刘，七泛郓濮，而张秋非当其津口，则首受其下流，被害尤极。故后周遣宰相李谷监治，堤则起阳谷，属之张秋。宋设郓州六埽，则张秋居其一。孑遗一镇，何啻今日之徐邳也？自南渡后，河益南徙，由涡入淮，而东流故道遂涸。至元二十六年，始用寿张尹韩仲晖议，自安民山西南开河，由寿张西北，历张秋至临清，引汶绝济，直属御漳，赐名会通。又特设都水分监于景德镇_{即张秋也}。以饬梁闸之政令，而张秋始称襟喉重

---

① "间"字，或当作"闭"。

② "与"字，或当作"舆"。

189

地矣。

明初，北征舟师饷道俱迳此途。至洪武二十四年，河决原武黑洋山，由旧曹州郓城西河口漫安山湖，而会通河塞。永乐九年，复命尚书宋礼等浚其故道，自沙湾南暨袁家口，则稍北徒二十里，而又改坝戴村，遏汶水分流南旺，而运道复通，八百斛之舟迅流无滞，岁漕东南数百万石以给京师。盖会通之业，自明收其全功，而利十倍于元矣。然是时犹堰黄河支流，自金龙口至沙河入运，以济汶水之不足。既资其利，能尽祛其害乎？故至正统十三年，河决荥阳，自开封北经曹濮，冲张秋，溃沙湾东堤，以达于海。遣侍郎王永和塞之弗绩。景泰之二年，遣尚书石璞往治。两①年之中，再塞再决，迄无成功。酒复辄。待从臣徐有贞以金都御史往。贞至则上言，河自雍而豫，出险即彝，水势奔放，又由豫而兖，土益疏，而水益横。沙湾之东所谓大洪口者适当其冲，故决而夺济汶以入于海。今欲骤堙之不可。请先疏其水。水势平，乃治其决。决止，乃浚其淤。制曰：可。贞于是度地行水，浚广济渠，起张秋金堤，达于大潴，逾范暨濮，经澶渊，上接河沁，为设九堰，以节其过而导其微，俾不东冲沙湾，更北出通源闸，以济漕渠之涸②。而又作大堰即戴家庙三空桥，又名金线闸，杀以水门，入大清以达③于海。水势既平，乃浚漕渠四百余里。贞先后临治凡四载，工始成详见纪年及有贞碑。先是，沙湾之决垂十年，时饶有天幸，河南徙入淮，势少杀，故贞得竟其功，然犹踵前人故智，引河入漕，强半欲资其利也。故贞之言曰：水势大者宜分，小者宜合。今黄河势大，故恒冲决，运河势小，故恒干涩。必分黄河合运河，则可去其害而取其利。嗟乎，河不两行，事无两利。见其利而遂忘其害，君子是以知役之不终矣。至弘治之二年，河果复决金龙口，迳曹濮，下趋张秋。命侍郎白昂治之，遂塞金龙口于荥泽，开渠导河，由陈颍入淮，而张秋赖以稍宁。至六年，河复决张秋镇，溃东堤，夺汶入海，咽喉几绝，讹言沸腾，谓河不可治，宜复元海运，而朝议弗之是也。命都御史

---

① "两"字，原文作"爾"，据文意校改。
② "涸"字，原文作"酒"，据文意校改。
③ "达"字，原文作"迖"，据文意校改。

刘大夏及太监李兴、平江伯陈锐协治之。时河流湍悍甚，决口悬九十余丈。大夏行视之，曰：张秋是下流襟喉，未可辄治，治上流，导之南行。候其循轨，而后决可塞也。乃发丁夫，一浚贾鲁河，出彭城入泗；一浚孙家渡，由颖寿入淮；一浚四府营淤河，一由小河口，一由涡河入淮。于是沿张秋两岸东西筑台立表，联巨舰，实以土石，穴而沉之，压以大埽，合且复决，随决随筑，凡三昼夜遒成。又于上流黄陵冈筑堤二百余里以断其流，于决口迤南建减水石坝即五空桥以杀其势。盖不藉其利，而亦不被其害。河始全趋归德、徐淮以入海，而涓滴不及于会通，张秋遂无河患。工成，赐镇名曰安平。详见记年及王鏊、李东阳诸碑记。明自初叶以来，张秋决者三，而弘治癸丑为甚。诸臣塞决者三，而刘公大夏为最。迄今百有余年，远祛河害，而独资汶利，狂澜不惊，岁运如期，伊谁之力哉？既闸河淤浅固时有之，要之可人力为者非难也。然则守黄陵冈之旧堤，时泉湖之蓄泄，其张秋今日之急务矣。

——林芃修、马之骦纂《（康熙）张秋志》卷三

《（道光）东阿县志》

《（道光）东阿县志》二十四卷首一卷，李贤书修，吴怡纂。李贤书，字鸣鹿，河南嵩阳人，进士，道光四年（1824）任东阿知县。吴怡，云南保山人，举人，前任东阿知县。是志始修于道光八年（1828），翌年修成梓行。此志记述本地村庄集镇、风俗物产、河防漕运、人丁地亩等项，详明赅备，颇存乡邦文献。有道光九年（1829）刻本，另有民国二十三年（1934）铅印本。

挂剑台

《兖州府志》：在县西南六十里漕河东岸。相传即徐君墓，墓前有祠，竝祀徐君。季子台在祠下。台左右生草曰挂剑草，能已心疾。《史记》：季札过徐，徐君好札剑而不敢言。札心许之，以使故未献，还则

徐君没。札解剑，挂其墓树而去①。徐人歌之曰：延陵季子兮不忘故，脱千金之剑兮挂邱墓。元人李谦，明人李东阳、薛瑄诸公各有题咏。

……

阿井

《张秋志》：在故阿城中。其水不盈数尺，色绿而重。《禹贡传》曰：济水所经，清冽而甘。汲出，日久味不变。煮黑驴皮为胶，可疗风疏痰。《寰宇记》云：东阿旧有大井，若车轮，深七八丈，汲以煮胶，每岁入贡。即此。

——李贤书修、吴怡纂《（道光）东阿县志》卷四

---

① 此段所述见《史记·吴太伯世家》："季札之初使，北过徐君。徐君好季札剑，口弗敢言。季札心知之，为使上国，未献。还至徐，徐君已死，于是乃解其宝剑，系之徐君冢树而去。从者曰：'徐君已死，尚谁予乎?'季子曰：'不然，始吾心已许之，岂以死倍吾心哉!'"

聊城运河记文

开会通河功成之碑

杨文郁

圣神文武大光孝皇帝在位之十七年，江南平薄，海内外罔不拱北臣顺，奔走率职。汶合泗分流以达东阿，乃置汶泗都漕运使司，控引江淮岭海以供京师。自东阿至临清三百里，舍舟而陆，车输至御河，徒民一万三千二百七十六户，除租庸调，道经茌平。其间苦地势卑下，遇夏秋霖潦，牛偾輹①脱，难阻万状。或使驿旁午，贡献相望，负戴底滞，晦瞑呼警，行居骚然，公私以病，为日久矣②。皇帝方图收太平之功，立尚书省，一新庶政，百废俱兴。士有出意见论利害者，咸得自效③。寿张县尹韩仲晖、前太史边源相继建言：汶水属之御河，比陆运利相十百。时诏廷臣求其策，未得要便，以仲晖、源言为然，遂以都漕运副使马之贞同源按视之。贞等至则循行地形，商度功用，参之众议，图上曲折，备言可开之状。于是丞相桑④哥合同僚敷奏，且以图进。上俞允，赐中统楮币一百五十万缗、米四万石、盐五万斤，以给傭直⑤，备器用。征

---

① "輹"，垫在车厢和车轴之间的木块。上面承载车厢，下面呈弧形，架在轴上。
② "公私以病，为日久矣"，原文作"公私以为病久矣"，据赵祥星修、钱江纂《（康熙）山东通志》卷五九校改。
③ "皇帝方图收太平之功，立尚书省，一新庶政，百废俱兴。士有出意见论利害者，咸得自效"，原文脱，据《（康熙）山东通志》卷五九校补。
④ "桑"字，原文作"相"，据《（康熙）山东通志》卷五九校改。
⑤ "傭直"，受雇的工钱。

傍近郡丁夫三万，驿遣断事官忙速①儿、礼部尚书张礼孙、兵部郎中李处巽泪之贞、源同主其役。二十六年正月己亥首事，起须城安山之西南寿张，西北行过东昌，又西北至临清达御河，其长二百五十余里。以六月辛亥决汶流以趣之，滔滔汩汩，倾注顺适，如迫大势，如复故道，舟楫连樯而下。仍起堰闸以节蓄泄，完堤防以备荡激，凡用工二百五十一万七百四十有八。滨渠之民老幼扶携，纵观回翔，不违按堵之安，喜见泛舟之役。于是须城、聊城两县耆寿各诣所治致辞，宜纪成绩。治渠使者以为请序②。时大驾临幸上都，驿置以闻。上诏翰林院：其为运河命名，且文其碑。臣等乞赐名"会通"，百拜稽首而属辞曰：

谨按《书》以食货为八政③之首，《易》称舟楫有济川之利，故大舜命禹既平水土，定九州之贡赋，皆浮舟达河以入冀都。自兹以降，汉用郑当时④之言，引渭至河以利西都；唐用刘晏⑤之策，由汴入河以济关辅。盖京师者四方辐辏，兆姓云集，六师所依以强⑥，百司所资以办，不丰储积，政将奚先？我国家新天邑于析木之津⑦，建万亿年无疆之业，规模宏远，治具周密。若夫漕运流通，国之大计，舟车致远，功利悬绝，所宜讲而行之，虽费而不可省，劳而不可已者。今则费取于官，利及于民，役不逾时，功垂后世。加以随时丰歉，权事重轻，致国殷富，由此

① "速"字，原文作"达"，据《（康熙）山东通志》卷五九校改。
② "于是须城、聊城两县耆寿各诣所治致辞，宜纪成绩。治渠使者以为请序"一句，原文脱，据谢纯编《漕运通志》卷十校补。
③ "八政"，古代国家施政的八个方面，即食、货、祀、司空、司徒、司寇、宾、师。《尚书·洪范》："八政：一曰食，二曰货，三曰祀，四曰司空，五曰司徒，六曰司寇，七曰宾，八曰师。"《汉书·王莽传中》："民以食为命，以货为资，是以八政以食为首。"陶潜《劝农》诗："远若周典，八政始食。"
④ 郑当时，字庄，西汉陈人。少时任侠，名闻梁楚间。景帝时，为太子舍人。武帝即位，迁鲁中尉、济南太守、江都相，后为大司农。任大司农时，曾用徐伯修漕建渠。性廉，不治产，常推荐贤才，闻人之善，即告于帝，唯恐后于人，为时人所称。后以用人获罪，贬为庶人。不久，复迁汝南太守，数岁而卒。
⑤ 刘晏（716—780），字士安，曹州南华人。幼即才华横溢，号称神童，名噪京师。宝应元年（762）后，累任户部侍郎兼京兆尹，担任度支使、转运使、盐铁使、铸钱使等职，封彭城县开国伯。刘晏改革榷盐法、漕运和常平法，为安史之乱后唐朝经济发展做出重要贡献。建中元年（780），遭杨炎陷害自尽。
⑥ "强"，原文作"疆"，据《（康熙）山东通志》卷五九校改。
⑦ "析木之津"，指析木星次的银河。析木次自尾十度至斗十一度，其间为汉津（银河），故称。

途出。臣因窃迹舆地图，若近代辽氏、金源氏①皆尝立国，当时经度曾不是思，岂不以兴王之功，非僻陋者所能与？而前弗逮，乃所以启肇建也欤？先儒有言，圣人在上，则兴利除害，易成而难废。钦惟皇上开物成务，迈舜禹而轶汉唐，区区近代之君固无以议为也。臣备属北门，职在纪事之成，不敢以固陋辞，仰奉明诏，以识岁月，且推衍舆诵，昧冒论著。至若神功圣德之盛沛，惠泽以浸八荒，资始资生，上下与天地同流，盖非纂河渠沟洫者所能髣髴也。

九月日，臣文郁谨记。

按：本文作于至元二十六年（1289）。元世祖创开会通河，杨文郁奉敕为文以记之。杨文郁，字从周，号损斋，天资颖悟，举止超群。幼年读书，过目辄成诵，平生冲澹寡欲，寄兴琴书。按察使节斋陈公闻其名，贡诸朝，除阙里教授，四方之士从受业者，多所成就。后历官翰林承旨，封文安公。是文据谢肇淛编《北河纪》卷三整理。

建都水分监记

揭傒斯

会通河成之四年，始建都水分监②于东阿③之景德镇④，掌凡河渠坝闸之政令，以通朝贡，漕天下，实京师。地高平则水疾泄，故为碣⑤以蓄之。水积则立机引绳，以挽其舟之下上，谓之坝。地下迤则水疾涸，

①　"金源氏"，代指金朝。《金史·地理志》："上京路即海姑之地，金之旧土也。国言'金'曰'按出虎'，以按出虎水源于此，故名金源。建国之号盖取诸此，国初称内地。"《金史》卷一二六：元好问"晚年尤以著作自任，以金源氏有天下，典章法度几及汉、唐，国亡史作，已所当任"。"凡金源君臣遗言往行，采摭所闻有所得，辄以寸纸细字为记录，至百余万言。"《金史》卷十六《宣宗纪下》："宣宗当金源末运，虽乏拨乱反正之才，而有励精图治之志。"
②　"都水分监"，都水监"秩从三品，掌治河渠并堤防水利桥梁闸堰之事"。都水分监为都水监在地方的派出机构。
③　"东阿"，汉置东阿县，故城在山东阳谷县东北五十里，即今阿城镇。
④　"景德镇"，金置，在今山东东阿县西南六十里。
⑤　"碣"，即堰。陈寿《三国志·魏志》卷一五《刘馥传》："兴治芍陂及茄陂、七门、吴塘诸碣以溉稻田。"

故为防以节之，水溢则绳起悬板，以通其舟之往来，谓之闸，皆置吏以司其飞挽启闭之节，而听其狱讼焉。雨潦将降，则命积土壤，具畚锸，以备奔轶冲射。水将涸，则发徒以导阏淤，塞崩溃。时而巡行周视，以察其用命不用命而赏罚之，故监之责重以烦。

延祐六年秋九月，河南张侯仲仁①以历佐詹事、翰林、太医三院，皆能其官，且周知河渠事，选任都水丞。冬十有一月，分司东阿，诏："凡河渠之政，毋袭故狃私，毋沮势怛威，惟宜适从。敢有挠法乱政，虽天子使五品以上，以名闻其下，随以轻重论刑，毋有所贷。"侯北自永济渠，南至河东，极汶、泗之源，滞疏决防，凡千九百余所，咸底于理。退即所署治文书，库冗俭陋，吏侧立无所，爰告于众曰：予承命来此，惟恪恭是图。顾以函丈之室制千里之政，役徒百工何所受职？下走群吏何所听令？乡遂之老、州邑之长何所禀政？荆、扬、冀、兖、豫数千里共②亿之吏何所视事？山戎岛夷远徼绝域朝贡之使何所为礼？朝廷重使何所止舍？乃会财于库，协谋于吏，攻石鸠材，为堂于故署之西偏，隔隩廓深，周阿崇穹，藻缋之丽，文不胜质，几席之美，物不逾轨。左庖右库，整密峻完。前列吏舍于两厢，次树洺魏曹濮三役之肆于重门之内，后置使客之馆，皆环拱内向，有翼有严。外临方池，长堤隐虹。又折而西，达于大逵。高柳布阴，周垣缭城。遐迩纵观，仰愕俯叹，其言曰：惟侯明慎周敏，于公阕私，故役大而民弗知，功成而监益尊。监益尊而政益行，斯河渠之利永世攸赖。爰稽在昔，自丞相忠武王③建议于

---

① 张仲仁，河南人。至元二十九年（1292），建都水分监于东阿的景德镇（张秋），后张仲仁以翰林詹事为分监丞。至治元年（1321），改建会源闸（即明代天井闸）。自临清南至徐州长700余里，自济宁东至泗水县疏浚淤塞，修筑堤防。修大小桥梁156座。建分司及会源、石佛、师庄闸等。揭奚斯撰《重修会源闸记》，记载其事。

② "共"，通"供"，供给。

③ "忠武王"，即伯颜。伯颜（1236—1295），至元初年，奉伊儿汗旭烈兀命奉使入朝，受元世祖忽必烈赏识，拜中书左丞相，后升任同知枢密院事。至元十一年（1274），统兵伐南宋。十三年（1276）陷临安，俘宋恭帝、谢太后等北还。忽必烈驾崩后，拜太傅、录军国重事。卒赠太师、开府仪同三司，追封淮王，谥忠武。宋濂等《元史·郭守敬传》："丞相伯颜南征，议立水站，命守敬行视河北、山东可行舟者，为图奏之。"《新元史》卷一五九《伯颜传》载，至元十三年（1276），丞相伯颜上书曰："今南北混一，宜疏浚河渠，令远方贡献京师者，皆由此而达，诚万世之利。"

江表初平之日，少监马之贞奏功于海内一家之时①。自时厥后，分治于兹者鲜不著勤焯劳，载于简书。而公署之役乃以待侯，非乐侈其名以夸其民，所以正官守，肃上下，崇本而立政也，诚宜为而不敢后。惟国家一日不可去河渠之利，河渠之政一日不可授非其人。若侯者，其人矣。是役也，首事于侯至之明年某月日，卒事于至治元年某月日，合内外之屋余八十楹。是岁九月朔，具官揭傒斯记。

按：本文作于至治元年（1321），记述督水丞张仲仁在景德镇（今张秋镇）修建督水分监衙署之本末。揭傒斯（1274—1344），字曼硕，号贞文，龙兴富州人。延祐元年（1314），由程钜夫、卢挚荐于元仁宗，授翰林国史院编修官，撰功臣列传。元文宗时，任奎章阁授经郎。上《太平政要策》，为文宗亲重。又与赵世延、虞集等修《经世大典》。元顺帝时，历任翰林待制、集贤直学士、翰林侍讲学士等官。至正二年（1342），升侍讲学士知制诰，同修国史、同知经筵事。次年，参与纂修辽、金、宋三史，任总裁官。至正四年（1344）《辽史》编成后，因寒疾逝世，追封豫章郡公，谥文安。是文据揭傒斯《揭文安公文集》卷五整理。

重浚会通河记

赵元进

爰自上古，圣人刳木为舟，剡木为楫，以济不通，以利天下，后世遵之，无不得其利焉。识水利者能几人哉？至元二十六年，前政开挑会通河道，南自乎徐，中由于济，北抵临清，远及千里。各处修置闸坝，积水行舟，漕运诸货，官站民船，偕得通济，乃天下之利也。北河殊无上源，必须疏瀹汶水，来注于洸，决引泗源，西逾于兖，南入于济，达

---

① 其事参见宋濂《元史·河渠志一》："先于至元十二年，蒙丞相伯颜访问自江淮达大都河道，之贞乃言：宋金以来，汶泗相通河道，郭都水按视，可以通漕。"

于任城，合新河而流。迩者经值山水泛涨，上自堽城闸口，下至石刺之碛，蔓延一十八里，淤填河身，反高于汶，是以水来浅涩，几不能接于漕运。

至元五年冬十月，都水监丞宋公韩①伯颜不花，字国英，河间阜城县人，由中书省译掾擢升斯职。公奉命驰驿，分治会通河道。巡行间，睹其河水浅小，公曰：盖因上源壅塞之病也。遂差壕寨梁仲祥诣彼，度其里步，计其人工。时方冰冱地冻，难便力为。越明年春二月，选差壕寨岳聚监董本监，并汶上、奉符等县人夫七千余名，备糇粮，具畚锸，挑洗各处河身之浅。公乃亲督其役，朝夕无怠，不怒一人而事亦办。所谓悦以使民，民忘其劳，五旬而工毕。观其汶、泗、洸、济之水源源而来，凑乎会通，滔滔焉，浩浩焉，舟无浅涩之患。

公又见济州、会源石闸二座，中央天井广袤里余，停泊舟航，相次上下，内常储水满溢，方许放灌出闸。近年渐以淤淀，浍水甚少。今复掏浚已深，水常激滟以宽拢舣。夏四月间，公又率领令史奏差巡视。会源闸北元有济河旧迹，河身填平，水已绝流。再委壕寨岳聚领夫千名，挑去泥沙，衍三百余步，广二丈五尺，东连米市，西接草桥，水势分流，舟航往来无碍。百姓大悦，咸称其便。吁！上以彰监官使民之义，下以知壕寨董工之勤，实无愧于前政。济之官僚、士庶何以报公之功，颂公之德？将纪其岁月，勒之坚珉，以示永久。俾会源闸提领曹郁、提领郎忠信、奏差姜信持状请为记。予应之曰：可。且夫有功于世者，史必载之，有德于民者，人必怀之。公之功德已及于民，民必怀之。予乃采摭其实而书之，用规于后政者，不亦可乎？

按：本文作于后至元五年（1339），记述都水监丞韩伯颜不花挑挖疏浚会通河情形，与聊城运河畅通关系密切。赵元进生平不详。是文据王琼纂《漕河图志》卷五"碑记"整理。

---

① "韩"字，《山东全河备考》作"讳"，《浚洸河记》称此人名宋伯颜不花，则或作"讳"为是。

临清建城记

王　直

正统十四年秋，虏寇侵犯边鄙，京师戒严，畿甸以及山东、河南诸郡俱有城池，以贮重兵，保障人民，拱卫国家。独临清为两京往来交会咽喉之地，在东昌郡之北，为其属邑，财赋虽出乎四方，而输运以供国用者，必休于此而后达，商贾虽周于百货，而懋迁以应时需者，必藏于此而后通。其为要且切也如此，而可以无城池兵戎之保障乎？圣天子临御之初，首以为念，乃简阅于帅臣廉干者，得平江侯陈公，遂命往镇临清，而以都察院右副都御使孙公曰良同理其事。

陈公名豫，赠平江侯，恭襄公瑄之长孙也。下车之际，会山东旱，加以民惊虏寇，挈家而南遁者不绝于道。公与曰良遣人招徕安抚，发粟以赈其饥，蠲乃徭税，民皆翕然归复旧业。又恐其怀疑惧，无以自为卫也，乃请于朝，建临清卫，调济宁左卫五所，并原守御临清千户所官军俱隶于此。而制守御之器，日教阅之，以扬武威。由是人心安悦，盗贼屏息，雨旸时顺，年谷大丰。兵民既得其职，复请总督山东三司等官城其闲旷之地，九里一百步，辟为四门，缭以深池。左建帅府，以居总戎，其余藩宪分司、卫所、县邑、学校、仓庾，凡百司局，各以位置，兵卒有舍，商贾有市，而濬城西南之清泉，郡以得名，岁久被湮没者，引以供城内外之汲，兵民赖以安足。城之之工，经始于景泰元年七月二十七日，而告成于十月十五日。城之外教战有场，场之中阅武有台，凡百当用之具无一不备，材出于公之所区画，而助之者恐后。工出于人之所愿乐，而赴之者争先。又以余力致砖石，甃城垣之外，及修河上会通诸闸而一新之，可数百年不坏，其用心于兵民所赖，与朝廷之所付托者如此，可不谓之贤劳矣乎？既竣事，即走书币赴京师，求为书其成之岁月。方朝廷以公有河上世劳，故特简命，付以临清之守，可谓得所托矣。而公果能不负，至有今日。所谓"元首明哉，股肱良哉"，余于此足征矣。

故为书以归之，俾刻诸石，以传于无穷焉。

按：本文作于景泰元年（1450）。土木之变后，瓦剌首领也先率军南下风险骤增。临清为南北运道咽喉，镇守临清的平江侯陈豫与都察院右副都御史孙曰良因奉朝命，同修临清城垣，以卫漕运，以保民生。王直遂为文以记之。王直（1379—1462），字行俭，号抑庵，江西泰和人。永乐二年（1404）进士，授修撰。历事明仁宗、宣宗二朝，累升至少詹事兼侍读学士。正统三年（1438），修《宣宗实录》成，升礼部侍郎。正统八年（1443），升吏部尚书。正统十三年（1448），明英宗亲征也先，命他留守北京。旋即发生"土木之变"，时局变幻仓卒，当时群臣朝议上奏，都以王直为首。景帝时，力主派使臣迎接英宗回归。景泰八年（1457），英宗复位，王直因未居内阁而免于贬谪，不久去职回乡。天顺六年（1462）卒，赠太保，谥文端。王直在翰林二十余年，《四库全书总目》称其"诗文典雅纯正，有宋元之遗风"。是文据王命爵、李士登修，王汝训纂《（万历）东昌府志》卷二〇整理。

奉敕修河道功完之碑
徐有贞

惟景泰纪元之四年冬十月十有一日，天子以河决沙湾，久弗克治，集左右丞弼暨百执事之臣于文渊阁，议举可以治水者，佥以臣有贞应诏，乃锡玺书命之行。天子若曰："咨尔有贞，惟河决于今七年，东方之民厄于昏垫，劳于堙筑，靡有宁居。既屡遣治，而弗即功，转漕道阻，国计是虞，朕甚忧之。兹以命尔，尔其往治，钦哉。"臣有贞祗承惟谨。

既至，乃奉扬明命，戒吏饬工，抚用士众，咨询群策，率兴厥事。已，乃周爰巡行，自北东徂南西，逾济、汶，沿卫及沁，循大河，道濮、范以还。既究厥源流，因度地行水。乃上陈于天子曰："臣闻凡平水土，其要在天时、地利、人事而已。天时既经，地利既纬，而人事于是乎尽。

且夫水之为性，可顺焉以导，不可逆焉以埋。禹之行水，行所无事，用此道也。今或反是，治所以难。盖河自雍而豫，出险固而之夷斥，其水之势既肆，又由豫而兖，土益疏，水益肆。而沙湾之东所谓大洪之口者，适当其冲，于是决焉，而夺济、汶入海之路以去，诸水从之而泄，堤以溃，渠以淤，涝则溢，旱则涸，此漕途所为阻者。然欲骤而埋焉，则不可。故溃者益溃，淤者益淤，而莫之救也。今欲救之，请先疏其水。水势平，乃治其决；决止，乃浚其淤。因为之方，以时节宣，俾无溢涸之患，必如是而后有成。"制曰："可。"臣有贞乃经营焉，作制水之闸，疏水之渠，渠起张秋金堤之首，西南行九里，而至于濮阳之泺，又九里而至于博陵之陂，又六里而至于寿张之沙河，又八里而至于东、西影溏，又十五里而至于白岭之湾，又三里而至于李堆之涯，由李堆而上又二十里，而至于竹口、莲华之池，又三十里而至于大潴之潭，乃逾范暨濮，又上而西，凡数百里，经澶渊以接河沁。河沁之水过则害，微则利，故遏其过而导其微，用平水势。既成，名其渠曰广济，闸曰通源。渠有分合，而闸有上下。凡河流之旁出而不顺者，则堰之。堰有九，长袤皆至丈万。九堰既设，其水遂不东冲沙湾，乃更北出，以济漕渠之涸，阿西、鄄东、曹南、郓北之田，出沮洳而资灌溉者，为顷百数十万，行旅既便，居民既安。

有贞知事可集，乃参综古法，择其善而为之，加神用焉。爰作大堰，其上楗以水门，其下缭以虹堤。堰之崇三十有六尺，其厚什之，长伯①之。门之广三十有六丈，厚倍之。堤之厚如门，崇如堰，而长倍之。架涛截流，栅木络火金而一之，用平水性。既乃导汶泗之源而出诸山，汇澶濮之流而纳诸泽，遂浚漕渠，由沙湾而北至于临清，凡二伯四十里，南至于济宁，凡二伯一十里。复作放水之闸于东昌之龙湾、魏湾，凡八，为水之度。其盈过丈，则放而泄之，皆通古河以入于海。上制其源，下放其流，既有所节，且有所宣，用平水道。由是水害以除，水利以兴。

初，议者多难其事，至欲弃渠弗治，而由河沁及海以漕，然卒不可行也。时又有发京军疏河之议，有贞因奏蠲濒河州县之民马牧庸役，而

---

① "伯"，即"佰"。本文下同。

专事河防，以省军费，纾民力。天子从之。是役也，凡用人工聚而间役者四万五千有奇，分而常役者万三千有奇。用木大小之材九万六千有奇，用竹以竿计，倍木之数；用铁为斤十有二万，铤三千，絙百八，釜二千八百有奇；用麻百万，荆倍之，蒿秸又倍之；而用石若土，则不计其算。然其用粮于官，以石计，仅五万而止焉。盖自始告祭兴工，至于工毕，凡五百五十有五日。

于是治水官佐工部主事臣诩、参议山东布政使司事臣云鹏、金山东按察司事臣兰等，咸以为惟水之治，自古为难；矧兹地当两京之中，天下之转输贡赋所由以达，使终弗治，其为患孰大焉？夫白之渠，以溉不以漕；郑之渠，以漕不以贡。而工皆累年，费皆巨亿。若武之瓠子不以溉，不以漕，又不以贡，而役久弗成，兵民俱敝，至躬劳万乘投璧马、吁神祇而后已。以彼视此，孰轻孰重，孰难孰易？乃今役不再期，费不重科，以溉焉，以漕焉，以贡焉，无弗便者。是于军国之计、生民之资大矣，厚矣，其可以无纪述于来世？

臣有贞曰：凡此成功，实惟我圣天子之致，所以俾臣之克效，不夺浮议，非天子之至明孰恃焉？所以俾民之克宁，不苦重役，非天子之至仁孰赖焉？有贞之于臣职，其惟弗称是惧，矧敢贪天之功？惟夫至明至仁之德不可以弗纪也。臣有贞尝备员翰林，国史身亲承之，不可以嫌故自辍，乃拜手稽首而为之文曰：

皇奠九有，历年惟久。延天之祐，既豫而丰。有蔀以蒙，见沐日中。阳九百六，数丁厥鞠。龙蛇起陆，水失其行。河决东平，漕渠以倾。否泰相乘，运惟中兴。殷忧乃凝，天子曰吁！是任在予，予可弗图？图之孔亟，岁行七易。曾靡底绩，王会在兹，国赋在兹，民便在兹。孰其干济，其为予治？去害而利，惟汝有贞。勉为朕行，便宜是经。臣拜受命，朝严夕儆。将事维敬，载驱载驰，载询载谋，载度以为。乃分厥势，乃堤厥溃，乃疏厥滞。分者既顺，堤者既定，疏者既浚，乃作水门。键制其根，河防永存。有堤如龙，有堰如虹。护之重重，水性斯从，水利斯通，水道斯同。以漕以贡，以莫不用，邦计维重。惟天子明，浮议弗行，功是用成。惟天子仁，加惠东民，民是用宁。臣拜稽首，天子万寿，仁

明是懋，爰纪厥实，勒兹贞石，昭示无极。

中宪大夫都察院左佥都御史臣徐有贞载拜谨书。

　　按：本文作于景泰六年（1455）。徐有贞于景泰四年（1453）奉命治理张秋决河，经五百余日，终于堵筑决口，遂作此文，记述治理黄河决口、修筑堤防本末甚悉，并存录用土、用工、用料及建闸数目，具有重要的文献价值。此碑通高4.11米，圆额，螭首高0.91米，碑身高2.2米。徐有贞生平见前文注释。是文据原碑拓片整理。

治水功成题名记
徐有贞

　　有贞之治水于山东，而作沙湾等处之河防也，承命于景泰癸酉之冬，经始于甲戌之春，收功于乙亥之夏，而告成于其秋。上诏见奉天门嘉劳焉，因命之居京管台事。丙子春，有贞请敕载至，乃扩前功，益为大水之备。时方暵干，众莫喻其意，颇以为过防。及秋而大水洊至，泗、汶、淇、卫、河、沁一时俱溢，环东兖之间，若海之浸者三日，逮冬始平。运河南北余千里，故堤高岸之缺而不完者无虑百数十所，而沙湾之正堤大堰独岿然而存，嶷然而安，其旁近城郭田畴皆恃焉而免垫没之患，以水之来有所捍，而去有所泄也。于是东兖军民耆老合辞以请："今兹之水，盖洪武以来所未尝有，而大耋之人所未尝见也。非堤与堰为之保障，非闸与渠为之排解，吾田吾产其池潢矣。吾耋吾倪其鱼鳖矣。彼四方之舟楫往来于斯者乃亦有曰'昔也沙湾如地之狱，今也沙湾如天之堂'之语，而况吾斯土之军民乎哉！而吾侪小人窃伏计焉，惟水之变不测，如今兹之溢，以龙湾六闸泄之而犹未尽也，以故感应祠之缺堤又烦公为之救筑焉。微公在，是其不又将延患累年乎？愿及今规画而益为之防，吾军吾民幸甚。"有贞曰："唯唯。"月中既筑感应神①之缺，而作堰月之

————————————

　　① "神"字，或当作"祠"。

堤、鳌甲之堰，比沙湾水门大堰差小，而埽法略等。复行度东昌龙湾六闸之上、官窑之口，置闸一，疏新渠而属之笃马。东平戴庙之津置闸一，疏古河而属之大清。并前六闸为八，而皆注之海焉。乃探禹遗之秘，本星土经纬之理，铸玄金而作法象之器，建之堤表大河感应二祠之中，以为悠久之镇。盖尽人事，符天造，制物宜，辟神奸，其道并行也。

既讫工，有贞将归奏于朝，而从事诸贤亦合辞以请曰：治水之功其既成矣，经久之效其亦著矣。惟古人作事而有成也，必题其名，愿以碑之。有贞乃言曰：于乎，是惟吾君之德与诸大夫士之力耳，有贞其何敢当此？且夫治水，固圣人事也，次则贤者能之。如有贞，又何足以与此？虽然，有贞闻之，士以天下为心，则天下事皆吾分内事也。矧吾徒食君之禄，受君之命，而干君之事哉？臣干君事，视子干父事而加重，吾徒而弗尽其心，乌乎可？大禹，圣者也，而于治水必胼手而胝足，吾徒而弗尽其力，乌乎可？夫水之大而为中国患者莫如河，自禹而下，世之治者非一，然可法者少，而可戒者多也。其不能成事者不必道，就其成事者而论之，如战国之白圭，汉之王延世、王景，元之贾鲁是已。圭之治河，无所考见，然观其以邻国为壑，则悖甚矣。延世之治河，无所节宣，而徒呕塞其决，虽以此取侯封，而不足善也。至如鲁之治河，见于欧阳玄之记者，亦皆塞之之具，初无得乎行水之法。矧当世季民穷之时，而兴十七万众之役，又无抚安之策，卒之为元召乱，是又可以为戒者。惟景之堨流分水颇得古法，而孝明之治有惠于民，故能保其成功，而终汉世无河患。方之于彼，其特善乎？有贞虽不敏也，乃所愿则。上法大禹，下取仲章而为之，不敢不尽其心力。洪惟圣明听纳臣言，而大赉濒河之民，与之休息。此吾与二三子之幸以有成功也，是不可不知。皆应曰：然。后题诸从事大夫士之名于石而记之，将俾后世之当治河之任者知所法戒云尔。是行也，前后历三载焉，凡作正堤一、副堤二、护堤四、水门大堰一、小堰一、蓄水之堰三、截水之堰九、导水之渠二、分水之渠二、泄水之渠五、制水之闸二、放水之闸八，若其备作功用、次序本末之详，则具载前碑，兹不重出。

按：本文作于景泰七年（1456）。徐有贞于景泰中治理张秋决河工成，遂作此题名碑文，以使后之治河者有所法戒。徐有贞生平见前文注释。是文据谢肇淛《北河纪》卷三整理。

重修阿井记

许　彬

予昔掌太常，每岁四时分祭五祀，岁暮又合祭之。五祀者，门、行、井、灶、中霤也①。井之利济于民，载于祀典，尚矣。况其清冽溶液，有裨国用者哉？兖之东阿、阳谷界古阿城内旧井一泓，阔围如车轮，名曰阿井。厥味甘美，邻境汲以熬胶，岁供国事弗歇。今岁秋，常监奉命亲临是井，汲以熬胶，果征殊常。嗟其井亭倾圮，泉源涸涩，甚非珍重妙化者。遂命兖州守郭鉴、使司副理问吴琛率知州潘洪、知县阳谷王昌裔、东阿徐思孝、寿张张翔鸠材傛工，甃石及泉，覆亭其上。其北创建官亭三间，以为官僚往来栖息之所。缭以周垣，辟以门户，经始于九月之望，落成于十月之朔。官僚吏属群目环视，莫不颂公爱国之诚恳，而庆斯井之遭遇也。

工既告成，守具其事，速宁阳典史许廷兰持以授予，属为之记。考之古，若苏耽之橘井、陆羽之茶井、葛洪之丹井，固皆泉之清洁、山之精气所发者也。《尔雅》改邑不改井，井以不变为德②。李白云："古甃冷苍苔，寒泉湛明月。"③ 杜甫云："月映④瞿唐⑤云作顶，乱石峥

① "五祀者，门、行、井、灶、中霤也"，"五祀"，即祭祀住宅内外的五种神。《礼记·月令》："（孟冬之月）天子乃祈来年于天宗，大割祠于公社及门闾，腊先祖五祀。"郑玄注："五祀，门、户、中溜、灶、行也。"王充《论衡·祭意》："五祀报门、户、井、灶、室中溜之功。门、户，人所出入，井、灶，人所欲食，中溜，人所托处，五者功钧，故俱祀之。""中霤"亦作"中溜"。

② 此句见《周易》卷五。

③ 此句见李白《姑孰十咏》之《桓公井》，载《李太白全集》卷二十二，作"石甃冷苍苔，寒泉湛孤月"。

④ "映"字，当作"峡"。

⑤ "唐"字，当作"塘"。

嵝俗无井。"① 盖井之见重于世，而致词之咏歌也如是，况兹井殆有甚焉者耶？自古及今，清洁不移，为良剂以益寿，以回生，上利国家，下利生民，坐移造化于不知不识，其为世重，有如是哉？是宜记之，以告于鲁之人，俾勿亵焉。

按：本文作于天顺七年（1463）。古阿井历史悠久，以熬制阿胶而著名。本文记述许彬重修阿井本末，对于了解古阿井历史具有重要文献价值。许彬，宁阳人，曾任礼部侍郎。是文据董政华修、孔广海纂《（光绪）阳谷县志》卷十二整理。

会通河土桥石闸记

邱 濬

皇朝因胜国会通河故道而深广之，通江淮漕以实京师，余六十年于兹矣。然地势变，天时不常，尽人事者必随时因势以节宣之，然后尽其用而利济于无穷焉。自河决阳武，溃出张秋之后，朝廷既命大臣筑塞之，以复其旧矣。然其间犹有所壅滞之处，一时任事诸臣随所在而为其防备，非一所也。河流经东昌府之堂邑县境，地名曰土桥，其上流之闸曰梁家乡，沿而至是十有五里，下流之闸曰戴家湾。泝而至是四十有八里，又三十里抵临清县之上闸。漕舟至此出会通，而下漳御，仅七八里尔，辄胶于浅而不能行，日集而群聚于土桥上下十数里间。舟人叫嚣推挽，力殚而声嘶，望而不可至，主漕计者病焉。时山东按察佥事陈君善专理其境之运道，议于此建闸以积水济舟，屡言于上，而弗见报。会都宪翁公巡抚山东，所至询民疾苦，善乃以状上，公具闻诸朝。天子可之，下其议于工部，仍命吏部设官如常制。公得请躬莅其处，区画事宜，俾君专其事。君计徒庸，致才用，授其属东昌府通判马聪等督工，即于所谓土

---

① 此句见杜甫《引水》，载《杜工部集》卷六。

桥者建石为新闸，凡其规制之广狭长短与夫疏水之渠、祠神之宇、莅事之署，一如常度。经始于成化癸巳冬十有一月之朔，至明年甲午春二月告成。

于是水之涣散者有所束，而舟之往来者无所阻。省常岁挑浚之役、薪藁之费奚翅千百？未几，公入朝为地官少司徒，而陈君亦升本司副使，人之嘉其绩而蒙其利者恒如一日。岁丁酉，陈君乃以书来，俾予记之。窃惟水生于天一，而成于地六。其大用在滋稼穑以养人生。其生于天者，既润其载颖之苗，俾生生以为民天。其成于地者，复浮其既粒之实，俾陈陈以为国计。顺天地自然之理，平其势以通其利，非大君孰主张是哉？君主张于上，臣辅成于下，此古者刳剡疏凿之功所由兴，而后世河渠堰闸之利所由设也。漕运之制虽兆于《禹贡》，而特盛于汉宋之中叶。然所漕者江也，淮也，河与渭也。彼者因天然自有之势，惟汴出于人为。而其初意在于般游，后世特假之以漕焉耳。惟我国家并建两京，据西北之形势，而用东南之财赋。中间齐南鲁北之境，气势衡绝，脉络中阂。爰寻故道，引汶泗，循淮济，会通漳御，以达于燕，于是财用丰而形胜益壮矣。是则会通一河虽若有所因，然昔人启其端，未大著厥劝。若夫弘深广运之功，则有在乎今日也。其大规画、大体势固本乎朝廷，若夫因时随势，节备而曲通之者，其任事之臣不为无助焉。予谨因一闸之役而推原其本如此以为记，庸以示夫后之人。

按：此文作于成化十三年（1477）。翁世资于弘治朝修建土桥闸，以便漕运，百姓便之。陈善因请邱濬为文，以记其本末。邱濬（1421—1495），字仲深，号琼台，琼州琼山人。景泰五年（1454）进士。自翰林院编修，进侍讲，迁国子祭酒，累官至礼部尚书。弘治四年（1491），兼文渊阁大学士参预机务。八年（1495），卒于官。赠太傅，谥文庄。尝采群书补宋真德秀《大学衍义》为《大学衍义补》。有《琼台集》。是文据《琼台会稿》卷一整理。

弘治庚戌治河记

王 儓

上即位改元弘治之明年己酉秋七月，河决封邱，泛金龙口，溢开封诸郡邑，蹙张秋，凌会通河之长堤，巡抚山东都御史臣钱钺①以闻。上命南京兵部左侍郎臣白昂为左侍郎，授之玺书，俾往治之。时河自原武、中牟分流为三。其大者切近汴堤之西北隅，合沁河，泛阳武、封邱、祥符、陈留、杞县、兰阳、仪封、考城、曹县、宁陵、睢州、归德、虞城、永城、夏邑、砀山、萧县，而下徐淮。其次者横流于封邱之于家集，决孙家口，漫长垣、曹濮、郓城、阳谷、寿张、东昌，至临清，下卫河，延患于德州、沧州、兴济、青县、静海、天津，始入于海。又其次者，自中牟南下尉氏，虽稍成川，而不通舟楫。若其故道，自汴城西南杏花营入涡河者则淤淀矣。上意以汴梁为宗室藩省所在，漕河为京师馈饷所由。而被灾诸郡为亿兆生灵之所聚，其系尤重且急，致厪圣虑，省躬修德，图惟治平。乃命户部搏边庚之粮价，计河南之储积，得白金一十七万八千余两，以备资费。及谕臣昂以疏浚修筑改图之方，尤惓惓以抚绥为要。臣昂于是祇承德意，敷宣于众，经画考虑，佥谋克协。

时维寒沍，预令有司集财用，缮工具。迨明年春乃大发夫卒，河南得五万三千，山东得一十一万，南北直隶共九万有奇。预戒所司役其富，而舍其贫，日食给以官廪，故皆欢呼子来。而镇守巡按三司，若御史臣杜忠、臣陈宽、臣张冕、臣陈璧、臣邹鲁、臣马良玉，布政了使臣王道、臣吴珉、臣徐恪，按察使臣侯恂、副使臣傅希说，亦罔不同心匡济。且选有司之良，以分董其役。既而河倏北徙，去汴城者三十里，金龙缺口

---

① 钱钺（？—1507），字大用，浙江仁和人。天顺八年（1464）进士。授南京刑部主事，历升员外郎郎中。成化二十三年（1487），升贵州按察使。弘治元年（1488），升任都察院左佥都御史，巡抚山东。三年（1490），升右副都御史，巡抚河南。十一年（1499），迁右副都御史，巡抚贵州。十四年（1502），致仕。正德二年（1507）卒。

日自淤塞，然后人力可施，而地理之宜，不可以不审也。于是奏举钦天监漏刻博士①臣李源以相度之。而以布政②臣岫、副使臣晓综北堤之役，自阳武、封邱、祥符、兰阳、仪封凡五县，环而筑之，亘三百余里。高则因地之崇卑，由七尺以及丈余。广则视水之缓急，自七丈而至十丈，以防张秋之冲激，以卫诸郡之泛溢。若汴梁之旧堤岁渐卑薄，乃以金事臣俊、都指挥臣刘胜董之，增其高，以尺计者自五而至七，益其广者皆五丈。保障既固，而向尝为迁省之议者无事于行矣。开封知府臣卫英、同知臣刘悉经理之。副使臣晓又导南河自原武、中牟下南顿，至颍州，由涂山达于凤阳故道，仍环绕于皇陵祖陵之前，合淮以入海。又奏举南京兵部郎中臣娄性之睢河，自归德至宿州，下睢宁，出宿迁，以入运河，疏浚修筑，综理益密。主事臣谢缉筑塞萧县之徐渠等口，皆所以杀黄、沁二水侵汴徐之势。臣昂又以为东兖、徐淮、河间诸郡，皆古九河所经之地，其故迹已湮，而陕西、山西、河南诸水皆源源而来，以通诸海。惟淮河、直沽二道来者多，而逝者少，泛溢之患亦势所必至，盍亦经理其地，南自徐州，北至天津。时有工部主事臣莫骢筑堤浚河于济宁之境，添石坝于各闸之旁。巡河御史臣孙衍、郎中臣吴瑞开复河三十里于高邮湖堤之东畔，以免风涛之险，修陈雷诸塘于扬州之域，以兴水利。副使臣纲浚东平州戴家庙之里河四十里。参政臣纯、东昌知府臣赵琼凿里河十，其一于东昌至博平者一百二十里，一于张秋之北者二十里，余八各数里有奇，俱下大清河以入于海。副使臣仲宇于德州之南四女树凿里河二十五里，至古黄河之九龙口。及管河郎中臣吴珍、河间知府臣谢文于沧州之境亦开土河，共为十四，每河口各建减水石闸，以节运河水利。盈则泄之于海，而东兖、德沧之水患以纾。缩则蓄之于河，而漕艘商舶之运行益利。随河修堤二千余里，随堤植柳百万余株，又以管泉主事臣黄肃、参政臣纯浚莱芜诸泉一百八十余处，以济漕河。大名知府臣李瓒

---

① "漏刻博士"，明朝洪武元年（1368）司天监置。初置六人，从九品。三年（1370），改司天监为钦天监，后革五人，仍从九品。掌定时、换时、报更、晨昏、钟鼓诸事，大朝贺时则充报时官。

② 此处或脱"使"字。

亦筑长堤以障沁、卫、漳河之暴水。

并始事于仲春,僝工于首夏,工佣稍食之资、材水竹石草苇百物之费皆取官羡馀,而不科于民。总为谷粟二十五万余石,白金二十万余两,其费出河南修堤备者不及八千两,而犹存一十七万余两,为赈民之用。若临清会通河大闸岁又颓圮,复偕都御史臣钺议新之,且迁置于卫河之滨,去旧址百余丈,以衍其内,足以容舟楫,便漕运。而以郎中臣珍、主事臣陈玉、副使臣仲宇程其工,推官臣戴澄、知州臣张增①则集其事,不三月而工亦完缮。

上闻是役既成,乃遣使赍香帛,命臣昂代祀大河之神。臣僎适以公事自南都入朝,道经东昌知府,臣琼述其颠末,请为之记。尝试论之,河自昆仑入中国,沿洄数千里,其奔放逸悍之势,盖触处皆然,此有事四方者之所骇瞩。自瓠子之决、金堤之溃,以迄于天台梁山之溢,其激射浸淫之患亦无代无之,此稽古者之所深慨。自都水有监,河渠有署,自时厥后,或遣使按行,命官监治,其施功当时、敷被后世者亦时复有焉。此又志功业者之所艳慕。如臣昂,固其人也。矧又重圣明之简注、群贤之协赞者哉!是故宜其役不逾时,缵有成绩,以上纾当宁之忧,下庇蒸人之生,非偶然之故也。是为记。

按:此文作于弘治三年(1490)。因黄河决口于封丘,冲决张秋运河,南京兵部左侍郎奉敕往治。此文对此次治河的过程、工料、分工、成效等记述颇为详悉。王僎(1424—1495),字廷贵,号思轩,武进人。景泰二年(1451)进士,授翰林院编修,升侍讲。天顺四年(1460),任礼部同考官。五年(1461),受命预修《大明一统志》。宪宗时,历任左春坊左庶子、南京翰林院学士、国子监祭酒、吏部右侍郎、户部左侍郎、户部尚书、吏部尚书。上疏陈事,多被采纳。弘治七年(1494),辞官回乡,旋卒,赠太子太保,谥文肃。是文据谢肇淛编《北河纪》卷三整理。

---

① "增",当作"增"。张增生平见前文注释。

会通河东闸记

徐　溥

　　昔在太宗文皇帝肇建北京，以粮饷仰给东南，而海运危险，非长策也，始改造运舟，由里河而行，岁漕四百万石，以为定制。历岁既久，国用给足，积其赢余，不可胜计。然河道自临清以南至于徐州凡千余里，地形高下不啻数丈。自前元以来置闸蓄水，而舟始通。在临清境上，则有会通东、西二闸。盖当时开会通河，引汶水由安山，历东昌，至此以入卫河，故亦以会通名之。永乐间，初行漕法，以东闸既坏，尝加修治。更六十余年，卫河益深，闸益高，水势冲激益险，甚为行舟之患，故废其闸者三十年于此。乃弘治庚戌，黄河决封①丘之金龙口，其流泛溢，将出运河。都御史钱公巡抚山东，具疏言于朝。下大臣议，佥谓宜择人治之毋缓。今刑部左侍郎白公方居南京，上知其才可任，即命以往。公至，督治有法，而河得无事。暇日行视河道于齐鲁间，至临清，闻知东闸之废，与钱公谋曰："是州为汶卫交流之地，而运舟之所皆经者也。闸虽重建，其可以役大而免？"乃协谋于巡按宪臣暨藩、臬诸司，檄东昌府知府赵琮、临清知州张矰出公钱，为财用人力之费，而委推官戴澄专其事。若工部郎中吴君珍、主事陈君玉、按察司副使阎君仲宇皆分司其地，实总督之。经始于庚戌三月，至六月而工毕。闸成，去旧址余百丈，崇广阔长悉如规制，其深则与河等。于是水势既平，舟行上下，如乘安流，公私便之。参政沈君纯适莅其地，睹是闸之有益也，使人奉书求记其事。

　　夫五行皆生于天地，以资人之用。人苟不尽裁成辅相之道，则天地虽生之，而亦不适于用。若夫水之为物，用以行舟，其用尤大者也。然其性下，适与土之高者相值，亦惟倾而去之，而反有害于人耳。故后世始置为闸以节宣之，乃能尽水之用，而有利于天下国家也。今白公当治

---

　　① "封"字脱，据谢肇淛纂《北河纪》卷四校补。

水之际，其劳已甚。以其余力，复为此举，易害为利，转危为安，是其才真可任而不负朝廷之所托者乎？凡公治水成绩别有记载，此特书建闸一事，故不暇及云。

　　按：此文当作于弘治三年（1490）。时白昂修治黄河决口，疏通张秋运道，巡行运河，见临清东闸废坏，遂与山东地方官协力重修，以便航运。工程完工后，沈纯请徐溥为之作记。徐溥生平见前文注释。是文据王命爵、李士登修，王汝训纂《（万历）东昌府志》卷二十整理。

临清州治记

王 傸

　　上即位之明年，诏升临清县为州，盖从巡抚山东都察院右佥都御史钱公钺、巡按监察御史向公翀请也。先是，巡抚左副都御史盛公颙亦尝以为言，众言既同，上意乃定。于是下其事于吏部，改附官制，增建官属，悉如全设上州事例。县旧隶东昌府，至是仍隶之，以馆陶、邱县来属，以新乐县尹张君赠来知州事，而同知曾熙、判官相辅、张谨、狄云汉、吏目宋续亦选任以来。张君前在新乐，治号严办。及兹迁秩，凡所以大其设施与广其惠利者，靡不殚志毕力，期与州称。顾惟公宇犹仍其旧，库逼倾侈，弗称州治，宜开拓创建，以耸观瞻而容执役。于是请于当道，谋诸僚佐，捐俸为倡，集材兴事。凡为正堂五间，扁曰"宣政"，君居之，以施治理。堂两傍各三间，左曰"分政"，佐贰居之；右曰"赞政"，幕僚居之。而君退省之堂亦五间，以"思政"揭焉。堂两序为房者六，总二十有八间，以居吏胥。前后为库藏者三，贮銮舆、栖册籍者各三间，储国用者十间，皆东西列峙。堂之前有戒石铭楼，有仪门，其外有碑亭，有重门。其四周有里甲房，以至犴狱次舍率皆具完，而弘敞高明轶于旧观远矣。经始于己酉八月，落成于辛亥十月。既成，予适自南都入朝。君具颠末，托宪副阁公仲宇以属予记。

　　夫临清有县自后魏始。隋唐以来，废置相寻，未为要地。至元始创开会通河，出县境，与卫河合流，置闸河浒，以通漕运。永乐迁都北平，复加疏凿。正统己巳，筑城浚濠。明年景泰改元，以济宁左卫为临清城守，于是薄海内外舟航之所毕由，达官要人之所递临，而兵民杂集，商贾萃止，骈樯列肆，云蒸雾瀚，而其地遂为南北要冲，岿然一重镇矣。然则升县为州，讵非其所宜哉？昔子产治郑国，孟子讥其惠而不知为政①。圣门弟子之问政者多矣，如赐之达，由之果，求之艺，孔子方以从政许之，夫政岂易为者哉？今君于宣布德意，退省其私，与所以资佐理，须赞助于僚属者，皆以政名堂，而顾諟焉，似亦知所务矣，尚勉图之。以政道民，除其烦苛，以政养民，求其生全。毋若子产之不知为政，而必如圣门诸子之于从政何有，② 而终之以无倦，又如孔子答子路之言③。如是则二三宪臣之为是举与朝廷之俞其请，其良法美意皆无负矣。然则毋秕其政，毋荒坠厥绪，后之继君而为州者，盍亦共勉图之。

　　按：此文作于弘治四年（1491）。弘治二年（1489），临清升为州，张曾任知州后，扩建州署，临清州之规模更备。阎仲宇遂请王傲为作记文。王傲生平见前文。是文据张度、邓希曾修，朱钟纂《（乾隆）临清直隶州志》卷二整理。

安平镇治水功完之碑

王　鏊

　　皇明建都燕蓟，岁漕东南，以给都下。会通河实国家气脉，而张秋

---

　　①　"惠而不知为政"，语出《孟子·离娄下》："子产听郑国之政，以其乘舆济人于溱洧。孟子曰：'惠而不知为政。岁十一月，徒杠成；十二月，舆梁成，民未病涉也。君子平其政，行辟人可也，焉得人人而济之？故为政者，每人而悦之，日亦不足矣。'"
　　②　语出《论语·雍也》："季康子问：'仲由可使为政也与？'子曰：'由也果，于从政何有？'曰：'赐也可使从政也与？'曰：'赐也达，于从政乎何有？'曰：'求也可使从政也与？'曰：'求也艺，于从政乎何有？'"
　　③　语出《论语·子路》："子路问政。子曰：'先之，劳之。'请益。曰：'无倦。'"

又南北之喉咽。景泰四年，河决张秋，故武功伯徐有贞治之，旋复故道。弘治二年，河势北徙。六年夏，遂决黄陵冈，溃张秋堤，夺汶水以入海，张秋上下渺瀰际天，东昌、临清河流几绝，前后遣官治之，绩用弗成。上乃命右副都御史刘大夏往莅。时讹言沸腾，谓河不可治，治之祇劳且费。或谓河不必治，宜复前元海运。或谓陆挽虽劳无虞。上复命太监李兴、平江伯陈锐同往莅之。时夏且半，漕集张秋，帆樯鳞次，财货山委。决口奔猛，戒莫敢越。或贾勇先发，至则战掉失度，人船灭没。锐等聚谋，始于上流开月河，长可三里，轶决口，属之河。于是舳舻相衔，顺流毕发，欢声载道。事闻，玺书奖励。乃始议筑黄陵冈之缺。初，大梁之北为沁河，东南流入徐西，为黄河，东流入淮。其后黄河忽溢入沁，合流以北，遂决黄陵冈，以及张秋。锐等议不治上流，则决口不可塞。于是浚河自孙家渡七十余里，由陈、颖以入于淮。又浚河自中牟、扶沟、陈颖二十余里，由宿迁以达于淮。又浚贾鲁旧河四十余里，由漕以出于徐。于时向冬，水且落槽，乃于张秋两岸东西筑台，立表贯索，网联巨舰，穴而窒之，实以土牛。至决口去窒舰沉，压以大埽，合且复决，随决随筑。吏戒丁励，畚锸如云，连昼夜不息，水乃由月河以北。决既塞，缭以石堤，隐然如虹，辅以滉柱①，森然如星。又于上流作减水坝，又浚南旺湖诸泉源，又堤河三百余里，漕道复通。役始于六年之夏，其冬告成，用军民凡四万余人，铁为斤一万九千有奇，竹木二万七千，薪为束六十三万，刍二百二十万。佽其役者，通政司张绪、山东按察副使廖中。臣兴、臣锐、臣大夏以其事闻上，遣使慰劳，令作庙镇其上，赐额曰"显惠神祠"，镇曰"安平镇"，命臣某纪其事。臣某拜手稽首，而献诗曰：

翼翼皇都，殿此上游。灌输东南，艨艟来浮。黄河奔溢，势如万马。遂啮黄冈，溢于钜野。帝咨于朝，畴予治者。咨汝大夏，汝锐汝兴。协谋合力，绩乃用登。三臣受命，军车来属。迺相迺巡，迺醮迺凿。既堤

---

① "滉柱"，防洪护堤的木桩。沈括《梦溪笔谈·官政一》："钱塘江，钱氏时为石堤，堤外又植大木十馀行，谓之滉柱……盖昔人埋柱，以折其怒势，不与水争力，故江涛不能为害。"

黄冈，张秋乃筑。维天与时，维人劾力。神谋鬼趑_{音醮，出扬雄赋}，隤林薶
石。昔事之始，讹言震惊。不震不夺，由天子明。维明天子，维慎厥使。
殷其如山，功成有伟。涂人歌矣，居人和矣，舟之方之，维其多矣。屼
屼安平，新命孔虔。四方攸同，于万斯年。

按：本文作于弘治六年（1493）。李兴、陈锐、刘大夏治理张秋决
河工程完工之后，王鏊奉命为文以纪之。王鏊生平见前文注释。是文据
王鏊《震泽先生集》卷二十一整理。

议疏濬黄河上流修筑运河决口
刘大夏

　　会同河南、山东巡抚都御史徐恪①、熊翀②，巡按御史涂昇③、陈
振④，都、布、按三司，左布政使孙仁、吴珉等及巡河御史曾昂、管河
郎中陈绮议得：河南、山东、两直隶地方西南高阜，东北低下，黄河大
势日渐东注，究其下流俱妨运道。虽该上源分杀，终是势力浩大，较之
漕渠数十余倍，纵有堤防，岂能容受？若不早图，恐难善后。其河南所
决孙家口、杨家口等处势若建瓴，皆无筑塞之理。欲于下流修治，缘水

---

　　① 徐恪（1431—1503），字公肃，苏州常熟人。成化二年（1466）进士，授工科给事中。
弘治四年（1491），官右副都御史，巡抚河南。户部督欠赋急，恪以灾变请缓其事。所辖地多王
府，持法严，宗人多怨。平乐、义宁二王诬恪减禄米，勘无验。帝命与湖广巡抚韩文易任，吏
民泣送。至则逢中使携盐数百船，抑卖于民，立即禁止。其党密构于帝，改南京工部侍郎。后
得疾，致仕卒。
　　② 熊翀（？—1510），字腾霄，号止庵，河南光州人。成化五年（1469）进士，授武进知
县。历迁监察御史、山西按察副使。弘治六年（1493），迁右佥都御史抚山东，进右副都御史改
抚陕西。十三年（1500），迁工部右侍郎，改兵部。十七年（1504），迁南京户部尚书，翌年致
仕。正德五年（1510）卒。
　　③ 涂昇，江西丰城人，字卿仪。成化十四年（1478）进士，授盐亭知县，改蒲台，擢监
察御史。弘治中，疏劾太监李广及其党羽。官至广东按察副使。正德初，奉命采珠，以拒刘瑾
私请，瑾衔之。后以他事，罚米输边。有《南巡录》。
　　④ 陈振（1449—1520），浙江鄞县人，字时起。成化十七年（1481）进士，授吴县知县，
升监察御史，以山东右布政使致仕。生平清廉自持，为人文雅蕴藉。居官三十年，室庐萧然。

势已逼，尤难为力。惟看得山东、河南与直隶大名府交界地方黄陵岗南北古堤十存七八，贾鲁旧河尚可泄水。必修整前项堤防，筑塞东注河口，将河流疏导南去，使下徐、沛，由淮入海。水经州县御患堤防俱令随处整理，庶几漕河可保无虞，民患亦皆有备。仍于张秋镇南北各造滚水石坝一条，俱长三四十丈，中砌石堤一条，拟长十四五里，虽有小费，可图经久。若黄陵岗等处堤防委任得人，可以长远。仍照旧疏导汶水，接济运河。万一河再东决，坝可以泄河流之涨，堤可以御河流之冲。倘或夏秋水涨之时，南边石坝逼近上流河口，船只不便往来，则于贾鲁河或双河口径达张秋北上，且免济宁一带闸河险阻，尤为利便。

臣等仰知皇上洞见黄河迁徙之害，深为国计民生之忧，凡智力所及不敢不尽。但欲兴举此等工役，未免劳民伤财。今山东等处荒歉之余，公私匮乏，人夫尚可起倩，财用无从取办。况奸逸恶劳者怨谤易兴，听声蹑影者议论难据。如蒙乞敕户、工二部，会同在廷群臣从长计议，斟酌前项工程于理应否兴止。倘以臣言可采，则其事宜速举。其买办木石等项银两，应于何处取用，应用匠作等项口粮，该于何处支给。或此外别有治河长策，可以不费财力，逐一处分，明白定夺，行令臣等遵守施行。

按：此文作于弘治六年（1493）十月，为刘大夏所上题本。刘大夏奉命修治张秋决河，遂会同地方官员勘察，并提出办理意见，请朝廷裁夺。刘大夏生平见前文注释。是文据王琼纂《漕河图志》卷四"奏议"整理。

安平镇治水碑记

徐　溥

安平镇，旧名张秋，实运河要地也。景泰间，黄河支流决镇之沙湾，坏运河。朝廷命都察院右佥都御史徐有贞塞而堤之。暨弘治六年，复决于下流十里许，汶水从之，由东阿旧盐河以入于海。厥后霖潦大溢，广至九十余丈，运河自东昌而下，率多淤涸，舟楫不通，今上以为忧。既敕右副都御史刘大夏往治之，又特敕内官监太监臣李兴、平江伯臣陈锐总督山东兵民夫役，与之共事。至则合旨协虑，会财用，计功力，厚加抚谕，俾小大趋事，期于成功。时夏且半，漕舟已集，一经决口，挽力数倍。稍失手，辄覆溺不可救。金谓宜急先务，乃于西岸稍南凿月河长三里许，引舟由之，次第皆济。及冬水落，乃为塞决。计规仿古法，酌以时宜，筑东西二台。植木为表，多施大索，众埽交下，两岸渐合。中流用舟杂置土石，凿而沉之，压以巨埽①，囊土以实其罅。役夫番代，阅三昼夜弗息，而决始塞。其外则甃石树杙②，累筑而固之。又于其南为石坝，以备宣节。于上流为重堤，以防奔溃。至是运道复通，而旧决皆为陆地矣。初议以为安平之上流为黄陵冈，黄陵未塞，则安平之功不易保，故二役并兴。而湍势悍激，再塞再决，群喙汹汹，莫知所定。迄八年之二月，皆以成告。上累遣赐奖劳，赐羊酒金币诸物，易镇名曰"安平"。又敕建神祠以祈冥佑，名曰"显惠"，命有司春秋修祀事。

是役也，凡用夫四万余，薪刍以束计者八十四万五千，竹木以根计者三万七千，麻铁以斤计者六十万四千有奇。而黄陵之役不与焉。比复命于朝，上喜曰：河决既塞，越惟尔二三臣之劳尔。兴赐岁禄二十四石。尔锐加太保兼太子太傅，岁增禄二百石。尔大夏升左副都御史，佐院事。分董其役者，山东左参政张缙擢通政司右通政，仍治河防；按察佥事廖中为副使；都指挥佥事丁全为署都指挥同知，暨文武官进秩加俸者百数十人，各有差。既又敕臣溥为文，纪功迹岁月，以诏来世。

臣谨按：《虞书》水首六府，谓为财用所出也。府之利出乎天，而修之在乎人。故平成之功必资府事。一或失修，则不能利民，而又病之，其势然也。运河之利，固国计所赖，而贡赋商旅皆必由之，所系甚大。一坏于洪涛，再坏于霖雨，其为患甚剧。不二载间，变波涛为平地，化嗟怨为欢欣。昔之所难，今甚易然，亦独何哉？圣天子致和达顺之功，中外臣竭忠宣力之效，天道应祥，而地灵效职，有不期而合者也。然防

---

① "埽"，旧时治河，将秫秸、石块、树枝捆扎成圆柱形用以堵口或护岸的物料。
② "杙"，木桩。

患固难，保功尤难。继是以后，修坏补敝之责则有司存。今官有特置，责有专任，方汲汲为久远计。前日之功，其可以勿坏矣乎！

臣故叙事纪日，俾刻金石，如宋灵平埽故事。用复朝命，且儆于有职者。系之以铭，铭曰：河出西域，亘行域中。土疏水迁，广武之东。虞周世邈，汉患尤数。历宋至元，治法益凿。我明北都，会为漕渠。再决张秋，四纪之余。自西徂东，赴海如注。渠流中涸，南北殊路。帝命在廷，惟内外臣。来谘来营，以拯艰屯。乃疏其源，乃塞其决。群工具兴，百虑咸竭。斫石于山，伐木于林。实土于囊，载积载沉。至再而三，功乃克就。故漕复通，万舰交辏。奏章北上，劳使南行。天子有命，锡之嘉名。坤灵效顺，河亦南徙。水菑告平，民乃宁止。民赞且颂，良臣之勋。臣拜稽首，天子圣神。皇不自神，子民父母。匪天惠民，孰我能佑？堤石岩岩，川流淙淙。惟兹安平，永镇东邦。

弘治十年十月初三日记①。

按：本文作于弘治十年（1497），记述李兴、陈锐与刘大夏堵筑沙湾决口，朝命改张秋为"安平"之本末。徐溥（1428—1499），字时用，号谦斋，南直隶宜兴人。景泰五年（1454），进士及第，授翰林院编修。成化中，历官左庶子、太常卿兼学士、礼部右侍郎、礼部左侍郎、吏部左侍郎等职。成化二十三年（1487），任礼部尚书兼文渊阁大学士，参预机务。弘治五年（1492），继刘吉为首辅，累加少傅、太子太傅，进华盖殿大学士。与刘健、李东阳、谢迁同心辅政，爱护人才，多所匡正。弘治十二年（1499）卒，谥文靖。是文据徐溥《谦斋文录》卷二整理。

安平镇减水坝记

李东阳

弘治初，河徙汴北，分为二支，其一东下张秋镇，入漕河，与汶水

---

① "弘治十年十月初三日记"一句，原书无，据《漕运通志》卷十《漕文略》校补。

合而北行。六年，霖雨大溢，决其东岸，截流径趋，夺汶以入于海，而漕河中竭，南北道阻。上既命都察院右副都御史臣刘大夏治厥事，复特命内官监太监臣李兴、平江伯臣陈锐，总督山东兵民夫往共治之。佥议胥协，疏塞并举，乃于上流西岸疏为月河三里许，塞决口九十余丈，而漕始复通。又上则疏贾鲁河孙家渡，塞荆隆口、黄陵冈，筑两长堤，麾水南下，由淮徐故道。又议以为两堤绵亘甚远，河或失守，必复至张秋，为漕河忧，乃相地于旧决之南一里，用近世减水坝之制，植木为杙，中实砖石，上为衡木，着以厚板，又上壅以巨石，屈铁以键之，液糯以埴之。坝成，广袤皆十五丈。又其上甃石为窦五，梁而涂之。梁可引缆，窦可通水，俾水溢则稍杀冲啮，水涸则漕河获存，庶几役不重费而功可保。工既告毕，上更命镇名为"安平"。赐兴岁禄二十四石，加锐太保兼太子太傅，增岁禄二百石。迁大夏为左副都御史，佐院事。又命工部伐石，敕内阁臣为文，各纪功绩。臣东阳当记兹坝之成。

窃考之治水之法，疏与塞而已矣。塞之说不见于经，中古以降，堤堰议起，往往亦以为利。利与害相值，必较多寡以为重轻。若驱役土石，当水之怒，费多而利寡，此古人所深戒。惟水势未迫，后患尚未形，周思预制以为之备，则障之利亦不可诬。况兹坝者势若为障而实疏之，去水之患以成其利，暂劳而永逸，费虽不能无，而用则溥矣。揆之善沟者水漱之，善防者水淫之，二者不亦兼而有之乎？《易》象财成，《书》陈修和，君出其令，臣宣其力，虽小大劳逸不同，同是道也。今圣天子勤民思理，重馈饷，悯流垫，宵衣而南顾者累岁，非二三臣之贤，其孰克副之？当决①之未塞也，水势冲激，深莫可测，每一舟至百夫弗能胜，则人船俱没。捲埽筑堰，垂成辄败，千金之费，累日之功，卒然失之，若未始有者。群议喧哄，皆欲弃而弗终，改而他图。盖方御患不暇，而何预备之有？及臣职就工，而地灵顺轨，不逆性以制物，不后天以违时，而又从容优裕以图可久之利，销未然之患，诚事会之不可失者也。然则鉴往辙之覆，而思成功之艰，修废补罅，以期不坠，庸讵非有司者之责

---

① "决"字，原文作"源"，据《漕运通志》卷十校改。

哉？乌乎！天下之事莫患可以为而不为，彼宦成之怠、交承之诿，遗智余力而莫为尽，未有不贻后日之悔者，独水也哉？人无于水监，当于民监。斯言也，亦可以喻大矣。唐韦丹筑捍江堤，窦以疏涨，诏刻碑纪功，著在国史。臣不文，谨书此，为明命复。工始于乙卯春二月，毕于夏四月，凡用夫万六千，巨石一万有奇，粝者①倍之，巨木三千，小者倍十而五，铁为斤万一千，他物称之。

弘治十年十月初三日记②。

按：本文作于弘治十年（1497），与上文主旨略同。李东阳（1447—1516），湖广茶陵人，字宾之，号西涯。天顺八年（1464）进士。授编修，累迁侍讲学士，充东宫讲官。弘治八年（1495），以礼部侍郎兼文渊阁大学士，直内阁，预机务，与谢迁同日登用，对时弊多所匡正。十七年（1504），赴阙里祭孔，上疏言沿途所见民生困苦状。受顾命，辅佐武宗。正德七年（1512），谏武宗调边将江彬等入卫，不从。乃以老病辞官，卒谥文正。是文据朱泰、游季勳修，包大燧纂《（万历）兖州府志》卷二十整理。

黄陵冈塞河功完之碑

刘　健

弘治二年，河徙汴城东北，过沁水，溢流为二。一自祥符于家店，经兰阳、归德，至徐邳入于淮。一自荆隆口、黄陵冈，东经曹、濮，入张秋运河。所至坏民田庐，且势损南北运河道，天子忧之。尝命官往治，时运道尚未损也。六年夏，大霖雨，河流骤盛。而荆隆口一支尤甚。遂

---

① "粝者"，"粝"，糙米，此处指碎石，相对前文巨石而言。
② "工始于乙卯春二月，毕于夏四月，凡用夫万六千，巨石一万有奇，粝者倍之，巨木三千，小者倍十而五，铁为斤万一千，他物称之。弘治十年十月初三日记"，据《漕运通志》卷十校补。

决张秋运河东岸，并汶水奔注于海。由是运道淤涸，漕舟阻绝，天子益以为忧，复命都察院右副都御史刘大夏治之。既而虑其功不时上也，又以总督之柄付之内官监太监臣李兴、平江伯臣陈锐，俾衔命往。三臣者乃同心协①力，以祗奉诏命。遂自张秋决口视溃决之源，以西至河南广武山淤涸之迹，以北至临清卫河，地形事宜既悉。然以时当夏半，水势方盛，又漕舟鳞壅口南，因相与议曰：治河之道，通漕为急。乃于决口两岸凿月河三里许，属之旧河，以通漕舟。舟②既通，又相与议曰：黄陵冈在张秋之上，而荆隆等口又在黄陵冈溃决之源。筑塞固有缓急，然治水之法不可不先杀其势。遂凿荥泽孙家渡河道七十余里，濬祥符四府营淤河二十余里以达淮。疏贾鲁旧河四十余里，由曹县梁进口出徐州运河。支流既分，水势渐杀，于是乃议筑塞诸口。其自黄陵冈以上，凡地属河南者，悉用河南兵民夫匠，即以其方面统之按察副使臣张鼐、都指挥佥事臣刘胜，分统荆隆等口。按察佥事臣李善、都指挥佥事臣王杲分统黄陵冈，而臣兴、臣锐、臣大夏往来总督之。博采群议，昼夜计划，殆忘寝食。故官属夫匠等悉用命，筑台卷埽，齐心毕力，遂获成功焉。初，河南诸口之塞，惟黄陵冈屡合而屡决，为最难。故既塞之后，特筑堤三重以护之，其高各七丈，厚半之。又筑长堤荆隆口之东西各二百余里，黄陵冈之东西各三百余里，直抵徐州，俾河流恒南行故道，而下流张秋可无溃决之患矣。

是役也，用夫匠以名计五万八千有奇，柴草以束计一千三百万有奇，竹木大小以根计一万二百有奇，铁生熟以斤计一万九百有奇，麻以斤计三十二万有奇。其兴工以弘治甲寅，十月而毕，以次年二月会张秋以南至徐州，工程俱毕。臣兴等遂具功完始末以闻，天子嘉之，特易张秋镇名为"安平"，赐臣兴禄米岁二十四石，加臣锐太保兼太子太傅，禄米岁二百石，进臣大夏左副都御史理院事，及诸方面官属进秩增俸有差。乃从兴等请，于塞口各赐额立庙，以祀水神。安平镇曰"显惠"，黄陵

---

① "协"字，原文作"叶"，据碑刻校改。
② "舟"字前，原文有"漕"字，据碑刻校改。

冈曰"昭应"。已而又命翰林儒臣各以工完之迹文之碑石，昭示永久。臣健以次撰黄陵冈。臣惟前代于河之决而塞之者，汉瓠子、宋澶濮曹济之间，皆积久而后成功。或至临塞，躬劳万乘。今黄陵冈诸口溃决已历数年，且其势洪阔奔放，若不可为。而筑塞之功顾未盈①二时，此固诸臣协②心、夫匠用命之所致。然非我圣天子至德格天，水灵效职，及宸断之明、委任之专，岂能成功若是之速哉？臣职在文字，睹兹惠政，诚不可以无纪述。谨摭其事，撰次如右，且系之以诗曰③：

中州之水，河其最大。龙门底柱，犹未为害。太行既北，平壤是趋。奔放溃决，遂无宁区。粤稽前代，筑修屡起。瓠子宣房，实肇其始。皇明启运，亦屡有闻。安平黄冈，奏决纷纭。坏我民庐，损我运道。帝心忧之，成功欲蚤。乃命宪臣，乃弘庙谟。谆谆戒谕，冀效勤劬。功不时上，复遣近侍。继以勋臣，俾同往治。三臣协力，兼采群谋。昼夜焦劳，罔或暂休。既分别支，以杀其势。遂遏洪流，永坚其闭。水由故道，河患斯平。运渠无损，舟楫通行。工毕来闻，帝心嘉悦。加禄与官，恩典昭晰。惟兹大役，不日告成。感召之由，天子圣明。天子圣明，化行德布。匪直河水，万灵咸附。殊方异域，靡不来王。以漕以贡，亿世无疆。

大明弘治十年十月初三日④。

按：此文作于弘治十年（1497）。弘治中，刘大夏等奉朝命堵筑黄陵冈黄河决口，刘健为文以纪之。此文之原碑今存河南兰考县东北三十公里南彰镇宋庄村，通高3.25米，其中碑身高2米，碑额雕以盘龙，高0.75米，李纶篆额，题"黄陵冈塞河功完之碑"，大部分碑文尚可识读。刘健（1433—1526），字希贤，号晦庵，洛阳人。天顺四年（1460）登进士第，历庶吉士、翰林编修、翰林修撰、少詹事，并任太子朱祐樘讲官。孝宗即位后，升礼部右侍郎兼翰林学士，入阁参预机务，累迁礼部

① "未盈"二字，朱泰、游季勳修，包大爟纂《（万历）兖州府志》卷二十作"不逾"。
② "协"字，原文作"叶"，据碑刻校改。
③ "曰"字，原文脱，据《（嘉靖）仪封县志》校补。
④ "大明弘治十年十月初三日"，据原碑校补。

尚书兼武英殿大学士、太子太保。弘治十一年（1498），升为首辅，累加少师兼太子太师、吏部尚书、华盖殿大学士。受遗命辅弼太子朱厚照。武宗即位后，致仕归家。嘉靖五年（1526）卒，谥文靖。是文据《（嘉靖）长垣县志》卷九整理。

临清东浮桥记

程敏政

　　临清据南北之冲，四方商旅辐辏，而运河出焉，往来者必藉舟以济。然水不时发，暴激迅奔，一操渡失谨，覆溺相望，而河南之观音阁下病涉尤甚。州人王珍廷璧家河之北岸，不忍岁溺者之多也，以成化乙巳捐己赀，作浮桥焉，为舟凡八，为白金六斤有畸。后五年，为弘治己酉渐弊，而舟之更造者六。又三年为辛亥再弊，而舟之更造者十。维之以巨緪，护之以周楯，虹亘栉比，既固且坚，爰置守者防其触掭，而时其开合，上下几十五年，东西行者去险即夷，无不嘉叹。适予过焉，吾乡之客于斯者曰汪以辅、吴斯敏，素善廷璧，具其事以请记，不得辞，为之言曰：观人之溺，犹己溺之。计圣愚之心未始相远，而有不能者。无他焉，锢于利，而昧其所受之生理尔。临清利区，廷璧以赀鸣里中，乃能识所锢，而恻然于斯人，勤其力于不报之地若此，非有俟于有司之督、好义者之募而然也，岂非难哉？视彼厚自殖而辟亭馆以贮歌舞，鼎新佛老之宫室以徼福田利益者，其贤不肖又何如哉？是宜记之，以告来者。廷璧以岁祲，出粟赈饥，用恩例为义官，又尝以独力置桩石，修运道二百余丈[①]。士人过临清者多礼遇之，而廷璧益谨弗肆。教其子镐，以乡进士需次于家，孙淮亦治经待试，其义举不特此桥也。仪[②]辅、斯敏乐

道人善事，得附书。

按：本文为程敏政应同乡之请，为临清州人王珍捐建临清东浮桥义举所做记文。程敏政（1446—1499），字克勤，号篁墩，南直隶休宁县人。成化二年（1466）殿试中榜眼，授翰林院编修。此后历官侍讲、经筵讲官、少詹事兼侍讲学士。弘治元年（1488），遭劾致仕。弘治五年（1492），改太常卿兼侍读学士、掌院事，后转詹事兼翰林学士，进礼部右侍郎。弘治十二年（1499）卒。程敏政善谈论，性疏爽，所作文章为同辈所推崇。是文据程敏政《篁墩程先生文集》卷二十整理。

安平石堤记

谢 迁

国家定鼎燕京，凡上供之需、百官六军之馈饷，大率仰给东南舟楫转输，以免陆地飞挽之劳与海运风涛之险，实惟漕渠是赖。兖之东阿张秋镇适居漕河之路，往岁河决黄陵冈，奔注张秋，而渠之东堤决水由盐河以入于海。越岁，霖潦助虐，势益悍急，决口之广至九十余丈，尽夺漕渠东注，而南北楫几至不通。天子以为忧，亟命治之。遣内外重臣，往总其役，合山东兵民夫，殚力毕作，五阅月而功告成，赐镇名曰"安平"，以示永赖。于是内外重臣皆诏还，而山东布政司①参政晋阳张公缙尝与董治之任，效劳为多。天子知其能，超擢通政使司右通政，俾专治河防。公益感激思奋，乃谂于众曰：兖当河下流之冲，自昔被患已剧，今虽底宁，而将来不测之虞亦未可知。堤必甃之以石，庶可以障湍激之悍。沙湾石堤无恙，此明验也。既而询谋金同，鸠工集事，先实土以厚其址，然后布杙叠石，石必为廉隅，灰液其缝。每数十丈内为阶级，以

---

① 明朝建立后，为加强中央集权，改元朝之行省为承宣布政使司，布政使司仅主管民政，又设提刑按察使司掌刑狱，都指挥使司掌军政，合称都、布、按三司，遇大事由三司会商。为防止布政使司长官专权，每一布政使司又设左、右布政使各一人。

便登降。堤外附土丈余，高突数尺，以防侵刷。起自荆门驿之前，逦迤而南，至新建石坝，以与石堤接。长以步计者二千二百八十有二，高以层计者十有四，深下要害处则加石或七八层，或二三层。所用木石刍灰皆出河夫岁办。工匠饩廪皆出自官，不别取办于民。经始于弘治丙辰之春，迄庚申春三月而毕。东阿知县秦昂尝与从事斯役，具以告。予谨记之，以诏于后。

按：本文当作于弘治十三年（1500）之后。弘治中，堵筑张秋决河后，山东布政司右通政张缙修建张秋石堤，以防冲决。谢迁应东阿县知县秦昂之请，而为之记。谢迁（1450—1531），字于乔，号木斋，浙江余姚人。成化十一年（1475）状元。历任翰林修撰、左庶子，弘治初进少詹事兼侍讲学士。八年（1495），入内阁参与机务，进詹事。十一年（1498），升太子少保、兵部尚书兼东阁大学士。与刘健、李东阳同辅政，政绩卓著，时人云"李公谋（李东阳的谋略），刘公断（刘健的当机立断），谢公尤侃侃（谢迁的长于表达）"，为"天下三贤相"之一。武宗嗣位，奏请诛刘瑾，不纳，与刘健同致仕归。嘉靖六年（1527），复入阁，居位数月，力求去。十年（1531）卒，赠太傅，谥文正。是文据林芃修、马之骦纂《（康熙）张秋志》卷九整理。

安平谯楼记
谢　迁

安平镇旧名张秋，隶兖之东阿，实当漕河要冲之会，民夹东西岸而居者无虑数千百家。岸西有谯楼，置漏刻角鼓以正节候，以警晨昏，以示民之作息。楼之下，凡商贾贩息日中为市者皆归焉。弘治癸丑，河决东岸，运道几绝，上亟命重臣往治之。于时漕舟牵挽者率就西，而西岸摧剥已久，楼并河甚逼，行者迂回以趋。乃议撤楼，以便往来牵挽，许河平而复。已而执事者悉力决口，急于竣事，以复上命，楼未暇及也。

越八年，关西韩公廷器以右通政来嗣河事，始议修筑西岸，叠石以固其外，延袤凡五里有余，而楼亦遂重建焉，从民志也。规模闳壮于昔，黝垩丹艧，焕然一新。于是逵巷市肆悉复其旧，居民漕卒行旅商贾各遂其宜。咸忻忻相告，谓韩公之功不可忘也。监察御史平阳秦君昂尝知东阿县事，请予文记之。

嗟夫！物之成毁，固以时为重轻。而兴坠举废之功，则未始不存乎其人也。方河无恙时，楼固一方之望，其所系亦重矣。不幸河流告变，垫溺是惧，救灾捍患，日不暇给，则斯楼之存亡甚轻，故撤而毁之，若弃敝屣耳。及夫河灵顺轨，挽道复故，则其所系于一方者固在，功岂容于久废，而群心之望岂可久孤也哉？然非韩公之明足以识时，才足以集事，则斯楼之复亦岂易言哉？况望其有加于昔哉？韩公之功于是为大矣。抑古之人重用民力，义所不当者虽微必谨，其于所当为者虽大不恤。故延厩之新、南门之作，以及一台一囿之筑，夫子悉书于《春秋》以示戒。至于修泮宫、复閟宫之役，则诗人颂其事，而夫子删诗，特存之以示美。斯楼为民而复，固政务之所先。其亦泮宫、閟宫之类，而安知无颂美其事者邪？记以示后，予固不得而辞也。

按：本文当作于弘治十四年（1501）前后。谯楼为张秋一方之望，因漕运行船而拆毁。后韩鼎重修谯楼，谢迁遂应秦昂之请，而记其本末。谢迁生平见前文。是文据李贤书修，吴怡等纂《（道光）东阿县志》卷十九整理。

重修显惠庙记略

张天瑞

弘治癸丑春，河决张秋，阻漕道，坏民田。于时九重宵旰抱瓠子之忧，遣重臣筑塞之。工成，而更名曰"安平"，仍赐祠，祠河神。祠名"显惠"，适当决口，地故沮洳，而杂以薪楗。居无何，土悉龟坼，祠几

圮。越八年庚申冬，吾同年韩君廷器实来蕲重新之，则具疏闻。上报曰：可。明年辛酉春，乃檄东昌府倅王珣等先后尸厥鸠之役。凡土之疏恶者、地之污莱者，与堰埽之颓圮者悉步杵而寸斫之。凡实地南北四十八丈，东西三十丈有畸，益撤黄陵冈守堤繇①二百人，填庙后河身五十余丈，而加柔焉。

先是，东庑有祠，祠荧惑，西庑有祠，祠子姆，良无谓。至是，祠荧惑于东街，别为殿三楹，革名锡胤祠，以祠子姆。又为楹东向三，藏仪仗，西向三，藏祭器。钟鼓楼各一，翼列左右，以相向。庙初惟一门，来谒者行堳道上，几于亵。于是凿两堧而门焉。又为东西庑以祀河神之凡当祀者像二十。仿东坡徐州黄楼之遗意，濒河之厓聚土为山，命曰戊己，盖有厌胜之意焉，环植竹柏楸榆数百本。祠成，翚如翼如，轮焉奂焉，祷禳者骏奔而至，神亦屑焉若见其景光。是役也，鼻工于辛酉之春，落成于壬戌之冬，其经营劳徕，秋毫皆廷器力也。君名鼎，家世陕西，庆阳合水人，成化辛丑成进士，举历左司谏通政参议尚宝卿，至今右通政，为人抗节敢言，忠公端谨，古称宠辱不惊者，盖庶几云尔。

按：本文作于弘治十五年（1502）。弘治中，刘大夏等人堵筑张秋黄河决口。朝命改张秋为安平，并建显惠庙，以祭祀水神。年久庙圮，韩鼎重修，张天瑞遂为文以纪之。张天瑞，字文祥，清平人，成化十七年（1481），进士第三，官翰林院编修，历侍讲学士，升左春坊，博极群书，为诗文宗匠，远近走请无虚日。是文据谢肇淛《北河纪》卷八整理。

南板新开二闸记

刘梦阳

汶水发源于泰山诸泉，至汶上南旺湖之口南北分流，为漕河。南至

---

① "繇"，同"徭"。

徐沛，合河沁以入淮，北至临清，会卫河以达海。泉微流涩，故建闸蓄缩而节用之。临清北流之裔尤要焉。过是，则卫河承之无留行矣。闸分两河，北曰会通，曰临清，则前元所建，志所谓地势陡峻、数坏舟楫者也。南曰南板，曰新开，则本朝所建，志所谓地势颇平、往来船行者也。南二闸相距甫三百弓，旧闸草创，一以砖堰之，名曰砖闸；一以板障之，名曰板闸，继后改为石闸，易以今名。日远阔渤，舟楫告艰。弘治年间，司徒白公昂改修会通闸，导流而北，闸底过卑，便谢于前①，仍南闸以行。今皇帝临御之七载，冥顽弄兵，水陆途绝，廷议都宪刘公总师靖丑，清道通漕。时京储垂啬，运舟迟达。公于癸酉岁春欲新南闸，为利涉焉。或称截流傲功，公曰："讵可尔？功非数月不成，何以副急饷之忧？"乃开北闸借便焉。或又难之，公曰："第为之耳。"以规画授工徒，疏塞浚隘，下旧河之身若干，阔旧河之身若干，复于会通闸底沉杉九板。峻泻既杀，胶涸亦除，澹为安流，大往小来，穷昼继夜。南板则撤其旧而创为之，新闸则仍其旧，而易其闸之金口与闸之底焉。

参决则工部郎中李公师儒、陆公应龙，督课则东昌府通判倪鼎、临清州判官林恭也。抡工而工良，选材而材坚，趋事有严，布力无怠，历时告成，巩如镕金，整如截肪。再于两闸之间，下旧河之身若干，阔旧河之身若干，乃以是岁六月六日工完放舟，上者无号挽之劳，下者无激射之险，群呀众异，相目以嬉，曰："是何就绪之易、策筹之神也？"盖自前元，以至今日，闸更几作，率以不能利涉为憾。至是始克免焉。收效于废，变易于难，识洞于隐，才周于事，至智也。速输贡之程，广货殖之用，加惠兆人，流泽来裔，至仁也。在昔开一渠，修一堰，民兴谣，史载事，度德量力于公，其大小久近何啻倍蓰，可无纪乎？用是磐石荐词，俾后贤有考焉。公讳恺，字承华②，保定新安人，由进士历今官，西皋其自号云③。

---

① 此处原文或有误。
② "字承华"，据《（康熙）临清州志》卷四校补。
③ "由进士历今官，西皋其自号云"，据《（康熙）临清州志》卷四校补。

按：本文作于正德八年（1513），记述刘恺主持整修临清水闸，便利船行之本末。刘梦阳为临清州人。是文据王命爵、李士登修，王汝训纂《（万历）东昌府志》卷二十整理。

仓部题名记

胡尧元

正德九年夏五月，大司徒王公以元请宫符东行，计储兹土。维兹土齐鲁之境，为京之东藩。路交南北，地滨漕河，为东藩之临清。肇我文皇还定鼎邑，周谋军国，视地分部，命官建司。维临清南引徐淮，北迤德津，据要而中居之，岁受山东、河南之赋几三十万，以节漕力，以望京储，厥惟重哉！粤起永乐，历正统，受命来者，人三岁一代。去皇正德，遡自景泰，岁惟一人为成制，咸专兹大廪厘革。是司内宰之分职，而外方伯之事也。上下百五十年来，而往者名版不录，寂无所稽，以兴后人，顾非缺与？或谓钱谷有司之事，适署其位，及期而入于朝也，实王人也，奚能此邪？然位卑则务小，近利则忘义，非朝廷所以防外有司，而崇视吾王人之意与？则凡历乎是者，庸弗敬哉？其笃念邦本，允司其平，而罔失常征，始谓之曰利仁。履兹臣度，检修维饬，无慕利以斁厥贞，始谓之曰正义。去且守道不变，内陟外迁，迈有施于民，而无其身图，始谓之曰有成。若或行反其道，自贻尔戾。既敛且窃，无宁筮献子之诮①。故语曰：君子疾名之不称。辞曰：恐修名之不立。盖匿其迹于一室，而声流于千里。振其风于既往，而有作于数十百年之下，名存故耳。则是名不可没也。名不没，则其实存。实存，则其于为人贤不肖可知已。噫，可惧哉！

元至之六月，求诸簿书，宣德迄于今，得前任人名氏凡七十人，员

---

① "献子之诮"，《国语·晋语》："靡笄之役，韩献子将斩人。郤献子驾，将救之。至，则既斩之矣。郤献子请以徇，其仆曰：'子不将救之乎？'献子曰：'敢不分谤乎！'"

外郎九人，主事六十一人，逸其贯者九人，则俟来者补之。夫然后其人具存，人存则修名伪行直不可掩，其于为人贤不肖可考已。噫，可慎哉！乃俾匠氏序列于石，以肇嗣纪，以永贞官宪。

　　按：本文作于正德九年（1514）。临清仓为漕粮存储及转运要地，朝廷遣员督理。胡尧元为文，记述题名以彰其为政之贤否。胡尧元（？—1526），字廷猷，湖广蒲圻人。正德六年（1511）进士，授户部山西司主事，以沮辱阉党，黜高邮同知。兴水利，毁淫祠，修文游台，祀苏轼、黄庭坚等人。官至广西布政司右参政，卒官。是文据于睿明修、胡悉宁纂《（康熙）临清州志》卷四整理。

修理三仓记

阎 闳

　　靖难后，六军常驻顺天，既乃以应天为南京，以顺天为京师，纲运给军国，程远物多，转搬顿置，率五七百里。严储峙之区，以户部官属莅之。临清介两都间，水陆路所辖集，有三仓，曰临清仓，曰广积仓，俗称大仓，寄留备缓急之虞，补缺鬺京通之数，时给续挽牵之食，乃山东、河南并大名州县两税所入，岁以二十余万石为常。厩每十间为一连，总如千连，编次有字号，前有前后厅事，两厢露台，开重门南向。后有神祠，别开门西出。又转而南向，以便推负往来。各有守门军、仓使、副分厅，各即所筦所居。附仓内垣南、外垣北总出一门西向，内垣外、外垣内，巡警之军铺列焉。曰常盈仓者，俗称小仓，在大仓东北隅，内垣相隔，外垣相周，厅事与门皆东向。厩二连，南北相对。北厩圮久矣，神祠在东仓官厅。又东隔路门守警巡即以其斗子，故受县制，乃有司卫所官吏军旗暨养济月粮也。米麦岁常以六万余石入，但山东州县之供耳。后虽升州，官军横者难制，始亦以户部官属莅之。户部官所居在三仓内垣之外东南隅，门南向，外垣与三仓亦相周焉。三仓地址皆高平，建置在未城先，故门军皆官给营房，乃从方国珍①据温台作乱者后，今犹谓之蛮子营。比城既延三仓，乃在西北隅，占地有城内四分之一，规制洪实，出纳繁浩。百七十余年来，耗弊多端，坏损积习，修仓夫有名数，料物有价值，旧矣。

歙县方子瑜以嘉靖甲辰进士授户部主事，以丙午正月来莅三仓，见厥挠栋者、堕瓦者、欹壁者、全连覆者、门折摆者、垣豁堧者、铺覆风雨寒暑难存击柝者，厅之前后蜗篆蛸罗，冒糊败槏朽绵间。于是征夫匠，给直求物，继前修理。比秋八九月，陶冶木石之工，丹艧垩黝之饰，内外大小之处皆致力待完。人未觉劳，事未枉费。方子自喜曰："可当一新矣。"乃以事状偕介求予记。

予性不好扳人以夸，亦不文事罔实。乃语方子曰：予家土著于此二百余年矣。官政民俗闻闻见见多真。三十钟致一钟，云帆辽海，杭稻东吴。吴、越、梁、楚、齐、鲁之谷给燕，秦汉隋唐已然，不肇自开渠会通也。京索、敖山②、柏崖③、洛口④、黎阳⑤，不谓今始有淮徐、临德、天津仓也。故足兵重足食，爱民重爱谷。谷久于米，窖稳于仓，古人盖藏之法今难悉仿矣。然江船不入淮，淮船不入河，河船止渭，则运者力省，入以是豆，出以是豆，民以是豆，官以是豆，则纳者受者怨希，船

---

① 方国珍（1319—1374），浙江黄岩人。世代以贩盐航海为业。元至正八年（1348），仇家告他通寇。遂杀仇家，与兄国璋、弟国瑛、国珉逃亡海上，聚众数千。曾多次使被俘元官为他求官，并派人潜入京都，贿赂权贵，得任海道漕运万户，复升任省参政。曾攻打张士诚，七战七捷。后割据温州、台州、庆元三路。朱元璋招降，他一再观望。势穷力竭，于元至正二十七年（1367）降，官广西行省左丞。

② "敖山"，在今河南荥阳市北。《左传》"宣公十二年"："晋师在敖、鄗之间。"《水经·济水》："济水又东径敖山北……其山上有城，即殷帝仲丁之所迁也。"秦曾置敖仓于此。

③ "柏崖"，古粮仓名，在今河南济源市西南黄河北岸柏崖山上。东魏将侯景曾于此筑柏崖城。咸亨三年（672）于此置仓，储粮二十万石。开元十年（722）废，二十二年（734）复置。元和十年（815），为淄青李师道焚毁。

④ "洛口"，古粮仓名，又名兴洛仓。隋大业二年（606）筑，故址在今河南省巩县东南，因地处旧洛水入黄河处而得名。周围二十余里，穿窖三千，每窖可容粮食八千石。大业十三年（617），瓦岗军攻克此仓，并增筑洛口城，周围四十里。开元二十一年（733），复置洛口仓于此。

⑤ "黎阳"，古粮仓名，在今河南浚县西南。隋置仓。《隋书·食货志》：开皇三年（583），"于卫州置黎阳仓"。《李密传》：元宝藏、李文相等"并归于密，共袭破黎阳仓城"。金初，河易故道，仓城遂废。

之直达法不敢变也。量之平，夫岂难乎？铁斛至子，非不有元颁式，趱底淋尖，解户蹙额而抚心。月不过五，非不有期会。倾土注糠，饥卒攘臂以榷门。远致者赍价就买，包揽上纳。昔有歇家，延捱累年，通关虚出，于是号纸付之中人。正德末，十八房户部官来莅者亦知所以自处处人矣。近虽收银，官买估价，呈样倚市之经纪。然避嫌者验银付州库，虽解户得擎批还，而大仓多空廒，顷年套封，换以砖石，窃者瘐死，巧者调去，追陪①遂遍诸平民。且一有急须，粮银岂可食乎？故丰年另买，不可以不急也。价真粮细，君子何避嫌哉？且收者不放，放者非收，谓仓实可久，待验公廉也。往苏州盛都御史应期②改挑运河，取粮于此，以粗粃多，移文郓县吴叔羽。吴径答以前官所收也。盛性辣，欲名劾，会以事左免去。今若但收银，而米麦少。运足定额，月仰见支，年迫一年，得无自收者而自放乎？况收银计加耗，散银除畸零，席草灰苇移东或以抵西。斗斛余剩，攒旧可以报新。运军驾浅船，粮长驾长船，到此报水程以达部，纵佚则近午。开门好迎送，晏游且越日始归。昼夜间，水之消长、天之风雨，船误迟数日，咎谁执耶？三仓梁柱椽楣多樟楠樾槲，其材皆坚腻有纹。难乘廒坯，亦有易材治器归者。今总验之，官竟败也。而公帑暗蠹，令小民列诖士类，可疾也。然得如此者以画一，失元图本左契，户部与山东布政使司皆不对覆，腹里仓场例不遣使查盘耳。

夫坯而迟修，满年受代，犹之可也。乘坯自润，以不对覆查盘自安，君子不忍为也。京有月俸，此有日廪，仓之隙地多而腴，甚宜谷麦。园莳蔬疏，林采果木，绮服导从，需日计资，以取大官，君子者肯即见利而忘义乎？故省已平物，奉公体国，方子今修理三仓可记也。宏治中秦国声、正德中杨秉节皆尝莅此，莫论后来。想初入官时，仅或与方子同。

---

① "陪"，同"赔"。
② 盛应期（1474—1535），字思征，号值庵，南直隶苏州府吴江人。弘治六年（1493）进士，授都水主事，管理济宁诸闸。转迁工部侍郎，为宦官所诬下狱，谪云南驿丞。正德时累迁为右副都御史，巡抚四川，嘉靖初改江西巡抚，奏免杂赋，积谷备荒，深受百姓爱戴。后进兵部右侍郎总督两广军务，为流言所中，被劾。嘉靖六年（1527），起为右都御史治理黄河，后召回致仕。嘉靖十四年（1535）卒。

按：本文当作于嘉靖二十五年（1546）。方瑜时任户部主事，管理临清仓厫，遂大加整修，焕然一新。阎闳为临清州人，有感于方瑜之治绩，且受所托，遂为此文。阎闳，字尚友，山东临清州人。正德十二年（1517）进士，由庶吉士补吏科给事中。世宗即位，以事谪云南蒙自县丞，旋复原官，后累官至贵州按察副使。是文据张度、邓希曾修，朱钟纂《（乾隆）临清直隶州志》卷三整理。

东昌府城重修碑

于慎行

国家转漕江南，通渠两京之间。自淮以北长不下三千里，夹渠而治者星罗珠贯，不下数十城。东郡枕其中间，独号为府，辟河渠以率。然则其要云清源，绾毂御漳，万货辐辏，江北一都会也。而为之支郡掎其北，河堤使者以重兵开府济上，亦一都会也。据上游而控其南，左提右挈，两束而兼扼之，此其为形胜，较燕齐魏博时奚翅①十百？故其城不能十里，而壮丽严整甲于他郡。城之中为楼，厥高十仞，命曰"光岳"，从百里望之，缥缈云气，以为地标。自入国朝来，城凡三修，久之辄圮，吏人忧焉。

万历丁丑，中丞汝泉赵公②出抚东土，行部至郡。既延见吏民，问所疾苦，乃登楼循堞，旁眺四野，僵偃埌莽，平皋沃土，一瞩千里。河流以一衣带，潋溇泱瀼，规旋而出，则叹曰："壮哉！此非漕挽之襟喉、天都之肘腋与？城而不究，保障云何？"乃谋诸治兵大夫艾公可久，对曰："设险域民，重关待暴，兵之职也。著在宪典，敢不惟命？"乃谋诸

---

① "奚翅"，同"奚啻"。《孟子·告子下》："取食之重者与礼之轻者而比之，奚翅食重？"朱熹注："奚翅，犹言何但，言其相去悬绝，不但有轻重之差而已。"

② "汝泉赵公"，即赵贤。赵贤（1532—1606），字良弼，号汝泉，河南汝阳人。嘉靖三十五年（1556）中式进士，历任户部主事，先后出监山东临清监仓，督饷辽东，以廉干著称。万历三年（1575），任左佥都御史。五年（1577），任右副都御史，巡抚山东。十年（1582），任南京吏部尚书，后遭劾去职。

分守大夫查公志立，对曰："画圻慎封，守有责焉，敢不惟命？"乃谋诸分巡大夫詹公沂，对曰："禁奸遏虐，巡有责焉，敢不惟命？"侍御秀峰钱公行部亦至，所与诸大夫谋一如中丞。于是诹日鸠工，分画章程。会桂林莫侯与齐拜东郡守，至而身督课之。不数月城成，凡修楼橹二十有五，护城神祠五，环城更庐四十有七，城高八尸，厚五尺，隍深一丈，广十有九丈，堤高八尺，厚二丈许，长桥虹跨，高岸翚拱，奕奕煇煇，博敞宏壮，称金汤之险焉。及权其费用，金千有五百，工千有二百，斯已俭矣。侯以告史行，行不佞，受博士诗，当周宣王中兴，修明文武之业，既命南仲往城朔方，以御俭犹，又使其宰衡保傅之臣若仲山甫①者出而城齐，其功烈著之歌诗，至今有弦诵焉②。当是之时，齐去镐京数千里，不称要害，而重已若此矣。今天子润色鸿业，方内乂宁，永惟桑土之谋，日诏中外将吏慎固城守。乃睠海岱之区，从帷幄枢机借中丞公填抚东夏。中丞乘轺行部，宣政问俗，山城僻障，无不环而视之，以令长吏。

　　东郡为齐名胜，在襟喉肘腋之间，而城是成。是中丞能布宣天子之洪休茂烈，而与山甫比隆也。彼诗所称，出而赋政于外，四方爰发；入而式是百辟，为王喉舌，又何古今符契如此，倘所谓天保者邪？不佞幸备兰台吏，敢勒之诗，以比于《烝民》之雅，其辞曰：

　　于惟大东，负海跨岱。百有八城，以襟以带。嵩彼东郡，在封之右。南控江淮，北达京口。七雄之代，为齐西门。守不可拔，射书解纷。金堤之决，龙蛇起陆。皇皇汉武，于焉沉玉。肆唐中业，田氏凭陵。两河怙阻，万里征兵。迨宋淳化，卜迁此域。以河伯蔺，匪疚匪亟。皇建郡邑，是号名区。匪无鼎新，岁久则渝。中丞受命，自天子所。濈泽鸿恩，惠我东土。顾兹形胜，横扼漕渠。有城而敝，焉奠民居？乃询监司，乃

---

　　① 仲山甫，周宣王时大臣。因封于樊（今陕西西安南），又称樊仲、樊穆仲。《诗·大雅·烝民》赞扬他"既明且哲"，说他是宣王的"喉舌"，肩负着"出纳王命""赋政于外"的重任。周宣王于三十九年（前789）举兵伐姜戎，为姜戎所败，南国之师全军覆没。为补充兵源，"乃料民（查核户口）于太原"。仲山甫认为会激化社会矛盾，曾进谏劝止，未被采纳。
　　② 语出《诗经·大雅·烝民》："仲山甫出祖，四牡业业。征夫捷捷，每怀靡及。四牡彭彭，八鸾锵锵。王命仲山甫，城彼东方。四牡骙骙，八鸾喈喈。仲山甫徂齐，式遄其归。吉甫作诵，穆如清风。仲山甫永怀，以慰其心。"

召守吏。榷彼羡衍，兴此崇丽。小大欢欣，卜筮叶从。不日而竣，众心所成。炭橐高墉，龙嵷华观。修堑长堤，有梁有岸。表以飞楼，上规下矩。周望原皋，俛临烟雨。河则如玦，而城如璧。巨舰接舻，其帆如织。行者游观，居者豫喜。赫赫中丞，令闻不已。伟兹柱史，同心訏谟。卓彼群侯，矢力赞图。昔天监周，生仲山甫。往城于齐，声施振古。惟中丞公，为帝喉舌。入赞枢机，出临方国。明明我后，挈美周宣。烈烈樊侯，公何让焉？公归在朝，公功罔极。内史作诵，勒此磐石。

按：本文作于万历五年（1577）。是年，东昌府知府莫与齐受命率同僚属，重修东昌府城垣，数月而竣工，壮丽宏敞，为一郡之保障。于慎行受托作重修府城记，文中对东昌府城"江北一都会""漕挽之襟喉、天都之肘腋"的评价准确传神，在后世影响很大。于慎行（1545—1607），字可远，又字无垢，东阿县东阿镇人。隆庆二年（1568）进士。万历初，历修撰、日讲官，以论张居正"夺情"触其怒，以疾归。居正死后复起。时居正家被抄没，慎行劝任其事者应念居正母及诸子颠沛可伤。累迁礼部尚书，明习典制，诸大礼多所裁定。以请神宗早立太子，去官家居十余年。万历三十五年（1607），廷推阁臣，以太子少保兼东阁大学士，入参机务，以病不能任职。旋卒，谥文定。学问贯通百家，谙于掌故。是文据于慎行《谷城山馆文集》卷十三整理。

新建安平镇城记

于慎行

国家漕会通河，设工部分司于故元之景德镇，以掌河渠之政令，即今所谓安平也。安平在东阿界中，接阳谷、寿张之境，三邑之民夹渠而室者以数千计，四方之工贾骈坒而墆鬻其中，齐之鱼盐、鲁之枣粟、吴越之织文纂组、闽广之果布珠琲、奇珍异巧之物，秦之麕麑、晋之皮革鸣橐转毂，纵横磊砢，以相灌注，而取什一之赢者。廛以数百计，则河济之间一都会矣。往天顺、宏治中，河决其西，绝而入济。徐武功、刘忠宣二公皆总十万之徒，聚诸道之钱谷以来，有事于兹土。至建祠筑宫，以比于宣房、瓠子之役，地至重矣。而无城以域民，封圻之吏画地而守，往议者盖数数置筹筴焉。

万历戊寅，大中丞汝阳赵公实抚东夏。既已考宪修令，吏人烝烝，祇若休德，罔敢不虔。于是巡行郡邑，问民疾苦。过安平而眙之，乃进三道大夫谋曰：天子申敕中外，唯是城隍之守，以勤下吏。吾等幸而从事，以是地之在河堤，而民无所庇以守。即有后事，敢毋与知，大夫其图之。三道大夫出而谋诸三邑之长，三邑之长属吏民而告之之故，咸曰：公不忘一二氓庶，悯其露处而赐之垣墉，使有所扃钥以居，敢不惟力？公乃与侍御常熟钱公议之。钱公欣然协谋，亟下议道府，谨若中丞公命，于是使城之。城方八里，高二丈五尺，其下厚四丈，其上锐四之一。四门各楼，四角亦各楼，凡用夫三千五百名，镇之民居其四，三邑取六焉。银三千七百余两，东阿居其六，东平若二邑取四焉。厥制跨河而环之，水之所出入皆为台橹，状如两玦，而华阁飞梁横亘其中，琳宫璿题巍峙其左，煌煌乎清渠之巨观矣。城且竣，公以少宰召入，而大中丞内江何公继之。躬驾往视，以终厥功。侍御忻郡陈公亦至，相与陈之法纪，以授守吏。于是安平士民鼓舞讴吟，永奠厥居。

内史于生以为此非一方之利也。国家都燕，冀仰东南四百万粟以给长安。惟是一衣带之水，曾不容刀，以绾亿万年之命脉。自江淮以北，每数百里之中，各往往有名城大都，聚五方之货贿，以为公私之所顿置。而安平一聚落，居临清、济宁之间，十得四五焉。辟诸人之一身，其血脉上下周流，乃至于腠理支节之处，则疾之所由入，而国手之所操针而取也。此之为要害，岂惟是一城一邑之所庇赖？天下幸而乂安，即有灼见远览，利害较然，朝不及夕，难于动众勤民，逡巡却步，幸少斯须，以为持重。迨其后有缓急，索而图之，嗟何及矣？深哉，易之言"重门击柝，以待暴客，盖取诸豫"①。夫豫也者，先事而早计之。武功、忠宣

① 语出《周易·系辞下》。

二公奠义此土，控制南北，俾国家有漕渠之利。公又为之形胜，以固其防，俾国家无漕渠之忧，皆所谓豫也。往正德中，群盗流劫，且遍齐境，不能抉一城之钥。而安平市里实，居然有封豕雄虺之迹，以惊父老。假令少淹朝夕，庙堂南向而筹，安能忘此一衣带水？此不先事而早计之效也。故豫之时义大矣哉。盖是役也，捐税助工，则工部郎中徐公儒、屠公元沐；分猷襄画，则清兵备副使艾公可久、贾公仁元，分守东兖道查公志立、南公轩、张公思忠、赵公允升，分巡东兖道金事栗公在庭、詹公沂及兖州府知府周公标、朱公文科、杨公材；专董章程，则兖州府同知樊公克宅、通判李公养浩；榷财庀徒，则东平知州邱公如嵩、杜公化中、东阿知县朱应谷、阳谷知县吴之问、寿张知县曹勋，而东阿主簿张德懋则督工有劳者云。城之成也，适于生在邑里，朱公使记焉。

　　按：此文作于万历六年（1578）。张秋为运河沿岸一大市镇，赵实巡抚山东，遂命修建城垣以卫百姓，以保漕运。时于慎行家居，遂为文以记之。于慎行生平见前文注释。是文据李贤书修、吴怡等纂《（道光）东阿县志》卷二十整理。

司空大夫刘君陶政记

于慎行

　　临清故有司空分署，岁遣属大夫一人掌甓甋之政。登下其材，以轻重算贾人船，转输都官，法甚备也。其后胥役狎习，抗敝巧法，器多苦恶。傔人告匮，将作始借前箸筹矣。万历辛巳，念庭刘公以起部[①]大夫分署于此，至则召诸陶人，问弊所繇，安施而可，乃稍得状。盖前大夫恐埴之无良也，成而试其坚瑕，委诸从吏，陶则有赂。又使军

———————

　　① "起部"，官署名。晋武帝置起部郎。南北朝时，宋、齐、梁、陈有起部尚书，掌管宗庙宫室建造事宜，事毕即行撤销。后用以代称工部。

尉别其良楛，印而志之，则又有赂。水陆转送，佣夫舟人僦赁出其中，则又皆有赂。四赂诚具，甗即皆窳，登也。如有所阙，甗虽坚白，格也。计所予直，不更其本，而此费若此矣。君大慨曰："有是哉！夫估溢而器不精，则县官病也。作业剧而费不偿，是陶人病也。财诎于县官，而赂出于陶人，是公私交病也。一事而使公私交病，祗役谓何？"乃下令，自今以往，试不以从吏，印不以军尉，陆不以佣，水不以舟，使陶人自相占也。摘不如法以告，匿则有坐。陶人自相占以摘，无所用贿坐，又不敢匿也，得以其直尽之于埴，而享其赢余，甗皆益精，将作受之，无后令矣。

大夫既迁去，陶人思其利，相与砻石志之。因省进士张君鲤以告史氏。尝观县官举事，费往往倍蓰民间，而功不能半，自古以然。第所睹于国家，自城郭宫廷，下及器用服章，无论纤巨，惟祖宗时所创咸极精良，久而毋坏。其后所费不啻浮于旧额，而硗㡾媮薄，曾不能当其十一，何工拙相悬甚也？此无异故，祖宗时法修令具，上下无敢越。即有所兴作，财力相覆，权视惟谨，不使奸利赇请得滑其间，不精何为？近世士大夫务为宏度远心，简薄吏职，即有所兴作，僶然受成，不甚訾省。于是蠹弊日滋，县官飨其虚质，而民骚然靡费矣。既已洞其弊窦，即又重拂人情，取小补茸调剂，幸旦夕毋败，以遗后人，谁复执其咎哉？予观大夫以文儁名贤，优游华省，不惮精心虚受，厘革宿蠹如此，可不谓勤其官者耶？夫埏埴之工，于国计渺小矣。第如君画，使国家有实用，所省公私之费岁又不下千万。假役有巨于此者尽如君画，所省费与其利赖又何如也。在昔有虞之裔有为周陶正，维是甗瓶①之利大启。陈封传祚奕世，古之重报功如此。以大夫之利器用于国，公私赖之，劳不细矣。今者位益尊显，声实炎炎，垂光竹帛，不可涯涘，尚何有于陶政？然吾执此，以俟大夫之鸿树与其懋赏，而又以风世之勤其官者，庶有益于国也，恶可以无纪耶？大夫名伯渊，浙之慈谿人。第隆庆辛未进士，今官

①　"甗瓶"，"甗"，为蒸食器，分上下两部分甑和鬲。"瓶"，为古代盛酒的有盖瓦器，口小，腹大，底小，较深。

江右按察副使云。

　　按：本文当作于万历九年（1581）之后。临清贡砖为明清时期重要的钦工物料，朝廷在临清设署管理。刘伯渊于万历十七年（1589）督理贡砖烧造运输事务，遂废除苛政，窑户负担得以减轻。张鲤请于慎行为文，记述刘伯渊之善政。于慎行生平见前文。是文据于慎行《谷城山馆文集》卷十五整理。

通济新桥记

方元焕

　　明制：漕渠由汶而北，放于御水，盖胜国之会通河也。变易之度、节宣之宜，则水部郎中一人奉简命，专其事。戊申，允斋严公至。是岁，河决聊城。公南登魏湾，遵龙港，观濆溢，遂至于临清。因怆焉叹曰：河蓄其在斯欤？盖高流湍悍，壅下乃滥。临清，漕之下津也，必常有以导之，其通济之桥①欤？桥昔维舟，舟废而坝。涨则逆，逆则奋激，回澜百里而不可止。啮防襄岸，欲无昏垫难矣。乃集群议，彻其坝，虽浲水②，辄汤汤若建瓴去，于是漕艎出泥，民稼去洳，榜人佃夫稽首欢跃。公因征滨水之庐，选横津之赎，力复其桥，南北各石其岸。氏之齿木，坚之键铁，隆然并峙如闸制。上则擎木而梁，殆二十尺，车马绎绎，亦竭来称便。

　　夫五材致用，利莫先水。水有六品，其巨者河，故禹作九贡，达河者七。漕河之兴，由秦而有，历汉唐之盛，道格饷滞无全功。惟国家之

---

　　① "通济桥"，王俊修、李森纂《（乾隆）临清州志》卷三记述称："通济桥，在汶北。河初转北流处，明弘治间，副使陈璧造舟通行。嘉靖二十七年，工部郎中严中、通判程鸣鹤、知州宛嘉祥议改石桥如闸，制水涨涸，以时蓄泄。后徽人汪保重修。乾隆五年，协镇刘屏藩、东昌府同知潘珑、知州马兆英、郡人齐耀先等捐赀复葺。"
　　② "浲水"，洪水。《孟子·滕文公下》："《书》曰：'浲水警余。'浲水者，洪水也。"

水涓滴并漕，然其枢在会通。临清，会通之绝流，又其要哉。兹而病，则东南之赋、江淮之挽丛焉噎矣。太史公曰：甚哉，水之为利害也非欤。故堕高堙痺，共工瘰职。论者昧于迩览，谬于习故，诘之兴废，委而不讲，乃或筑防求暂，爬塞济迫，因循于近利，而毗一代之远忧。此汴搬海运所繇以议，可慨也。通济虽一隅，而所预亦非堇堇，故曰：勿以善小而不为。诚司漕皆尔，国其永有赖欤？

是役也，公经其始，而稽期授略。程费综工，则州守宛君嘉祥早夜以劳于事。隃春，南闸淤，东郡倅程君鸣鹤适监水至，曰：清之水岐北驶，则南敓势也，通济其置版欤？乃神涩易觥，会通有全效焉。盖三后协心，同底于绩，义得列书云。公名中，字执甫，姚人，进士起家，历今官。桥成之嗣岁，擢鄂守去。民将伐石问言，而程君趣其事，因书以成之。

按：本文当作于万历三十六年（1608）之后。方元焕为临清州人，记述严中修建临清通济新桥，以通水利漕之事迹。方元焕生平见前文注释。是文据张度、邓希曾修，朱钟纂《（乾隆）临清直隶州志》卷二整理。

重修阿井碑记

王汝训

古之记井者曰："主发生以流润，当赫曦以伏炎。"[1] 彼其五家之一二舍之一泛泛清通者，不过仅为饮而已，惟阿则不然。考之《禹贡》，其源盖济水所经，在古寿张亭菏汶之间，今东阿、阳谷之分界也。水重可熬胶，胶可疗风疏痰。天顺间，上遣右少监韦公同医士方贤往验之，因额其事。何物一泓而至勤圣意若是？延至于今，亭垣圮坏，而其泉亦

---

[1] 语见邵真《义井记》，载《全唐文》卷四四五。

稍稍出之微，当事者慨然有湮没之惧矣。水部施君治河之三年，议修兹井。命别驾徐君率属两簿卜日揆工，走匠役治焉。谓其亭狭不足纳日月，导四方风气，扩而大之若干丈。泉旧有九孔，淤塞殆尽，今一一寻源委浚之，其流且倍出焉。亭之北构正厅三楹，又一楹祀龙之神以报井。周遍瓦垣一百二十丈。予家距阿井仅五十里。里居时，习闻施君百度厘举，其兴利之大者，有若均赋役、浚故渠、平市值之类；其剔弊之大者，有若锄强暴、绳堤岸、严柳栽之类；其风世范俗之大者，有若崇圣祀、课青衿、表节妇之类，未可更仆数也。井之役，盖特秉心塞渊之一事哉。予自旧都奉命迁冬卿，道过安平。别驾造予请记。别驾王父东山公旧以水部驻安平，督河修五空桥。厥冢公孺东，予辛未榜人也。以直谏忤江陵，寻晋符卿兼御史，治水田，浚滹河，盖三世治河云。别驾娓娓述施君诸善政，固予曩所习闻者，而近日益多。予益喜施君之克勤水土，及于井渫，其利溥矣。

是役也，施君捐俸金百之半，别驾徐君、东阿郑令君、阳谷范令君、寿张周令君各醵金有差，而别驾胡君以新任后至，例得并书。施君名尔志，浙之嘉兴人，壬辰进士。徐君名之洪，江之贵溪人；胡君名合，蜀之高县人，俱选贡。郑君国昌，陕之邠州人；范君宗文，洛阳人；周君三锡，濬县人，俱名科甲。阳谷簿夏长春，六安州人；寿张簿夏时熙，江夏人，朝夕拮据，劳绩居多焉。

按：此文作于万历三十七年（1609）。继天顺七年（1463）之后，施尔志、徐之洪再次修缮阿井。此文记述掏浚阿井、重建屋垣墙之细节颇悉，并详列参与工程之地方官吏，对于了解阿井历史颇有助益。王汝训（1551—1610），字古师，号泓阳，山东聊城人。隆庆五年（1571）进士，授元城知县。万历初，入为刑部主事，累迁光禄少卿。疏劾吏科给事中陈与郊，忤吏部尚书杨巍，改调南京。三迁右副都御史巡抚浙江。后被革职，家居十三年。再起，进南京刑部右侍郎，改工部。是文据董政华修、孔广海纂《（光绪）阳谷县志》卷十二整理。

重修大河神祠碑记

谢肇淛

　　景皇帝时，河决张秋，东入海，运道绝。上遣都御史臣徐有贞发山东、河南丁壮万人往塞之，逾三载始讫事。有贞上言：赖主上神圣，冯夷效顺，俾十年巨患一朝永弭，臣等区区智力不及此。请建朝宗顺正惠通灵显大河神祠于八里村，命有司春秋祠以为常。制曰："可。"迄今百六十余禩，俎豆萍藻虔共勿替，盖其重也。

　　万历癸丑之夏，苦潦愆旬，水啮堤不能以寸，环堤黔首藉神休以不至鱼鳖，而神之祠摧落于风雨者日益甚。维时肇淛奉天子玺书，拮据河上，顾视怛焉，以便宜奏记。当事掘偶钱，擿践更卒，而檄寿张簿曰：尔士亨为神，董陶埴，视墍茨，量金钱出入，毋窳也。于是不三月而告成。肇淛居恒谓：今治水与古异。古人之治水也，一意于水而已，然应龙画而伊阙凿，支祁锁而淮涡安。绿文既授，延喜攸归。彼大圣人也，犹然以神道设教，矧于今日军国之输，十九仰给东南，四百万石余皇衔尾贯鱼，咽喉涓涓一衣带水耳。而复上护陵寝，下卫城邑田庐，计铢而授之，尅暑而责之，前跋后疐，左方右圆，虽百神禹，其如河何？故今任河事者责滋艰，而神以功食报亦滋巨以远。今上在宥以来，海不扬波，虽有疾风雷雨，而翕河如故，盖四十二年于此矣。神受天子封爵，庙食无已时，尚益敬共其职，以时雨旸，而加盼飨焉，宁独河臣藉手免于皋鼙？即宗社军国实式凭之。祝史陈信，其何愧词之有？如其不然，而徒拥虚位水浒，烦有司粢盛牺牲，辱国家禋祀，安用之矣？是举也，御史中丞刘公忠士主其事，庀材鸠工，则沈簿士亨力居多，而兖王别驾沼、阳谷李簿羡咸有劳也，法得书。

　　按：本文作于万历四十一年（1613）。时谢肇淛任北河郎中，防护堤防有效，有感于神灵佑护，遂重修大河神祠，以图报称。谢肇淛生平

见前文。是文据谢肇淛《小草斋文集》卷十六整理。

重修五空桥碑记

宋祖乙

　　张秋城南之有五空桥也，创始于明弘治十年，重修于皇清顺治八年。聿考创始，以明弘治初河徙汴北，东北下张秋入漕。益以六年霪潦，水大泛涨，遂决漕东岸，截流夺汶，而入于海。漕乃中竭，南北道阻。特命刘忠宣、内官李兴、平江伯陈锐总督山东兵民夫役往治，乃疏贾鲁河孙家渡，塞荆隆口、黄陵冈，筑两长堤，阻水南下，又恐两堤绵亘千里，河守一失，复决张秋，为漕祟，爰相地于张秋旧决之南一里许高筑河堤，仍用近世减水坝制，植木为杙，中实砖石，上为衡木，着以厚板。上漫巨石为梁五窦，梁可引缆，窦可泄水，用需漕运，迄今几历三百祀矣。石颓木落，板烂土湮，相沿而未有整者。顺治庚寅，工部郎阎公[1]奉命视河，初莅安平。正值黄河决荆隆口，水势溢溢汹激，患及张秋河堤两岸，独此堤完固无虞，良由此五空泄水，杀其威也。阎公喟然曰："桥于今诚有赖，信先贤制作美备哉！虽然，窦可通水，而梁既圯，土石相倾，壅滞夺激，未免旁冲之患。其梁倾路废，牵挽无由，竟成一大决口，舟至辄阻，不弃先贤制作为无用耶？"阎公乃于八年春，乘重运未至，估计度材，重为修葺，谋之东阿令史公三荣，榷木选桩，役夫于浅铺之额，掀石于泥沙之中，共计巨木百有五十，灰万有五千，麻千有七百余，钉百有余斤，石拣用二百余块，匠工八百零，夫工千有一百六十，役不重费，工可倍昔，阅月而桥屹然告成矣。且五窦既疏，湍急可杀，担负车马，利不病涉，引絙挽缆，履道坦然。是举也，疏通漕储，用裨军国，接济往来，利涉大川，奏绩而民不劳，克昭前绪不坠，一举而四善备，

---

　　① "工部郎阎公"，即阎廷谟。阎廷谟，号嵩岳，河南孟津人，顺治三年（1646）进士，七年（1650），任工部主事，纂有《北河续纪》。

不可无文以志之。公讳廷谟，号嵩岳，丙戌进士，河南孟津人。

　　按：此文作于顺治八年（1651）。张秋城南五空桥创建于明弘治十年（1497），为泄水要道。此桥年久失修，日渐颓废。顺治八年（1651），工部主事阎廷谟重修。宋祖乙，山东东平人，进士，崇祯七年（1634）任唐县知县，曾任明刑部主事。是文据林芃修、马之骦纂《（康熙）张秋志》卷九整理。

沙湾筑堤碑记
王曰高

　　往予癸卯岁，奉命校士江南，过沙湾，见一带漕渠，于此独汪汪成巨浸，几与湖等，因思此地自前元开会通河后方为河，迨明永乐中，尚书宋康惠复会通故道，采老人白英之言，疏汶水至南旺，分其七北流，始可济巨艘，要亦不过汶、洸及泗之委汇而已，何至漫溃若是哉？再考景泰中，黄河氾溢，其支流冲激沙湾后，虽经徐武功治之，然此湾地故低洼平衍，急流则易淹，缓流则易淤。加以皇朝顺治中，黄河复决荆隆口，东兖咸受害，而沙湾最被浸啮，益潴成大潢，迄今舸舰往来，至此而扬帆鼓棹，不易为力，不能不烦牵挽者之纡回，职是故也。

　　向予亦心念之，徒以空言无补。乃兹乙卯夏，距予前过时且一纪，从舟抵都者咸告予：沙湾之堤成矣，牵挽者不复惊其浩森①而纡回矣。急询之，始知为北河部使者阿公、刘公之功，□欤盛哉！以我国家缔造三十余年之运道，至今日而屹然堤防，壮如带之观，何可无飏言以纪之也？或者以沙湾之水特寿张一隅耳，非有关于全运。殊不知南则有长江、淮、黄，北则有天津、漳、卫，独是临清、济宁之间惟藉此涓涓之汶、泗以成利涉。不浚而通之则不为用，浚而通之，而或听其散衍而无以聚之，则为用而亦不为用。今典制每岁于沙湾必用夫役以挑之者，浚而通

---

　　① "森"，或当作"森"。

之之义也。而阿公、刘公尤勤勤加之意，复筑之堤者，不听其散衍，而思以聚之之义也。既堤以聚之，将见每岁所挑之土益于堤之上而益高，即旁之所溢者亦且积渐而为平陆可耕矣。何但招招舟子之利哉？先是，张秋别驾林公以旧土坝易崩，频年版筑徒劳，改为石砌，以为永久之利，力已不泯。今阿公、刘公复于南岸更为堤长百三十有六丈以束之，往时势如弓背，今则直若张弦。虽仅草土柳束杂筑而成，而岁挑之土得以岁培，岂复忧其善溃耶？其尤可伟者，当今日军兴之际，百冗丛集，而阿公、刘公不动声色，祗一具详河宪，率别驾林公及阳、寿二主簿，督所属之役，不动公帑，不费民财，成功于不日，此之异绩更为殊绝也。

予东郡之山茌人也，虽在朝讽议，而里居宁不是念？沙湾于予邑百余里而近耳，睹此一线安澜若银潢之丽天，既以庆皇国之转输，复以增邻郡之保障。戋戋之言，非仅为阿公、刘公暨林公纪功绩。私衷之愿，大慰益无穷哉！适有东旋者，书此以邮别驾林公，林公其为予勒石。阿公讳哈里，满洲人，礼部员外郎。刘公讳祚长，山西清源人，户部主事。林公讳芃，福建长乐人，兖州府张秋通判。

按：此文作于康熙十四年（1675）。阿哈里及刘祚长、林芃协力修筑张秋堤防，以御洪水，以卫运道，颇为地方之利。王曰高故里与沙湾相去不远，遂为此文以记之。王曰高（？—1678），字登儒，号北山，山东茌平人。顺治十一年（1654），中式进士。十四年（1657），授翰林院庶吉士、编修，累升工科右给事中。康熙二年（1663），典试江南。后请假奉母。母葬服阕就职，值燕齐江淮地震，畿辅有水旱灾，上疏请求蠲免赋税，赈济灾民。八年（1669），晋兵科左给事中，擢礼科掌印，分校武闱。是文据林芃修、马之骕纂《（康熙）张秋志》卷九整理。

豁免土税碑记

胡悉宁

关市之设，原以禁暴戢奸，讥察非常也。先王惧人之趋利如鹜也，故严其名于关，而薄其征于税，其意盖欲人之尽力于南亩，非以云利也。清源为南北重地，百货云集。兵燹以来，萧条日甚一日。嗣又变部差而隶有司，蠹胥苛政，察及鸡豚，遂致商贾闻风裹足，用遗督榷之忧。且关差三年，今止一岁一官，皇皇既不暇恤商于额之中，谁复知恤民于额之外？兹幸值钦差监督噶公①从龙硕彦，勋在旂常，向职密勿地，以谦谨廉惠著声。当宁嘉乃丕绩，荣敕乃遥临焉。甫下车，即痛除陋规，刊示严禁，如恪遵则例，禁止帮差，严革火耗，较正天秤诸大政，无一不自肺腑中流出，仁心仁闻，宜其不胫而风动四方。至吾清之实享其利，则土产之除究永赖焉。

吾清习奢，土瘠逐末者十室而九。近来商贾星散，繁华十存二三耳。于是土之所产，如芝麻、菜子、绵花，犹将苛求之，而吾清益困。先生至止，毅然与大弊悉涤。夫是物也，既税其地矣，忍复税其地之所自出乎？示甫出，欢声载道，跻堂者踵相接也。自兹以还，世食田畴之福，农无捆载之扰，公赐之矣。公廉静出自天性，其爱国爱民，意念溢于笔楮。簿书余闲，临池染翰，谈经读史，寒暑昼夜弗辍，非天生之有异，能如是乎？以此黼黻皇猷宏济苍生，楚材、伯颜诸勋业何多让焉？是先生诸善政皆有合于先王设关之意，吾为吾清庆，而尤为盛朝得人庆也。故于跻堂之后而乐为之记。时康熙二十五年五月。

　　按：本文作于康熙二十五年（1686），记述钦差监督噶尔萨改革征收土税弊政之情形。胡悉宁，字良龛，山东临清州人。顺治六年（1649）进士。历官新昌令，刑部主事，户、礼、刑、工四科都给事，甘山道尹。是文据张自清修、张树梅等纂《（民国）临清县志》整理。

重修榷关公署记

额尔吉善

《周礼》以九赋权邦用，而关市之赋其一也。故地官设司关以掌国

---

① "噶公"，即噶尔萨，满洲镶蓝旗人，兵部郎中。二十四年（1685）十月督理临清钞关。

货之节，所以崇本抑末。通商惠民，为王政所不废，其来尚矣。临清为古清河郡，据南北要冲，合汶、卫二水以济运道，于是舟车辐辏，商贾云集。明永乐间，设工部营缮司员外郎于其处，督征砖价，分司闸务。宣德四年，又设户部钞关，以御史或郡佐兼领。弘治初，始岁差主事一员，督收船料商税，课无定额，岁约四万余金，而钞不盈百贯者为小税，掌于税课局官。嘉靖间，以东昌府幕官监收，分季解京，充内帑。国朝改设满、汉官各一员，监督户、工二部，分榷商税船料，岁额二万余，减明额之半。而榷之署关悉仍旧制，一在会通河西浒，一在中洲。康熙五十三年停差，监督榷务归巡抚兼领。乾隆八年，予忝荷恩命，节钺二东，竞竞焉上体圣朝设关之盛心。莅政之初，即遴委临清牧王俊兼司榷事。数年来，商悦民安，课额以羡。惟榷署岁久不居，渐为风雨摧剥，日就倾圮，不第临榷时官吏无所栖托，而旁穿下漏，无贮簿籍，且亦不足以肃观。

　　今年春，予按部西郡至清，灼知其事，因酌拨闲款，檄两署并修。即日鸠工，去蠹易朽，不逾月讫事。堂庑翼如，规制整肃，丹雘一新。王牧请予文，以纪岁月。予惟古圣王征商之政，盖虑逐末之民不勤南亩，惟务聚货，故重农而抑商。乃后世桑、孔之徒专事掊克以擅利，至有税及五谷力胜钱①者。宋臣苏轼所以有"商贾不行，农末皆病"之议也②。我皇上轸恤民依，虑致艰食，蠲租赐复，发帑赈贷，岁以为常。而复特旨永免各关米豆商税，着为令甲。普天率土，谷货流通，万世无穷之利也。而不尽免杂税之征者，岂利此锱铢之人，以益帑藏哉？诚不欲民之逐末专利，而故抑之，则榷关之设，所系于政体者甚大，而不容以一日废坠者也。既重关政体，而顾于出政之地任其废坠而不举，可乎哉？是则榷署之修，将使商民于此循定制之聿煌，瞻新廨之轮奂，晓然仰见圣天子崇本抑末、通商惠民之德意，垂之永永，昭示无斁，是余之志也夫。爰书诸石，以谂来者。

---

　　① "五谷力胜钱"，宋代商税之一，凡商民用车、船载米谷、食盐入市售卖，其车、船均须交纳力胜钱。
　　② 见苏轼《乞免五谷力胜税钱札子》。

按：本文当作于乾隆八年（1743）之后。清乾隆中，临清州知州王俊重修临清钞关公署，规制整肃。山东巡抚额尔济善因王俊之请，遂为文以记之。是文据张自清修、张树梅等纂《（民国）临清县志》整理。

山陕会馆碑记
张景枢

赐进士出身、奉政大夫、礼部郎中、前江南通省驿传盐法道兼理江宁巡道事务、按察使司副使、丙午科武闱监试、己酉科文闱监试、湖广永州府知府、户部山东清吏司郎中、福建清吏司员外郎、山东济南府齐河县知县、甲午科同考官加一级乐昌张景枢撰文

赐进士第、翰林院检讨东敬臧尔心①篆额

赐进士第乐昌刘朴书丹

自余之初通籍也，谒选人得山左之齐河。齐河密迩聊摄，侧闻其地当水陆之冲，阛阓喧阗，袨帱汗雨，士大夫游历兹土者可谓壮哉。□②兆执徐之岁③，我西商阁建山陕会馆于城之东偏。工既讫功，徐子云天寓书里中，将乞余一言以镌诸石。余自唯擿埴，仰藉殊恩，洊历中外，绠短汲深，恒矻矻于所以厚风俗而维人心者，以上答圣明于万一。今年加老矣，还初林下，杖履逍遥，日偕吾乡邻族党，燕衎道旧，动以古义相勖。而关中亦吾唇辅之邦也，盟誓婚姻，往还无间。膺兹诿□，其可以不文辞？

今夫四民之不可杂处也，非一日矣。管子有言："工立三族，市立三乡。"④

① 臧尔心，字子端，号西峰，康熙五十年（1711）举人，五十二年（1713）进士，任翰林院检讨，旋以终养归。

② "□"，原碑有漫漶。本文下同。

③ "□兆执徐之岁"，古代太岁纪年法，"柔兆执徐"为丙辰岁，故所缺之字当为"柔"。乾隆丙辰为乾隆元年（1736）。

④ "工立三族，市立三乡"，语出《管子》卷八："市立三乡，工立三族，泽立三虞，山立三衡。"

岂非以群萃州处，察四时、权百货之为便哉？而余所更有进者。服牛轺马，以周四方，里区谒舍之间，虽同乡共梓，往往有相顾无相识者。一旦投辖有地，殿寝而外，夷庭高门，次第修举，上充揖让，下周步武，倡议者鸠工，闻风者踵至。豪商巨客接轨连镳，落成肆祀，牲肥醴香，尊爵净洁，嘉乐好礼，郁郁彬彬，月榭风窗，□筵饮福。酒酺以往，各道吾西土介山晋水杜陵韦曲之胜，必将曰凡与斯役者或缔好如管鲍，则群且爱之慕之；或□末若萧朱，则群且避之戒之。勿惜小利而□干糇，勿耀厚贰而忘节俭，肃宾而厚旅，亲人而事神。然则今日之为斯举也，岂仅如《齐语》所载，相语以利，相示以损，相陈以知，贾云尔哉？将使饘于斯而粥于斯，率皆叙亲旧，敦古处，以不失吾两省洽比之义也。余田园羁足，窃以未得造观为叹，而甚幸吾乡邻风俗之厚，所以顺承乎圣天子之教化者，未必不在于是。乃喜而为之诗曰：

巢陵蠢蠢，汶水沄沄。日中旁午，车骑云屯。气谊欢洽，曰唯西土。营地虑工，于时庐旅。翰奂聿新，佥曰嘉哉！抠衣蹑履，于于其来。序属小春，载酌大□。询我刍荛，永以为好。凡兹嘉宾，非晋则秦。射书台下，当以其邻。岁者□间，谊笃亲故。芝兰之馨，胶漆之固。服贾孝养，职思其居。同舟共济，亲此渠渠。有□堪进，有酒堪□。神听汝□，况于阎里。其或不然，以规充耳。虽获奇赢，人为冷齿。四座歌呼，加额以手。载诸贞珉，用垂不朽。

旹大清龙飞乾隆十一年十一月上浣谷旦，山陕信商行大佐、徐碧、李良儒等立石。

按：此文作于乾隆十一年（1746）。山陕商人集资修建会馆，以为联络乡谊之地。张景枢受徐云天之嘱，为作记文，记述会馆之联络乡梓功用，为聊城运河商贸兴盛的重要文献。张景枢，山西曲沃人，曾任永州府知府。原碑今存聊城山陕会馆，碑阴为捐资明细。是文据聊城山陕会馆藏原碑整理。

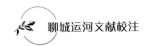

依绿园记

胡德琳

东昌郡署直治城之西北隅，两面皆邻女墙。前志云：宋时有自公亭，元至元间改为绿云亭。绎"自公"之义，斯亭宜在官署。而明代《修城记》又称为绿云楼，为城上二十七楼之一，其改作之始末盖不可考矣。署西故有通判署，通判既裁，署遂废为民居。乾隆三十二年，今山西臬使黄公守郡，始以俸钱复其半。垒土为山，略置亭馆。南北多积水，因之为池，名曰"得水园"。今年秋，余重加葺治，取杜子美《游何将军园林》诗句，改题为"依绿园"。园在宅西数十步，前抱经历司署旧制，缘司署后垣凿渠以达于池。形家以直射宅之酉位非宜，乃浚池取土以平之，筑室曰"砥斋"。凡游于园者，自此始。斋西十余步面园者，曰"晚晴书屋"，前有渠，通池之南北。又开支渠，两水夹出而成洲，筑亭其上，曰"小玲珑洲"。左右为双桥，跨东西渠之上。又西为"丽农山房"，有三峰矗其石。稍迤而南，平列如屏者，曰"南章山房"，后筑台突出水中，曰"枕流漱石"，凡此又自为一洲。由三峰而北，度桥缘池行稍西，林木特茂，曰"绿云深处"。又北行，面南而高耸者曰"北楼"，与枕流漱石台相望，园之北境止矣。由晚晴书屋沿渠而南，当水曲处有亭，翼然隔水与南章相隐映者，曰"可亭"。由可亭循墙而西有桥，北通三峰南章之间，南则长廊，曰"邀月步"。水西有亭，曰"蓼庵"，通以彴略亭，三面环水，垂杨四五株，园之南境也。凡为景十二，各系以诗。其命名之义则详于诗之小序云。

先是，余承乏此土，郡中仍岁被水，朝廷发帑赈济，民以不饥。明年翠华临幸，稚齯欢迎，上为顾而色喜，于是始建观和之堂，盖取赐诗之义以志荣光。顾奔驰鹿鹿、足不窥园者，几且三年。去冬，得雪盈尺，郡父老以为十年来所未有。余踏雪一至园中，因而有作，诸君子相与和之。吴子竹堂为制《得水园喜雪图》，即此也。今年岁丰民乐，因时之

隙，始为增葺此园，以为守土者公余憩息之所。继自今游于兹者，无忘节俭正直之义，庶前人之美益彰而后人修复之功俱不虚矣！遂详叙其本末而为之记。

按：此文作于乾隆三十九年（1774）后。依绿园为聊城著名园林，此文记述依绿园修建本末及格局概况，保留了这一园林规制的基础资料，是与聊城名胜有关的重要记述。胡德琳，字碧腴，广西临桂人。乾隆十七年（1752）进士，授四川什邡知县，补山东济阳、历城知县，擢济宁、东昌、莱州、登州知州，济南知府署山东粮储等职，后被罢官，执教于曹州书院。有《碧腴斋诗》《东阁闲吟》等。是文据陈庆蕃修，叶锡麟、靳维熙纂《（宣统）聊城县志》附《耆献文征》卷又上整理。

重修山陕会馆戏台山门钟鼓亭记

李正仪

《传》曰：圣王先成民，而后致力于神。谓人道迩，神道远也。观之象辞，则曰：圣人以神道设教。盖神之聪明正直，人所敬畏。敬畏至，斯人心正；人心正，斯风俗厚，而教化即行乎其间，是故圣人重之。

聊邑东南隅旧有山陕会馆一所，背城面水。中奉关圣帝君像，为主殿；东向旁殿，分列南北；有楼、有阁、有庭、有堂、有献殿、有复殿，刻桷丹楹，备臻美善，巍巍乎东郡一大观也。道光庚子宰莅时，仪犹及见其全。越明年辛丑，仪以在任交案，又至自营陵再诣馆，则主殿前荡然灰烬，不堪瞩目矣。询其故，则曰："正初演剧，优人不戒于火，延烧戏台、山门暨钟、鼓二亭。"嗟乎，数载经营，一朝毁之，物之难成易败也如此哉！过此以往，求如前日之崇隆壮丽将不可复得。仪，秦人，贫不能施金，徒相与徘徊观望于其侧，愧何如矣。今年春，奉檄移宰斯邑。甫下车，即虔叩帝君前，为邑民，非仅以山陕重也。礼毕，与董事者下阶遍观，其戏台基广十数弓，高出云表，前三楹与正殿对峙，上可容梨园子弟百余。岁时报赛，霓裳羽衣，争辉于金碧璀璨中，虽天上之琼楼玉宇何让焉？其山门、钟鼓亭亦雄壮胜昔时。众商因请志之。仪曰：台以戏名，其事近亵，其实取千古忠孝节义之寔，演于千百人所属目之地，愚夫愚妇观感兴起，往往有督责所不加，训诲所不及，而其人已翻然改、惺然悟者。则帝君参天之忠义，愈有以弥纶宇宙而莫之或坠，斯其妥神灵者至矣。又仅门墙之峻壮厥观瞻，钟鼓之音发人猛省已哉？或曰：东郡商贾云集，西商十居七八，金易醵，故落成亦易，此又不知聚商之深者也。夫物，必败于所忽，而成于所不怠。斯役也，梓匠觅之汾阳，梁栋来自终南，积虑劳心，以有今日。今众商聚集其中者，肫然蔼然，如处秦山晋水间，夫岂偶然者耶？然则礼神明于斯，笃乡谊亦于斯，即所为正人心而厚风俗，以仰副圣天子设教之至意，又未尝不于斯。人耶，神耶，道固有分而不分者。仪不文，不能以乡人之故而辞之，是为记。

赐进士出身现任东昌府聊城县知县、加五级记录十次、洋川李正仪谨撰

敕授征仕郎、候选直隶州分州癸酉科选拔贡本科副贡、东敬郭汝楫书丹

劝捐布施值年轮流协理厘金匠工：

德合仪　天兴店　宗久合　公信凤　福兴和　尚聚玉　元吉正　圣书炭　永泰全　世兴合　长发店　福宁德　天长作　兴盛章　健顺店　隆源店　永义店　荣兴毡　公义先　中正仁　宗茂店　福裕宁　祥泰店　晋魁丹　聚源店　公盛店　长盛店　义顺店

督理人：介宾东敬师梦说

大清道光二十五年岁在乙巳孟冬上浣之吉，山陕众商仝立。

按：本文作于道光二十五年（1845）。山陕商人重修山陕会馆戏台、山门、钟鼓亭，李正仪作碑记，为山陕会馆修建维护及聊城运河商贸兴盛的重要文献。李正仪，陕西洋县人，道光十八年（1838）进士，曾任茌平县知县、聊城县知县。此碑今存聊城山陕会馆，碑阴为捐资明细。

是文据上述原碑整理。

海源阁记

梅曾亮

　　昔班固志艺文，自六艺而外，别为九流，则凡书之次六艺如诸子者，皆流也，非其源也。况又次于诸子，如诗赋诸略者乎？然当秦火后，余裁数经。至汉成帝时，间二百年，书已至万数千卷之多。而自汉以后，几二千年以至于今，附而相推，激而相摧，演而愈淆，丽而愈支，昔之所谓流者，且溯而为源，而流益浩乎其无津涯。故书犹海也，流之至于海也，势也。学者而不观于海焉，陋矣！虽然，是海也，久其中而不归，茫洋浩瀚，愈远而不知其所穷，悄然不知吾之所如，浮游乎无所归休，以终其身为风波之民，不亦惫哉！然则何从而得其归？曰，有史焉，足以纪事矣；有子焉，足以辨道术矣。今且类其物而分之，比其物而合之，摅一书为千百书，而其势犹未已也。由今以观，周秦人书于汉人见之外，别无见也。由今以观，魏晋人说经于唐人载之外，别无见也。其见于史、见于集者亦希矣。然今之说者，不惟视唐加详也，且视汉而加详也。夫汉唐人之书具是矣，其后此者，非衍词也，即变文也。不然，则凿空者也。而作者勤焉，学者骛焉，以千万言说书之一言，而其辩犹未知所息也。昔之人有言曰：《十三经》《十七史》外岂有奇书？夫古今才人如此其众也，著书垂后、怪奇伟丽者如此其多也，而云尔者，是知源者也。

　　同年友杨至堂无他好，一专于书，然博而不溺也。名藏书阁曰"海源"，是涉海而能得所归者欤？或曰："信如子言，凡书之因而重、骈而枝者悉屏绝之，其可乎？"曰："乌乎可！游滥觞之渊，而未极乎稽天浴日月之大浸，是未知海之大也，又安能知源之出而不可穷也哉！"

　　按：本文作于道光二十年（1840）后，为全面记述聊城海源阁藏书理念的重要资料。海源阁为晚清四大私人藏书楼之一，位于聊城市古城区万寿观街东首路北原杨氏宅院内，由清代江南河道总督、著名藏书家、聊城人杨以增于道光二十年（1840）创建。海源阁为三间硬山脊南向二层楼阁，下为杨氏家祠，上为宋元珍本藏书处。楼檐正中悬有杨以增手书"海源阁"匾额，阁下正中两柱上有"食荐四时新俎豆，书藏万卷小琅嬛"楹联。梅曾亮（1786—1856），字伯言，江苏上元（今南京）人。道光二年（1822）进士。少喜骈文，与同邑管同交好，转攻古文。姚鼐主讲钟山书院，遂往从学。后居京师二十余年，为继姚鼐之后影响最大的桐城派代表人物。是文据梅曾亮《柏枧山房文集》卷十一整理。

旧米市街太汾公所碑记

聊摄为漕运通衢，南来商舶络绎不绝，以故吾乡之商贩者云集焉，而太、汾两府者尤伙。自国初至康熙间，来者踵相接，侨寓旅舍几不能容。有老成解事者议立公所，谋之于众，佥曰："善。"捐厘酿金，购旧家宅一区，因其址而葺修之，号曰"太汾公所"，盖不啻广厦千万间也。辛未春，余赴试礼闱，间道出聊摄，见有山陕会馆殿宇嵯峨，有碑为之记，诚盛举也。及与同乡游，始知会馆而外又有太汾公所。溯厥由来，皆能道之，而未尝有所记也。余曰："尝过通都大邑，见异乡人建立公地，其初未尝不善。至代远年湮，失所考据，有为豪强兼并者矣，有为黍离茂草者矣，且有蓄妓女藏歌舞为奸盗之薮者矣。目击心伤，所在皆有。此前车之辙，即太汾公所后者之鉴也。"余同乡皆曰："吾辈早虑及此，已购得碑石，而文则子之责也。"余自愧荒陋，然为同乡善举，谊不得以不文辞，因为之记。

丁卯科举人、晋人李弼臣撰文并书

经理人：万亨光　日新岩　聚兴顺　积成亿　万盛德　东成阜　悦丰厚　通泉广　德纯永

大清同治十三年岁次甲戌冬月吉立。

按：此文作于同治十三年（1874），记述了聊城太汾公所历史变迁，为聊城运河商业兴盛的重要文献。李弼臣生平不详。此碑现存聊城山陕会馆。是文据原碑整理。

附：与聊城运河有关的敕书

命都御史王文治河敕

敕[1]曰：近闻南京地震，江淮以北，直至济宁水涨，淹没禾稼，远近乏食，或至流移。及东昌府接连河南地方，往因黄河奔溃，北流散漫，冲决漕河堤岸，阻滞官民运输，虽尝遣人修浚，尚未有经久计，此皆朕所昼夜在心，不遑寝食者也。朕以尔为宪臣之长，素有干济之才，特命往理其事。凡所至处，苟有可以安辑国家，拯济生民，通顺河道，一切兴利除害之事，悉听尔广询博访，便宜而行。有应奏请，及与山东、河南巡抚方面府州县及公差官员，会同计议，从长处置者，并听议行，务在停当，举之有益，行之无弊。凡前数事，为之果有成效，尔即具奏还京。尔其钦承朕命，毋怠毋忽。

——谢肇淛编《北河纪》卷三

命户部侍郎白昂治河敕

敕[2]曰：近闻河南黄河泛溢，自金龙等口分为二股，流经北直隶、山东地方，入于张秋运河。所过闸座，间有淹没，堤岸多被冲塌。若不趁时预先整理，明年夏秋大水，必至溃决旁出，有妨漕运，所系匪轻。

---

① 此敕颁于景泰三年（1452）。王文生平见前文注释。
② 此敕颁于弘治二年（1489）。白昂生平见前文注释。

今以尔曾监督工程，绩效著闻。特改前职，驰驿会同山东、河南、北直隶巡抚都御史，督同三处分巡分守并知府等官，自上源决口，至于运河一带经行地方，逐一踏看明白，从长计议，修筑疏浚，应改图者从便改图，各照地方，量起军民人夫，趁时兴工，务要随在有益，各为经久，不可虚应故事。仍须禁约所司，毋得指此妄加科派，骚扰地方。凡用工军夫，皆须抚恤周备，毋令下人逼迫剥害。违者轻则量加惩治，重则送各该问刑衙门问理。尔为朝廷重臣，受兹委托，尤须昼夜用心，躬亲勤劳，博采众长，相机行事，务使军民不扰，工程易集，斯为尔能。事完之日，尔即回京，仍将修过缘由并用过工料数目造册奏缴，以凭查考。故敕。

——谢肇淛编《北河纪》卷三

命工部侍郎陈政治河敕

敕①曰：朕闻黄河流经河南、山东、南北直隶平旷之地，迁徙不常，为患久矣，近者颇甚。盖旧自开封东南入淮，今故道淤浅，渐徙而北，与沁水合流，势益奔放，河南兰阳、考城，山东曹县、郓城等处，俱被淹没，势逼张秋运道。潦水一盛，难保无虞。廷臣屡请修浚，且言事连四省，不相统摄，须得大臣总理，庶克济事。今特命尔带同本部员外郎陶嵩、署员外郎事张谟前去，会同各该巡抚、巡按，督同布、按二司，直隶府卫掌印并管河官，自河南上流，及山东、直隶一带，直抵运河，躬亲踏勘，计议何处应疏浚以杀其势，何处应修筑以防其决，会计桩木等料若干，着落各该军卫有司措办，然后相度事势缓急、工程大小，起倩附近民，相兼在官人夫，趁时用工，务使民患消弭，运道通行，不可虚应故事。然此系国家大计，凡事有相关及敕内该载不尽者，听尔计议停当，便宜而行。文武职官敢有怠慢误事者，轻则量情责罚，重则文职

---

① 此敕颁于弘治五年（1492）。陈政生平见前文注释。

五品以下径自送问，四品以上并方面军职参奏。尔受兹重托，尤当昼夜筹画，勉图成功。仍抚恤下人，使皆乐于趋事，则工易完而人不怨，斯无负委任，其勉之。故敕。

——谢肇淛编《北河纪》卷三

命副都御史刘大夏治河敕

敕①曰：朕闻黄河自宋元以来，与淮河合流，由南清河口入海，所经河南、山东、南北直隶之境，迁徙不常，屡为民患。近年汴城东南旧道淤浅，河流北徙合于沁，水势益奔。河南之兰阳、考城，山东之曹县等处俱被淹没，逼张秋，有妨运道。先命工部侍郎陈政会同各该巡抚、巡按等官设法修理，今几半年，未及即工而政物故，有司以闻。朕念古人治河只是除民之害，今日治河乃是恐妨运道，致误国计，其所关系盖非细故。且闻陈政所行多有非宜，故诏有司会举。金以尔大夏名闻，故特升尔为都察院右副都御史，往理其事。尔至彼，先须案查陈政所行事务，酌量其当否。当者绪续之，否者改正之。会同各该巡抚、巡按、都布按三司，及南北直隶府州掌印官并管河官，自河南上流及山东、两直隶河患所在之处逐一躬亲踏勘，从长计议。何处应疏浚，以杀其势，何处应修筑，以防其决。及会计桩木等料有无，而设法分派军民夫役多寡，趁时起集，必须相度地势，询访人言，务在万全，毋贻后患。然事有缓急，而施行之际，必以当急为先。今已春暮，运船将至。敕尔即移文总督漕运、巡河管河等官约会，自济宁循会通河一带，至于临清相视。见今河水漫散，其于运河有无妨碍，今年船往来有无阻滞，多方设法，必使粮运通行，不至过期，以失岁额。粮运既通，方可遡流寻源，按视地势，商度用工，以施疏塞之方，以为经久之计。必须役不再兴，河流循轨，国计不亏，斯尔之能。此系国家大事，凡敕内该载不尽事理，尔有

---

① 此敕颁于弘治六年（1493）。刘大夏生平见前文注释。

所见，或人言可采，听尔便宜而行。一应文武职官，敢有怠慢误事者，轻则量情责罚，重则文职五品以下径自送问刑衙门问理，四品以上并方面军职参奏。尔受朝廷重托，尤当昼夜筹画，勉图成功。不许苟且粗率，劳民力于无用，糜财用于不赀，以致生他变。仍须抚恤下人，使皆乐于趋事，则功易完而人不怨，斯无负于委任，其勉之慎之，故敕。

——谢肇淛编《北河纪》卷三

命平江伯陈锐等同刘大夏治河敕

敕①曰：朕惟天下之水黄河为大，国家之计漕运为重。即今河决张秋，有妨运道。先命都御史刘大夏往治之，未见成功。兹特命尔等前去总督修理。尔等至彼，会同大夏相与讲究，次第施行。仍会各该巡抚、巡按并管河官，自河南上流及山东、直隶河患所经之处逐一躬亲踏勘，从长计议。何处应疏导以杀其势，何处应补修以防其决，何处应筑塞以制其横溃，何处应浚深以收其泛滥。或多为之委，使水力分散，以泻其大势；或疏塞并举，使挽河入淮，以复其故道。虽然事有缓急，而施行之际必以当急为先。今河既中决，运渠干浅，京储不继，事莫急焉。尔等必须多方设法，使粮运通行，不致过期，以亏岁额，斯尔之能。

然此乃国家大事，或敕内该载不尽事理，尔等有所见闻，听尔便宜而行。其一应合用竹木麻铁等料，应役军民夫匠人力，如原先科派起集，不敷方许量添，不可轻信人言，过为科差。恒念此时濒河军民方困饥疫，不幸值此大役，甚不聊生。万一功有不成，物为徒费，或生他变，悔之何及？各该司府州县等衙门委任集办，并借用顺带夫料等项，不许推调，稽违误事，有应奏闻者奏来处置。其见用官属非不胜任者不必改委，所委文武职官敢有误事作弊者轻则听尔量情责罚，重则文职五品以下拿送

---

① 此敕颁于万历二十一年（1593）。陈锐、刘大夏生平见上文《河漕通考》解题。

问刑衙门问理，四品以上方面军职参奏究治。尔等受兹重任，必思廉以律己，勤以建功，广询博访，事不必专于一己。深谋远虑，计必出于万全。仍禁戢下人，使不敢怙势作威，以凌人招赂；爱惜物用，使不至假公营私，以浪费冒支。所用军夫，尤宜用心抚恤，必使劳逸均平，不至失所。如此则役不徒兴，而大功可成矣。不然则劳民力于无用之地，弃民财于不测之渊，咎将谁归？尔等其钦承朕命，毋怠毋忽。

——谢肇淛编《北河纪》卷三

管理北河工部郎中谢肇淛敕

　　皇帝敕工部都水司郎中谢肇淛：今命尔管理静海县迤北而南，直抵济宁一带河道，往来提督所属军卫有司、掌印管河并闸坝等项官员人等，及时挑濬淤浅，导引泉源，修筑堤岸，务使河道疏通，粮运无阻。其应该出办桩草等项钱粮，俱要查照原额数目，依期征完，收贮官库，以备应用。出纳之际，仍要稽查明白，毋容所司别项支用。其各该管河官员务令常行巡视，不许营求别差，亦不许别衙门违例差遣。但遇水涨，冲决堤岸，各照地方即时修理。如或工程浩大，人力不敷，量起附近军民相兼用工，事毕即行放回。其南旺等处大小挑浚俱遵照近日题准事理于九月兴工，一应兴利除害、有益河道事务，悉听尔从宜区处。尔仍听总理河道都御史提督，遇有地方事务，呈请转达施行。若该管地方军卫有司官员人等敢有徇私作弊、卖放夫役、侵欺桩草钱粮，及轻忽河务、不服调度，并闸溜浅铺等夫工食不与征给、致误漕运者，轻则量情责罚，重则拿问如律。干碍文职五品以上并军职参奏处治。事体重大及事干漕运，并抚按巡河等衙门，亦要公同会议，具奏定夺。每年终通将役过人夫、用过钱粮、修理过工程径自造册奏缴。其各该掌印管河文武官员贤否，尔备送工部，转送吏、兵二部黜陟。三年满日，差官更替。如遇升迁考满，俱候委官至日交代明白，方许离任。尔受兹委用，宜修职奉公，尽心经画，俾河道无阻，粮运有赖，斯称任使。如或因循怠忽，徒事虚

文，责有所归，尔其钦承之。故敕。

————谢肇淛编《北河纪》卷五

管理北河工部员外郎加一级傅当
阿主事加一级祁文友敕

敕①曰：兹命尔等管理北河等处河道事务，驻扎张秋，约束衙门官吏胥役，使恪遵法纪，毋致作弊生□□□□②方。所辖北河自静海以南，直抵济宁，并靳□□□□③常往来巡历河道闸座堤坝，遇有浅淤冲□□□□浚修筑防守事宜，务要着实举行。其应办□□□□等项钱粮察照额数，如期征收，出纳稽核□□□□毋容所司那移别项，毋使奸胥勒索短少□□□□俱与地方官照例估办，督率所属各官，常□□□□专料理，不许营求别差。各衙门亦不许违□□□□工程浩大，额设钱粮不敷，申报河道总督□□附近丁民赴工。事毕即行放遣，不许耽延时日。该地方军卫有司员役人等敢有狥私作弊，卖放夫役，侵欺钱粮，容官座搀越，簖筏横阻，托名挽溜，打抢诈害漕白等项船只，指名上供，所过骚扰，及玩忽河务，不服调度，闸溜浅铺等夫工食不与征给，致误漕运。轻则径行处治，重则呈报参奏。凡兴利除害，有益河漕，敕中开载未尽事宜，应报该督裁酌施行。每年终，将役过人夫、用过钱粮、修过工程造册奏缴。如有闸坝单薄，不预行修理，并违例往返差人干预民事等弊，许该督抚据实指参。三年将满，预请更替。俟接管官交代明白，方许离任，回部考核。果有勤劳，方准□□职用。尔等受兹委任，须持廉秉公，殚心竭力，使□□□□漕艘无阻，斯称厥职。如或贪黩乖张，因循□□□□重治罪不宥。尔等慎之。故敕。

————林芃修、马之骦纂《（康熙）张秋志》卷九

---

① 此敕颁于康熙九年（1670）三月十五日。
② 此处原件缺四字，据相关文献，或当作"事，扰害地"。
③ 此处原件缺四字。此敕原文缺字标注下同。

聊城运河诗作

次御河寄城北会上诸友
王安石

客路花时衹搅心，行逢御水半晴阴。背城野色云边尽，隔屋春声树外深。香草已堪回步履，午风聊复散衣襟。忆君载酒相追处，红蕚青跗定满林。

——王安石《临川先生文集》卷二十二

发东阿
文天祥

东原深处所，时或见人烟。秋雨桑麻地，春风桃李天。贪程频问候，快马缓加鞭。多少飞樯过，噫吁是北船。

——文天祥《文山先生全集》卷十四

发御河
袁桷

一櫂黄流去复回，飞沙积岸雪皑皑。梨花乱逐沙鸥起，燕子深随野马来。晚岁宦情初岸帻，暮云乡思独停杯。荼蘼满架留春住，知我将归

为缓开。

——袁桷《清容居士集》卷十二

公退书四知堂壁
张养浩

邑壮怜才弱，官微虑患深。韦弦千古意，冰蘖一生心。袖有归来赋，囊无暮夜金。三年何所得，憔悴雪盈簪。

——张养浩《归田类稿》卷十六

按：堂邑旧为聊城市运河所经县城，张养浩曾任堂邑县令。谢肇淛编《北河记余》卷三："堂邑，汉发干、乐平二县地也。隋开皇初，始改今名。石晋改为清河，寻复旧。元属东昌，国朝因之，县治在运河西南三十里。"张官五、嵩山修，谢香开、陈可经纂《（嘉庆）东昌府志》卷五亦载此诗，题"题四知堂诗"。

九月初旬临清下陵州舟中
吴师道

谁云北土异南方？九月晴暄未陨霜。河水浑黄千里疾，柳阴浓绿两堤长。丰年有象占农亩，佳气非烟望帝乡。驿酒一升犹可饮，祗愁无客共重阳。

——吴师道《吴师道集》卷八

过东昌诗
张以宁

暖日初抽宿麦芽，东风吹草绿平沙。江南开遍春多少，二月东昌见杏花。

——谢肇淛编《北河纪余》卷三

过东昌有感

刘 基

　　夜发高唐湾，旦及东昌郭。乔树拂疏星，霜飞月将落。仰观天宇清，平见原野廓。白杨号悲风，蔓草杳漠漠。但见荆棘丛，白骨翳寒箨。圣道县①日月，斯人非虺蜮②。教养既迷方，欲炽性乃凿。展季③骨已朽，清风散藜藿。弦歌灭遗音，茧丝尽笼络。鸱啸魍魉凭，螽鸣草虫跃。遂令一变姿，化为跖与蹻。况闻太行东，水旱荐为虐。饥氓与暴客，表里相倚着。赈恤付群吏，所务惟刻削。征讨乏良谋，乃反恣剽掠。坐令参苓剂，翻成毒肠药。今年秋租登，行止稍有托。余波尚披猖，未敢开一噱。但恐习俗成，何由返初昨。藩宣有重寄，胡不慎远略。往者谅难追，来者犹可作。歌诗附里谣，大猷希圣莫。

——刘基《诚意伯文集》卷十三

　　按：龙图跃修、李霖臣纂《（康熙）高唐州志》卷十二亦载此诗，题"发高唐过东昌"。

临清曲

薛 瑄

　　临清人家枕闸河，临清贾客何其多。停舟落落无可语，呼酒只对长

---

　　① "县"，通"悬"字。
　　② "蜮"，毒蛇。
　　③ "展季"，即展禽，春秋时鲁国人。因居于柳下邑，谥惠，故又称"柳下惠"。为人诚信贞洁，孟子称其为"圣之和者"。

年歌。

——薛瑄《敬轩文集》卷二

上荆门闸得风诗

周 述

　　我辞京国游乡土，官船十日南风阻。客程空自算归期，谁识愁怀此事苦。闸河忽遇水波平，高幡直挂长风轻。风幡去若飞鸟疾，飘飘何异升天行。南船今日谁可比，心似北船昨日喜。

——谢肇淛编《北河纪余》卷二

泊清源诗

聂大年

　　渡口人家半掩扉，隔林烟火望中微。急呼斗酒劳伙伴，逆旅主人犹未归。

——谢肇淛编《北河纪余》卷三

次张元之过张湫韵

秦 旭

　　汉朝河决自元封，未抵张湫一倍功。百辟祀神沉白马，万夫持畚截长虹。风云久护坤灵黑，草木遥连海气红。词客经行思无限，坐看江汉自流东。

——秦旭、秦金、秦瀚《秦氏三府君集》

按：谢肇淛编《北河纪余》卷二亦录此诗，题"过张秋次韵诗"。

过会通河有感
邱 濬

清江浦上临清闸，萧鼓丛祠饱馂余。几度会通河上过，更无人说宋尚书。

——邱濬《琼台诗文会稿》卷四

按：张度、邓希曾修，朱钟纂《（乾隆）临清直隶州志》卷一亦录此诗，题为"过会通闸"。

观音阁
王 英

高阁门环鲁水滨，中流分派接天津。仰瞻檐外飞红日，俯瞰波高跃锦鳞。栋宇峥嵘先得月，阑干潇洒绝无尘。几回人立虚空上，便觉清风散满身。

——张自清修、张树梅《（民国）临清县志》

渡口驿遇风
吴 宽

黄沙障天天半昏，砲头风急万马奔。何人去塞土囊口，天与河流一色浑。旷野麦苗才尺许，只见风来不见雨。雨师风伯不相能，彼苍高高奈何汝。

——吴宽《匏翁家藏集》卷二十一

过安平镇减水石坝有怀刘司马长句

李东阳

黄陵冈头河水黄，冲沙走石声礌硪。北趋平原下广泽，直使运道无津梁。坐令漕舟百万如山壅，民船贾舶何纷庞？帝遣台臣出治水，水性砰兀难为降。千金作埽万夫力，顷刻下堕轻毫芒。台臣焦思废食寝，夜梦神禹授以玉简青琳琅。水行在导不在障，岂以木石争涛泷？地灵顺轨水怪伏，河遂南徙归徐方。因高为陵下为泽，复有石坝磊荦长如冈。丰功伟绩不可以数计，此乃余力非末强。忆昔文皇建都向燕蓟，中导汶泗通漕纲。尚书宋①公礼富经略，世上但识陈恭襄瑄。武功徐公有贞何人亦奇士，盛以勋绩为文章。四十余年复一决，嗟此之绩安可忘？帝念儒臣分书刻金石，此记正属臣东阳。使轺东来一登眺，风日飒爽炎天凉。是时台臣入兵省，我在江湖思庙廊。但愿此冈不隳河不徙，纵有带砺无沧桑。

——李东阳《东祀录》

按：此诗为李东阳题赠刘大夏之作，亦载刘大夏《刘忠宣公遗集》之《附录诗》卷一。李贤书修，吴怡等纂《（道光）东阿县志》卷十五亦载此诗，题"过安平镇怀刘司马"。

临清二绝

李东阳

十里人家两岸分，层楼高栋入青云。官船贾舶纷纷过，击鼓鸣锣处处闻。

---

① "宋"字误，据李贤书修、吴怡等纂《（道光）东阿县志》卷十五校改。

折岸惊流此地回，涛声日夜响春雷。城中烟火千家集，江上帆樯万
斛来。

——李东阳《南行稿》

按：此诗为李东阳于成化八年（1472）南下返回湖南原籍，途经临
清时所作。王命爵、李士登修，王汝训纂《（万历）东昌府志》卷二十
一收录此诗，题"鳌头矶"。

雨泊周家店
李东阳

溪云压船船不行，雨脚坠地天冥冥。川迷谷暗不知路，独舣孤邨何
处汀。铜钲无声夜不发，寒灯辉辉焰犹活。鱼虾跳掷随沙涛，船底水声
时泼泼。人言野泊愁劫夺，我舟萧然羸堪脱。踞床拥被但坐睡，咫尺真
同卓锥地。梦魂杌陧稳复惊，急雨鸣涛转奔沸。更深夜长不得晓，枕籍
淋漓满衣袂。鸡鸣漏尽了不闻，殷殷谯楼鼓声闭。行厨火湿寒无炊，朝
成盥栉不复施。披衣暂过别船去，强以慰藉生欢娱。篙工嗟咨缆夫泣，
牙齿战击肩过颐。汝曹狼狈竟何事，今我尚免寒与饥。卜筑休居要冲地，
生身莫作夫家儿。冲寒触热不自保，况乃困顿遭涂泥。三升官粟仅自给，
万间广厦何能为？谁当排空叫阊阖，下遣风伯驱云师。青天无言日复暮，
仰视列宿光离离。

——李东阳《北上录》

过鳌头矶
储　巏

十年三往复，此地忽重经。尘土长安牵，烟波汶水舲。平川涵夕景，
远树隐春星。鲁酒偏难醉，从人笑独醒。

——嵩山修、谢香开纂《（嘉庆）东昌府志》卷七

卫河集别诗

郑善夫

去国心仍苦，风尘病未休。六飞淹岁月，八极想遨游。水动鱼龙夕，云盘鹳鹊秋。江山回紫气，沙塞度青牛。祇有簪萍绕，聊为文字留。退心渺无尽，寄①与卫河流。

——郑善夫《郑少谷先生全集》卷六

启秀津

秦　祐

诸贤俱玉彦，逸驾眺琼台。绮席邻天近，雕栏向水开。风光千载丽，云树万家回。示爱阳春调，违歌鹦鹉杯。

——于睿明修、胡悉宁纂《（康熙）临清州志》卷四

临清新城行

皇甫涍

君不见清源都会天下无，昨来筑城西备胡。长河十里万艘集，乃知保障为良图。戈船隐隐横川流，蒸霞照曜双飞楼。华京鼎峙争雄长，气压百二当中州。言徂于齐泊河汜，左右帆樯阅崇雉。甲第纷纷乱入云，红波绿树歌钟起。我皇垂衣二十载，玉帛群方协文礼。边头晏和稍失备，晋代之间近多垒。金汤委输轸长顾，峨峨此城遂辉峙。更闻

---

① "寄"字，《（万历）东昌府志》卷二十一、《（嘉庆）东昌府志》卷七作"应"，当误。

安石下东山①，焉得有马饮江水。

——谢肇淛编《北河纪余》卷三

过清源李宪使宴作

王世贞

河山初执手，天地一掀髯。月拥齐藩节，霜回汉使幨。宦途乡语细，军令酒杯严。白苧调歌管，青衣度舞帘。香抄云子饭，洁称水晶盐。笳鼓行营急，兰膏北海淹。金吾应不怕，为许夜厌厌。

——王世贞《弇州四部稿》卷三十一

卫河八绝

王世贞

击汰荡金波，流光起千鬣。仰看云间质，如钩带残堞。
其二
河流曲曲转，十里还相唤。那比下江船，扬帆忽不见。
其三
前望渡口驿，行行转相隔。非关驿路移，应是侬心迫。
其四
十五谁家女，红妆娇自多。低头浣衣坐，不解听吴歌。
其五
欸乃橹声低，来船坐自移。无须苦相羡，各有去来时。
其六
人家半侵河，屋后晒渔网。夜深唤小妇，篝灯听波响。

---

① "安石下东山"，刘义庆《世说新语》："谢公在东山，朝命屡降而不动。后出为桓宣武司马。将发新亭，朝士咸出瞻送。高灵时为中丞，亦往相祖。先时多少饮酒，因倚如醉，戏曰：'卿屡违朝旨，高卧东山。诸人每相与言。安石不肯出，将如苍生何，今亦苍生将如卿何？谢笑而不答。"

其七

青青河畔柳，萧索半无枝。为是轻攀折，非关赠别离。

其八

人云风波恶，风波信自恶。生长在家乡，那得容华落。

——王世贞《弇州四部稿》卷四十五

过安平镇诗
皇甫冲

武功镇略雄，取日升虞渊。功成身见疑，窜迹投蛮烟。忆昔奉皇猷，秉旄治颍川。神人授龙欲，懋绩河堤篇。妣灵自有协，汉璧何须捐？新防若崇墉，故水流潺湲。堂皇漕贡途，天子称万年。

——谢肇淛编《北河记余》卷二

张秋八咏
左　晖

城列东西亘运河，每逢霪雨涨轻波。犬牙壤错连三邑，雁齿桥通注远坡。瓠子寒沙秋浪阔，莲花古浦夕阳多。拟凌戊己峰高处，岱岳峻嶒汇髻螺。

其二

雉堞参差树影齐，洪流锁钥一丸泥。丽谯鼓涩寒云外，蜃市阴连返照西。双郭中分横铁板，长垣北折走金堤。江南亦有多情客，胜迹荒凉信马蹄。

其三

沙湾波注下流长，隘口襟喉接混茫。南北分流趋济汶，鲁齐割据控金汤。烟收槛外千重树，箭驶云中百尺樯。从此河神方率职，年年蜚挽①永

---

① "蜚挽"，即蜚刍挽粟，指迅速运输粮草。《史记·平津侯主父列传》："又使天下蜚刍挽粟，起于黄、腄、琅邪负海之郡，转输北河。"

相望。

其四

北城倾圮劝重修，狐腋千金待制裘。广募欲随田氏屣，淳风不集宋人讴。一溪斜绕孤村路，两扇横开四座楼。雄镇底须新气象，苍茫高接古今秋。

其五

安平赐镇扫妖气，棋布星罗两郡分。戴庙犹传微子国，宣房曾纪汉家勋。龙潭夜逼风雷气，凤岭高骞紫赤文。一自鸿儒蹂躏后，崐冈玉石竟俱焚。

其六

曾闻湖贼李青山，焚掠平原碧血殷。胜国烽烟浮土堡，熙朝狐兔静郊关。庞涓古井销兵气，孙膑荒营驻月弯。颇喜士民无失职，黄流终古白鸥闲。

其七

奎娄分野丽王畿，物产丰饶志细微。苇叶风清梨子熟，桃花涨暖鲫鱼肥。灵胶前雪光弥透，异草疗心事亦稀。况有木棉堪卒岁，穷檐不用叹无衣。

其八

今古茫茫几劫灰，异乡登眺此徘徊。高邱尚驻齐桓跸，一剑空遗季札台。朱子奇文蹯桧柏，苏公健笔走风雷。好将拂拭留真迹，莫使秋风卧草莱。

——李贤书修、吴怡纂《（道光）东阿县志》卷十五

暮秋夜登楼望西河有感

谢 榛

步屟河桥访旧游，野情物色自迟留。风林萧飒喧清夜，云月迷茫失素秋。元亮老看荒径菊，仲宣今倚故乡楼。吾生浪迹何时定，独对沧波

愧白鸥。

——谢榛《四溟集》卷六

按：张自清修、张树梅等纂《（民国）临清县志》亦载此诗，题为"暮秋登启秀楼望西河有感"。

登东郡望岳楼
莫如忠

丽谯飞构倚嶙峋，面面虚无迥绝尘。忽向望中低岱岳，始知行处逼星辰。传闻驰道犹余汉，指点岩松不辨秦。齐鲁到今青未了，题诗谁继杜陵人。

——赵祥星修、钱江纂《（康熙）山东通志》卷五十五

舟至东昌诗
于　玭

烟水苍茫月满楼，行人春尽至齐州。两年乡国牵长梦，千里莺花笑短舟。孤剑归来无旧业，空山相对有同游。关河五月还须涉，毒热应知尘满头。

——谢肇淛编《北河纪余》卷三

临清胡仓曹招饮分署池亭
吴国伦

地已风尘僻，亭当海岱余。深松留系马，曲槛倚看鱼。落日千花暝，

凉云一榻虚。那知仙吏署，亦似野人居。

——吴国伦《甔甀洞稿》卷十一

登光岳楼
屠　隆

高阁崔嵬切太虚，大荒东去独踟蹰。凭陵白日雕窗合，陡插中天绣柱孤。万里风尘连海岱，千家烟火接淮徐。闲呼浊酒供长啸，一带微茫见舳舻。

——岳濬修、杜诏等纂《（雍正）山东通志》卷三十五之一下

登郡城东楼诗
傅光宅

沧海孤城接素秋，万山摇落此登楼。青徐近绕秦封在，江汉遥通汶水流。旧雨东南频入梦，浮云西北迥生愁。鲁连箭去人千古，尊底斜阳照白头。

——谢肇淛编《北河纪余》卷三

饮光岳楼诗
傅光宅

画栋雕甍倚太清，平临岱岳俯东瀛。天低远树浮烟迥，水绕孤城落日明。座引长风销暑气，野含时雨近秋城。传闻海外风波急，一剑同怀报主情。

——嵩山修、谢香开纂《（嘉庆）东昌府志》卷四十四

永济渠诗

张　鹭

一脉南来发卫泉，漫邀汶水共朝天。谁知千古隋炀帝，为我皇朝浚巨川。

——王俊修、李森纂《（乾隆）临清州志》卷二

过清源诗二首

沈翰卿

扑面游丝翳抱开，彩云垂幔鸟喈喈。舟车绕郭称都会，莺燕穿花过别街。幕下材官辘轳剑，月中游女凤凰钗。朱缨锦席淹留处，苦忆扬州梦与偕。

迤逦星桥雀舫回，欲凌倒景上层台。鸡鸣万井烟光合，雉堞重城日晕开。杨柳楼深吹玉笛，蒲桃酒满泛金杯。无端约伴寻芳草，康乐祠前步紫苔。

——谢肇淛编《北河纪余》卷三

舟行即事

顾绍芳

愿得三千里，飞帆一夜还。生憎卫河水，十步九成湾。

——朱彝尊编《明诗综》卷五十八

按：顾绍芳生平载朱彝尊《明诗综》卷五十八："绍芳，字实甫，

太仓州人。万历丁丑进士，改庶吉士，除检讨，历左春坊、左赞善兼编修，有《宝庵集诗话》。实甫工于五律，不露新颖，矜炼以出之，颇有近于孟襄阳、高苏门者。"

荆门诗二首
王 祎

任城北行三百里，官树如云夹河水。树深水浅船行迟，五日才到荆门西。

荆门津吏不开闸，前船后船似鳞栉。名驱利逼贪途程，落月在地登车行。

——谢肇淛编《北河纪余》卷二

按：谢肇淛编《北河纪余》卷二："荆门驿在镇城北隅，而上下二闸在镇北十余里。又有荆门寺在镇北十五里，荆门铺在镇北九里。"

登东郡城楼
周弘禴

楼头风定落花疏，楚客扁舟去钓鱼。烽火江关征战少，聊城莫射鲁连书。

——谢肇淛编《北河纪余》卷三

清源行
谢肇淛

清源城中多大贾，舟车辐载纷如雨。一夜东风吹血腥，高牙列戟成

焦土。虎视眈眈何所求？飞霜六月天含愁。匹夫首难膏鼎俎，瘿瘤割裂病防瘵。只今毒焰犹未破，依旧豺狼当道卧。万姓眉颦不敢言，但恨时无王朝佐①。

——谢肇淛《小草斋集》卷五

故阿城诗

谢肇淛

荒隧宿寒烟，苍鼯窜橚栗。行人畔废坂，牛羊下颓壁。百里有遗墟，芳草无阡术。子奇昔为政，同载皆耆逸。销兵作农具，制梃挞强敌②。惠爱流嘉闻，丘壑存遗迹。云胡阿大夫，挥金事交昵。誉言虽日闻，卒自膏镬锧③。井邑故不殊，善败迥超轶。悠悠千载事，谁复论名实？驱车再三叹，西风动芦荻。

——谢肇淛《小草斋集》卷七

按：谢肇淛编《北河记余》卷二："阿城在张秋北五十里，即齐阿大夫所治邑也，今为市集，鱼盐贸迁，商贾辐辏，置有上下二闸，夹岸而居者千余家。"觉罗普尔泰修、陈顾瀓纂《（乾隆）兖州府志》卷二十

---

① 王朝佐（？—1599），山东临清人。万历中，天津税监马堂兼任临清税监，在临清招雇流氓恶棍数百人，以征税为名，搜刮民脂民膏，草菅人命，临清大半工商业者家破人亡。二十七年（1599），临清州民万余人反抗征税，被官府射杀数人，激起暴动。王朝佐等率众烧毁税监衙署，杀死马堂爪牙三十七人。抗税斗争失败后，官府追捕首要，且将株连众多。王朝佐挺身而出，一人担过，自认是抗税首领而从容就义。临清百姓为他建立祠堂。

② 马总辑《意林》卷三载《新序》文称："子奇年十六，齐君使治阿。既而君悔之，遣使追。追者反，曰：'子奇必能治阿。'齐君曰：'何以知之？'曰：'共载皆白首也。夫以老者之智，以少者决之，必能治阿矣！'子奇至阿，铸库兵以作耕器，出仓廪以济贫穷，阿县大治。魏闻童子治邑，库无兵，仓无粟，乃起兵击之。阿人父率子，兄率弟，以私兵战，遂败魏师。"

③ 司马光《资治通鉴·周纪一》："齐威王召即墨大夫，语之曰：'自子之居即墨也，毁言日至。然吾使人视即墨，田野辟，人民给，官无事，东方以宁，是子不事吾左右以求助也。'封之万家。召阿大夫，语之曰：'自子守阿，誉言日至。吾使人视阿，田野不辟，人民贫馁，昔日赵攻鄄，子不救；卫取薛陵，子不知；是子厚币事吾左右以求誉也！'是日，烹阿大夫及左右尝誉者。于是群臣悚惧，莫敢饰诈，务尽其情，齐国大治，强于天下。"

九亦载此诗，题为"过阿城"。

鲁连台怀古

谢肇淛

即墨城中火牛出，七十齐城一夜复。大冠如箕卷甲来，残兵半壁吞声哭。先生慷慨吐奇谋，一矢射天天为愁。壮士泣血甘刎颈，排难解纷何所求？功成脱屣杳然去，海上浮桴几烟雾。霸业雄图安在哉？空余昔日射书处。日落城西古垒荒，高台野树自苍苍。只今台畔多秋草，犹带当年战血黄。

——谢肇淛《小草斋集》卷九

按：谢肇淛编《北河续纪》卷三："鲁连台在城西北十五里，古聊城地，高七十尺，鲁仲连射书遗燕将即此。"

阿井

谢肇淛

济水伏流三百里，迸出珠泉不盈咫。银床玉甃闭苍苔，余沥争分青石髓。人言此水重且甘，疏风止血仍祛痰。黑驴皮革山柘火，灵胶不胫驰邮函。屠儿刲剥如山积，官司催取频飞檄。驿骑红尘白日奔，夭札①疲癃竟何益？我来珍重勤封闭，免造业钱充馈遗。任他自息仍自消，还却灵源与天地。

——谢肇淛《小草斋集》卷十

---

① "夭札"，遭疫病而早死。《左传·昭公四年》："疠疾不降，民不夭札。"杜预注："短折为夭，夭死为札。"

入安平署二首

谢肇淛

漫说郎官署，凄凉似远藩。抱河双半郭，错壤一孤村。帆影晴侵户，邮籤夜到门。盈盈衣带水，不必问河源。

偶罢含香直，来乘奉使槎。晨参津吏集，秋雨石堤斜。客过时鸣鼓，官闲早放衙。旧游浑似梦，重到便为家。

——谢肇淛《小草斋集》卷十五

春霁登光岳楼

谢肇淛

残雪初消绿水波，客愁无赖且高歌。春回郡郭晴烟满，天近长安王气多。海上霞光连泰岱，云边树色绕漳河。故园兄弟空相忆，芳草萋萋奈若何。

——谢肇淛《小草斋集》卷二十

重登光岳楼

谢肇淛

飞阁层层接绛辰，凭虚下界总黄尘。帆樯远水遥连楚，云树斜阳半入秦。众壑阴晴生海岱，万家烟火傍城闉。可怜信美非吾土①，肠断天涯久逐臣。

——谢肇淛《小草斋集》卷二十一

---

① "信美非吾土"，语出王粲《登楼赋》："虽信美而非吾土兮，曾何足以少留。"

东郡怀古二首
谢肇淛

鲁连多意气，一矢下坚城。千载雄图尽，河流日夜声。
关树无春色，荒城起战云。城东诸父老，能说盛将军。

——谢肇淛《小草斋集》卷二十五

按：谢肇淛编《北河纪余》卷三亦载此诗，题为"郡城怀古诗二首"。

过东郡诗二首
谢肇淛

长堤十里水悠悠，旌节犹迎旧细侯①。最是堤头杨柳色，向人憔悴不胜秋。

十年踪迹半沉浮，肠断城南望岳楼。烟火万家河绕郭，却疑此地是并州。

——谢肇淛《小草斋集》卷二十九

魏家湾
彭孙贻

魏家湾下泊，斜日坠山涯。呵冻题诗客，宁因嗜枣来。

——彭孙贻《茗斋集》卷十五

---

① "细侯"，指受人欢迎的到任官吏。范晔《后汉书·郭伋传》："郭伋字细侯……乃调伋为并州牧……伋前在并州，素结恩德。及后入界，所到县邑，老幼相携，逢迎道路。所过问民疾苦，聘求耆德雄俊，设几杖之礼，朝夕与参政事。始至行部，到西河美稷，有童儿数百各骑竹马，道次迎拜。伋问：'儿曹何自远来？'对曰：'闻使君到，喜，故来奉迎。'"

土桥

彭孙贻

土桥流水平，月黑溯流过。天星高复低，舟子倚舷坐。

——彭孙贻《茗斋集》卷十五

李海务

彭孙贻

李海昔何人，此地传名氏。此氏今亦无，惟有道傍李。

——彭孙贻《茗斋集》卷十五

登清源廓外塔

孔胤樾

浮屠创何代，疑非人力营。驱车近胜地，百丈午阴平。兴到不计险，欲穷迹罕京。心气自肃穆，雅循绳墨行。所历未及半，回首魂魄惊。纡曲力亦竭，喘叹遂交并。豁然开一境，暗牖贮虚明。万象眺无际，人物尽孺婴。日静风声举，鸟雀绕衣鸣。忽感天地大，胡为安小成。归来卧斗室，幽梦入蓬瀛。

——孔胤樾《溯洄集》卷一

按：孔胤樾，字心一，山东曲阜人，曾任河南提学道。张自清修、张树梅等纂《（民国）临清县志》亦载此诗，题为"登永寿寺塔"。

过鱼山曹植墓二首

吴伟业

小谷城西子建祠，鱼山刻石省躬诗。君家兄弟空摇落，惆怅秋坟采豆枝。

其二

邺台坐法公交车令，葘郡忧谗谒者书。天使武皇全爱子，黄初先已属苍舒。

——吴伟业《梅村家藏槁》卷八

光岳楼

施闰章

危楼千尺瞰沧溟，泰岱东来作翠屏。拂槛寒星晴历历，侵衣银汉昼泠泠。地连朔雪孤城白，天入齐烟一带青。尊酒未酣人欲散，西风黄鹄度空冥。

——徐世昌辑《晚晴簃诗汇》卷四十三

守闸清源驿凡五日不得渡

朱彝尊

清源驿路接幽燕，日日沙头但系船。五两①南风空自好，无由吹送

———

① "五两"，古代候风的用具。用五两（一说八两）鸡毛，系于高竿顶上，以观测风向及风力。

卫河边。

——朱彝尊《曝书亭集》卷六

临清州大宁寺

朱彝尊

西北浮云过雨晴，香台落日散高城。远烟归鸟忽双下，法鼓空林时一鸣。江海几人悬梦寐，诗书无地问柴荆。劳生扰扰成何事，目极关山万里情。

——朱彝尊《曝书亭集》卷六

春夜偕诸子泛舟卫河

李基和

结客寻芳卫水滨，夜游应讶旧江春。画船灯火维荒岸，明月笙歌对酒人。杜守十年才觉梦，韦郎一曲暗伤神。同舟自愧非元礼①，偏喜诸生尽折巾。

——胡德琳等修、周永年等纂《（乾隆）东昌府志》卷之七

题清源

贺王昌

清源素号繁华，予视篆此地，戏咏诗四首，稍存规讽，亦曲终奏雅

---

① "自愧非元礼"，典出刘义庆编《世说新语·言语》："孔文举年十岁，随父到洛。时李元礼有盛名，为司隶校尉，诣门者皆俊才清称及中表亲戚乃通。文举至门，谓吏曰：'我是李府君亲。'既通，前坐。元礼问曰：'君与仆有何亲？'对曰：'昔先君仲尼与君先人伯阳有师资之尊，是仆与君奕世为通好也。'元礼及宾客莫不奇之。"

之意也。

名区东郡首清源，水陆交冲市井喧。翠羽明珠多大贾，奇花怪石有名园。衔杯北海方盈坐，挟刺曹丘又到门。吐握敢言能下士，谩夸十日醉平原。

舟车辐辏说新城，古号繁华压两京。名士清尊白玉尘，佳人红袖紫鸾笙。雨晴画舫烟中浅，花发香车陌上行。悬馨荒郊多向隅，尚烦长吏省春耕。

千帆寒影落平沙，烟火沿堤几万家。市肆朝光耀锦绣，河桥晚渡列鱼虾。富商喜向红楼醉，豪客惊看白日斜。却笑蓬蒿张仲蔚[1]，披书案朽点霜华。

晨光万井已喧嚣，无限舟车似涌潮[2]。屠狗卖浆亦意气，新妆袨服自逍遥。谁家市上黄金勒，何处楼头碧玉箫。惟有衙斋清似水，佛香梵筴忆参寥。

——于睿明修、胡悉宁纂《（康熙）临清州志》卷四

按：贺王昌，丹阳人，进士，曾署临清州事。

小挑诗

马之骉

会通河故事，间年调南北官夫，协浚汶上县南旺河道，谓之大挑。比年官夫自浚本境河道，谓之小挑。康熙戊申、己酉冬春之间，之骉督小挑之役，其要地曰沙湾。先是丙午岁，之骉建河上草堂于此。今视工

---

[1]　"蓬蒿张仲蔚"，典出皇甫谧《高士传》："张仲蔚者，平陵人也，与同郡魏景卿俱修道德，隐身不仕。明天官博物，善属文，好赋诗。常居穷素，所处蓬蒿没人，闭门养性，不治荣名，时人莫识，惟刘、龚知之。"

[2]　"潮"字，原作"湖"，据张自清修，张树梅等纂《（民国）临清县志》校改。

浃旬驻宿，静夜独坐，触感成诗，得二十首①。

其一

寿张南岸北东阿，对面衔泥燕子多。自笑一官有如雁，飞来飞去度关河。

其二

三面逶迤溪壑空，坚冰二月未消融。黄尘满目飞还吼，苦境春风亦不同。

其三

官舍萧条据古堤，无邻南北更东西。灯前欲学刘琨舞，此地谁闻夜半鸡。

其四

抱关击拆易为官，那识河曹事事难。余得一囊清似洗，餐冰饮水自知寒。

——林芃修、马之骕纂《（康熙）张秋志》卷十二

按：马之骕，字旻徕，河北雄县人。顺治元年（1644）拔贡，历任滦州训导、元城教谕、广平教授、江都管河主簿、寿张县主簿等职。著述甚丰，有《张秋志》《雄县志》《新城县志》。

敲冰诗

马之骕

之骕耐为簿，前江都，今寿张，兼治东阿，皆河事也。江都苦水溢决堤，时则抢救。寿、东苦旱干稽运，时则敲冰，皆有诗以记事。《抢救诗》七言律六首、《敲冰》诗七言绝二十首②，皆不得已而鸣者，兴览

---

① 本编选录诗作凡 4 首。
② 选录诗作凡 6 首。

者或悲悯之。前在顺治戊戌，今当康熙乙巳。

其一

半载愆阳水泽干，粮艘迟去早归难。预知冬底敲冰苦，河内才澌鬓已残。

其二

奔走长堤往复来，炉中微火久成灰。纷纷雪片如梅萼，只向劳人脸上开。

其三

连夜仓皇未得眠，日间行坐却昏然。斯须不觉交双睫，小梦蒙腾在眼前。

其四

舟胶力挽重于山，百指千呼未转湾。蜀道艰难宁过此，劳歌一曲自凋颜。

其五

樯帆休挂缆休收，风不能吹水不流。已到前途冰厚处，众人齐举石郎头。

其六

同声呼助地天空，尽力牵船走数弓。篾缆不胜终断绝，一群人倒滑水中。

——林芃修、马之骦纂《（康熙）张秋志》卷十二

启秀楼

郑铉成

台阁崔巍枕巨津，人家十万灶烟屯。东连岱岳腾丹凤，北接魁垣奋锦鳞。云护储稰飞鹢首，星驰辎幰走蹄轮。繁华占尽畿南胜，巩固山河奕代新。

——于睿明修、胡悉宁纂《（康熙）临清州志》卷四

东昌道中

清圣祖

陌草稀疏绿未回，山村近午暖微催。万人争看船头望，多是喁喁待泽来。

——嵩山修、谢香开纂《（嘉庆）东昌府志》卷首之二

过临清闸

清圣祖

岸转蒲帆速，樯回树影低。波倾闸势险，溜急浪声齐。连岁歌云汉，今春释惨凄。往还为赤子，注意在黔黎。

——岳浚修、杜诏纂《（雍正）山东通志》卷一之二

南巡舟行会通河杂咏四首

清圣祖

风劲寒犹在，低蓬抵博平。麦畦青遍野，方忆近清明。
三载齐民饥，多方济一喘。后先益在兹，晷刻心难遣。
迟日云烟静，芳春膏泽多。时旸时雨望，祝稔并祥禾。
案读临清流，澄怀夕景悠。敕几逢事少，吟咏敢忘忧。

——岳浚修、杜诏纂《（雍正）山东通志》卷一之二

策马过东昌府

清高宗

南邦逢郡邑，按辔便民瞻南巡渡黄后，即循川途御舟。惟过郡县城郭，必遵路策

马经行，既览闾阎景象，兼便瞻就。兹过东昌，仍仿行之。运路兹经历，乘舟肯已恢。策骢惟一例，随镫更多添。亲爱不谋合，熙和着处觇。平原揽城市，光岳俯楼檐_{光岳楼居城之中，重檐高耸，可以延眺，为跸路所必经。因一登览，则阛阓恬熙，郊原丰沃，灿然在目。}共治二千石，益思慎选廉。

——高晋等纂《钦定南巡盛典》卷十四

按：此诗之碑刻今存聊城光岳楼上。

登光岳楼即事

清高宗

层栏杰构入云区，耸峙城中镇四隅。高下耕桑俯沃野，北南水陆接通衢。虹光奕奕扶梁焕，泰岳岩岩罨牖铺。长记短诗粗读遍，子安牛斗句曾无。

光、望为同为异区，又称东北据城隅_{《一统志》载：望岳楼在聊城县东北，高矗云表，今名光岳。及阅《东昌府志》，则光岳楼在府城中，而城东北隅又别有所为"望岳楼"者。兹以巡跸经行，始知其舛。百闻不如一见，纪载之不足信，大率类此。}从来多舛惟册府，且自清游历箭衢鲁仲连迹亦在此城。却喜闾阎颇繁庶，嫌他屏宸太陈铺。牧臣咨尔尽心者，察吏安民似此无。

——高晋等纂《钦定南巡盛典》卷十四

临清舟次杂咏

清高宗

南来一水贯城闉_{北去三朝川路循水路三程便至德州，由陆路旋跸。}历遍山东五十闸，节宣深计缅前人。

板闸洪波泻吕梁，云缘蓄水灌溪塘临清设砖、板二闸，以节宣南来之水。舟行递进，上闸启则下闸闭，俗称灌塘。因其地势建瓴，蓄久而启，流颇湍急，舟非牵挽不能过也。因思天下本无事，子美诗中道已详。

卫水西来挟浊漳，汇川北注色微黄。更无关键资宣蓄过临清则无闸，直达德州。顺注乘流直进航。

几度溯洄复溯游，通漕实藉古人谋。善经理自足输挽，冒险何须海运筹。

——高晋等纂《钦定南巡盛典》卷十四

题无为观

清高宗

峭岸涌仙宫，香花奉祀祟。茅家纪兄弟，上帝署三公。神沛安澜福，人叨利济功。无为翘舜治，有述勉微躬观旧址在东河底，今为公共体育场。

——张自清修、张树梅等纂《（民国）临清县志》之"艺文志"

临清叹

清高宗

临清傍运河，富庶甲齐郡。一旦遭贼燹，遂致不可问。白莲教始徐鸿儒①，百余年未尽根株。王伦倡乱寿张县，逆党蚁聚起一呼。蔓延三县受其害，戕吏劫库殴无辜。遂据临清作巢穴，三犯新城未遂谋叶○贼据

---

① 徐鸿儒（？—1622），山东巨野人。与王森、王好贤父子利用闻香教（白莲教的支派）组织农民，秘密活动二十余年，徒众近二百万。天启二年（1622），用红巾为标志，称中兴福烈帝，年号大成兴胜，曾攻陷郓城、邹、滕、峄，众至数万。后因分散作战，失败被杀。

临清为巢穴几半月余，二次犯临清新城。城中文武守御极严，歼贼甚众，贼不得逞。**爰发京兵速剿灭，重臣经事资嘉谟**山东绿营兵懦怯无用，知其未能剿贼。特简健锐火器营兵一千，令额驸①拉旺多尔济等带往。又抡东三省善射五十人驰赴之。并遣大学士舒赫德先期往董军务。京兵甫至，临清贼已有闻风奔窜者。经春宁、音济图邀击，尽歼之。八旗劲旅固勇锐无前，亦深藉舒赫德调度之力。**四面会合同日进，游魂釜底奚逃诛？而何逆贼竟抗拒，无已火攻下策图**舒赫德由德州进兵，攻其东北。徐绩自东昌一路进兵，攻其东南。虑徐绩不习兵，别遣阿思哈率京兵二百往会之。周元理遣直隶总兵、副将领兵攻其西北。何煟遣河南总兵攻其西南。逆贼四面受围，伏匿旧城不敢出。而其地街巷狭隘，屋宇稠密，官兵难以施展。舒赫德不得已，因用火攻之策。**既翦羽翼彼力尽，翻自举火燔其躯。戕事迅惟经六日**自围攻旧城以后，每日俱有斩获，贼党以次歼殪，要犯悉就擒。惟首犯王伦自揣罪重，在楼纵火自焚，按验得实。盖进兵凡六日而事戕。使非京兵之力，安能神速若此。**赵彦廿载何延纡**明季徐鸿儒倡白莲教，扰山东前后凡二十年，始经巡抚赵彦讨平之。**贼蹂躏，官军攻，富庶之地焦土空。赈蠲招集敕大吏，午夜犹痛愚民穷。玉石俱焚固尔自取**旧城居民亦有被胁从贼者，先期谕令投归，即免罪。乃招之不出，兵至岂能复分？杀戮过多，固所不忍。然由若辈自取，亦无可如何耳，**虽然吾惟引咎责吾躬。**

——张自清修、张树梅等纂《（民国）临清县志》之"艺文志"

临清歌

清高宗

御舟经临清，因作临清歌。**迩曾金川拟淮蔡，剿铲奚数**上声**斯幺麽**两金川以服属土司，敢于负恩抗拒，削除本非奇绩，是以近作告成太学碑文，比之唐时讨平淮蔡而已。若王伦系内地奸民，以邪教惑民作乱，发兵剿灭，不过如寻常擒捕盗贼，更不足比数也。**独惜闾阎遭燹乱，诚有劫数难容过**逆匪倡立邪教，以避劫数为词，煽惑愚众。良民为贼戕害，及逆党就歼伏诛者几以万计，是则此一方之劫，而非若逆匪所云也。**赈灾无待**

---

① "额驸"，清代公主、格格配偶的称号。

主爵尉，饥困原异潢池戈①^{王伦滋扰时，或有言灾民因饥饿所迫而乱者，给事中李漱芳}至形之章奏。恐地方官果有其事，因命大学士舒赫德于督兵之便，细加访察。乃据实奏闻，以寿张、堂邑、阳谷等县是年收成俱稔，贼所至并未抢劫仓谷，其非饥民可知。王伦等实因邪教纠众，不法无识喜事之徒妄言惑听，固不足信耳。县令失察更未密，一死稍得赎愆差^{寿张令沈齐义②于王伦等倡立邪教，未能早为察知擒治。及闻其事，乃于大堂金差往捕。而}胥役入教者多，遂至漏泄生变。事机不密，自贻之戚。使其尚在，当律以不职失城之罪。因已骂贼遇害，特宥其过，而仍予之恤。然犹赐恤宁从厚，谓烈则可忠则那^{沈齐义偾辕}失城，为贼所害，止可谓之烈，而不得谓之忠。其女二姑于其父丧归籍时投缳以殉，亦止可谓之死义，而不得谓之孝。盖圣人教民，无以死伤生，毁不灭性，未闻教子女以殉父母为孝也。昨浙抚三宝请旌章中乃谓忠孝聚于一家，措词失实矣。因降旨宣谕，敕部以全家殉难例旌之。突如其来据要地，新城终未失嵯峨^{贼匪占据临清旧城，复遣其党，于初七至十三，}连日攻犯新城之西、南二门。副将叶信、参将乌大经、署知州秦震钧婴城固守，百计抵御。发枪炮歼贼甚多，贼不得逞。十九日，贼复以火药实车拥至，欲焚燬闉闍。城上侦知之，掷石碍其车轮。以火箭射其车，药燃，贼反自焚毙多人，自是不敢复窥新城矣。礼不下庶避则可，颇有明礼者弗磨。文武诸吏及士庶，尽节弗屈原堪嘉。莠民翦灭示国法，良民旌恤恩加宜^叶。绿旗怯懦岂足恃，八旗选锐无须多^{因绿旗兵怯懦}无能，特选派健锐、火器两营满洲兵一千名，驰赴山东剿捕，贼众即就翦灭。至逆匪初起，侵扰诸县时，官民为贼所害者，文职除沈齐义外，则有署堂邑知县陈枚及其弟武举陈元梁，阳谷县丞刘希焘、典史方光祀及其侄方义，堂邑训导吴瑛及其侄吴文秀、仆王忠。武职则有署寿张游击赶福、莘县把总杨兆立、堂邑把总杨兆相、襄城外委把总崔吉士，又普洱总兵萨灵阿之妻时僦居临清，亦骂贼被杀。寿张训导李昂妻戚氏闻贼至自经。其士民，则寿张生员王鸣冈、武生王廷柱，临清生员王政，临清州民黑耿光、马体恭、马体乾，皆为贼害，临清生员李日孜，

---

① "潢池戈"，"潢池"指积水塘，"戈"指玩弄兵器。班固《汉书·龚遂传》："其民困于饥寒而吏不恤，故使陛下赤子盗弄陛下之兵于潢池中耳。"后用为不自量力而发动兵乱的典故。

② 沈齐义（？—1774），浙江乌程人，字立人。乾隆九年（1744）举人，历任山东冠县、汶上、费县、齐东等县知县，有吏能。三十七年（1772），改授寿张。《清史稿·沈齐义传》："三十九年八月二十八日夕，阳谷县党家店奸民王伦纠众突起为乱，入寿张。齐义闻变，即衣冠出莅宅外，斥曰：'吾非赃吏，尔等劫我何为？'贼伏拜曰：'知公廉，民等亦素沐公恩。但须及早从顺，顺则生，逆则死！'齐义骇曰：'尔等不顾赤族诛耶？'大骂之。贼谓齐义不知生死，麾众退，令自为计。齐义即入，解其印，令掘坎埋之。复出，家人及宾友挽其臂，挥去，趋宅外。仆又牵马至，请上省告急。齐义曰：'若将使我蒙面见上官耶？'批其颊斥之。须臾，贼复至，有泣拜求请者。齐义大怒，拳毕交下。贼拟以兵，齐义毒骂不绝口，遂攒杀之。先数日，齐义闻阳谷有妖人聚众，遣人四出侦刺，贼惧祸及，首劫寿张，故齐义罹于难。贼既破寿张，遂掠阳谷。"

监生胡适抃及妻刘氏，州民赵金堵皆自缢死，并敕部如例旌恤。**重臣习事命经理，夹河布置为周遮**巡抚徐绩等皆非练习军务之人，措置不能得要。以大学士舒赫德曾经西师之役，娴于用兵。即命至山东，督率调度进剿，并命额驸拉旺多尔济、都御史阿思哈同行。舒赫德至德州，调集各处兵马。京兵一到，即令阿思哈分领众兵，往会徐绩等至临清，由南路进攻。舒赫德、拉旺多尔济等统领京兵，由东面进攻。复派侍卫春宁率东三省善射手五十人亦至，并命直隶总督周元理统兵，由故城一路协剿，并于威县、平乡分兵堵御。河南巡抚何熰在邱县、馆陶一路统兵防守，杨景素时为直隶布政使，驻兵河西，因以拆桥事委之。廿二日夜半，杨景素、玛尔清阿率兵攻贼浮桥，射殪燃炮之贼兵。丁穆维踊上贼舟，夺炮断桥索，劲兵数十人继之，掷炬焚桥舰，顷刻而烬，歼贼数百，贼遂不得西逸。廿三日，京兵全至临清，于旧城四面环困。贼窘迫，率一二千人至塔湾，复经春宁、音济图等射贼五六百，逆匪等复遁回旧城，其余窜逸之贼追杀迨尽。贼有潜泅欲渡河者，悉为杨景素一路之兵射击无遗。越数日，贼即剿平。录其功绩，因擢杨景素为山东巡抚，玛尔清阿为兖州总兵，穆维赏巴图鲁号，擢千总，并赏蓝翎。其在事出力大小员弁各录叙升赏有差。**滋事一月平六日**王伦自八月廿八日起事，至九月廿九日渠魁自焚，党羽悉就擒获，槛解诛磔，统计仅一月。而八旗兵合剿，自九月廿四至廿九，计凡六日而平，以视明白莲教徐鸿儒等扰乱山东二十年，始经巡抚赵彦讨平，其迟速不啻百十倍，赵彦廿载犹延俄。**策马历历情形阅，万姓安堵迎肩摩。徒观铺户复如昔，是因三倍商贾罗**临清旧城为商贾聚集之所，市廛密比。贼残破后，近已修理，渐复旧观。**汪家大宅付灰烬，首逆以此为巢窠。此或居官欠良报，其后有识恩早加**王伦至临清，占居原任河南巡抚汪灏旧宅。其曾孙汪继烈等预挈家徙避，官兵至，贼放火自焚。意汪灏为巡抚时，必有敛贿自肥之事，故其居不能遗之曾元世守。然使汪继烈若明于大义，当避贼外出时先焚其室，令贼无所栖。事后上闻，必嘉悯厚赐而录用之。兹虽无从贼之罪，而室成灰烬，赏亦无可施，惜乎其智之不及此也。**率亦置之弗深咎，大义讵必常人诃。舟经因作临清歌，奚以致此惭如何。**

——清高宗《御制诗》四集卷三十七

临清夜雨

姚 鼐

昔挂轻帆济江泽，载酒同舟尽佳客。两岸秋声枫叶青，半夜月明江水白。飘零朋旧感平生，摇落关河复今夕。漳水东流汶水清，寒雨孤篷

百忧积。

——姚鼐《惜抱轩诗集》卷一

泊临清漳口

姚　鼐

泊舟寒渚对徘徊，岸木苍苍水镜开。沧海雾摇孤月上，青天影合二流来。平生苦忆清江棹，深夜休嫌浊酒杯。明发风帆好停处，拂衣先上鲁连台。

——姚鼐《惜抱轩诗集》卷六

域外聊城运河文献

《鄂多立克东游录》

《鄂多立克东游录》，意大利人鄂多立克著。鄂多立克于 1318—1328 年东游印度、东南亚、中国沿途，曾亲抵元都汗八里（今北京）、杭州、南京等地，后经中亚、波斯返回意大利。本游记记述他所见所闻的风土人情及元朝宗教、建筑、宫廷礼仪等，为研究 14 世纪中西交通和蒙元史的重要资料。本段记述鄂多立克记述聊城运河及运河沿岸城市情况。

离开该城（按：指明州，今浙江宁波），沿澄清的水道旅行，我经过很多市镇。八天后，我抵达一座叫做临清（LENZIN）的城市①，它在叫做哈剌沐涟（CARAMORAN）②的河上。此河流经契丹中部，当它决堤时给该邦带来极大祸害，一如费腊腊城畔波河之危害。我沿该河向东旅行，又经过若干城镇，这时我来到一个叫做索家马头（SUNZUMA-TU）③的城市，它也许比任何其他地方都生产更多的丝，因为那里的丝在最贵时，你仍花不了八银币就能买到四十磅。该地区还有大量各类商

---

① 临清地处运河畔，不在黄河岸边。鄂多立克或误将运河当作黄河支流，或将运河误认为黄河。
② "哈剌沐涟（CARAMORAN）"，蒙语为"黑河"，指黄河。
③ 玉尔认为其地即马可波罗之 Singuimatu，冯承钧译作新州马头，旧说以其当今之济宁。但若鄂多立克提及之 Lenzin 为临清，则 Sunzumatu 应更向北寻找。疑此地为《元史·河渠志》御河条下长芦以北的索家马头，所指城市实为沧州。

货，尚有面食和酒及其他种种好东西。[因为此地的人口比我在别地所见为多，我就问这是怎么回事。他们回答我说，这是因为该地空气是如此新鲜，乃至除了老死外，很少人死于别的原因。]

——《鄂多立克东游录》之三六"哈剌沐涟（CARAMORAN）河，以及僧侣鄂多立克访问的一些其他城市"

《马可·波罗游记》

《马可·波罗游记》记述了所经中亚、西亚、东南亚地区许多国家的情况。以叙述中国为主的《游记》第二卷共八十二章，其中对运河及运河城市的描述即与聊城有关。

强格里（Ciangli）是契丹向南之一城，居民是偶像教徒，使用纸币。此城附近有一宽大之河，其运赴上下流之商货，有丝及香料不少，并有其他物产及贵重货品甚多。

兹从强格里城发足，请言向距离六日程之别一城，其名曰中定府（Cundinfu）。

——《马可·波罗游记》第一三二章"强格里城"

按：此段文字所称之强格里城，经《马可·波罗游记》的翻译者和研究者冯承钧（1887—1946）考证，强格里当指临清，而文中的大河当指运河。由马可·波罗的记述，临清作为运河运输和商品集散中心的地位可见一斑。

《漂海录》

《漂海录》，朝鲜人崔溥撰。崔溥（1454—1504），朝鲜李氏王朝官员，24 岁时中进士第三名，29 岁时获中文科乙科第一名，1487 年任朝鲜弘文馆副校理（五品官员），奉王命赴济州岛执行公务。1488 年闰正月初三，因其父去世奔丧回家，不幸遭风暴袭击，漂流至中国大陆，在"大唐国浙江台州府临海县界"（今三门县）登陆。后来，崔溥自台州由陆路至杭州，由杭州沿京杭大运河行水路至北京，再由北京由陆路至鸭绿江回国。他用汉文写出日记体《漂海录》，涉及明朝弘治初年政治、军事、经济、文化、交通以及市井风情等方面的情况，是研究中国明朝海防、政制、司法、运河、城市、地志、民俗的重要文献。本部分选自《漂海录》卷二，为崔溥沿大运河北上，行经聊城境内的情形，保留了明代中期聊城段京杭大运河的重要记述。

十二日

至东昌府。是日晴。过堡粮仓、安山保、谭家花、积水湖口、苏家庄、邢家庄、沙孤堆等铺及戴家庙，至金线闸递运所。所前有经魁门。门右人家挂雕笼，畜有鸟。其形如鸠，其味赤而长，其吻微黄而钩，其尾长八九寸，眼黄背青，头与胸水墨色，其性晓解人意，其语音清和圆转，曲节分明，人或有言皆应之。臣与傅荣往观之，谓荣曰："此鸟能言，其无乃鹦鹉乎？"荣曰："然。"臣曰："此即陇西鸟也，我即海东人也。陇西、海东相距数万余里，今日得相见于此，得非幸乎？但我与此鸟客他乡同也，思故国同也，形容之憔悴亦同也。观此鸟弥增悲叹之情。"荣曰："此鸟长在笼中，终死他国。今足下好还贵国，尽职君亲，胡可谓之同也？"鹦鹉亦有言，似若有知然。又至寿长①县地方。过戴家庙、刘家口、戴洋、张家庄、沙湾等铺、感应祠，至东河县地方。过沙湾浅铺、大河神祠、安家口铺、北浮桥、挂剑铺、通汴梁、通济闸、汉河、沙湾巡检司、两河口、钟楼阁、鼓楼阁、云津门，到荆门驿。驿丞引臣及傅荣于皇华堂前馈茶。又过平河水铺、新添铺、荆门上下闸，至阳谷县地方。夜过湾东铺、张家口铺、七级上下闸、周家店闸、阿城上

---

① "寿长"，即寿张。

下闸、李海务闸，至崇武驿，夜五更矣。东昌府即旧齐之聊摄地，城在驿北三四里河岸。城中有府治、聊城县治及按察司、布政司、南司、平山卫、预备仓、宣圣庙、县学。

十三日

过清阳驿。是日晴。过通济桥闸、东岳庙、进士门、东昌递运所、兑粮厂。又过堤口、稍长闸、柳行口、房家庄、白庙、双渡儿、吕家湾、校堤等铺。河之东即堂邑县地方，西即博平县地方。又过洪家口、梁家口等铺及梁家闸、感应神祠。又过袁家湾、马家湾、老堤头、中闸口等铺、土桥闸、新开口铺、函谷洞、减水闸，至清平县地方。又过赵家口铺至清阳驿。又过朱家湾、丁家口、十里井、李家口等铺、戴家湾闸，乘月达曙而行。

十四日

晴。至临清县之观音寺前。寺在两河交流之嘴，东西设四闸以贮水。寺东以舟作浮桥，以通于县。县城在河之东岸半里许，县治及临清卫治俱在城中，在两京要冲、商旅辐辏之地。其城中及城外数十里间，楼台之密、市肆之盛、货财之富、船泊之集，虽不及苏杭，亦甲于山东，名于天下矣。臣等沿清泉河而北，过漏浮关、药局、新开上闸、卫河厂、板下闸、大浮桥，至清源驿前留宿。

十五日

朝，大雷电以雨，午后阴。有辽东人陈玑、王钻、张景、张升、王用、何玉、刘杰等，以商贩事先到于此。闻臣等之至，以清酒三壶、糖饧一盘、豆腐一盘、大饼一盘来馈臣及从者，且曰："我辽东城，地邻贵国，义同一家。今日幸得相见于客旅之中，敢将薄物以为礼耳。"臣曰："贵地即古高句丽故都。高句丽今为我朝鲜之地。地之沿革虽因时有异，其实同一国也。今我喘息九死之余，漂泊万里之外，四顾无相识之人，得遇诸足下，又受厚惠，如见一家骨肉之亲。"玑曰："我于正月起程，二月初吉①到此，四月初旬间回还，恐不得再相见也。若先过贱

---

① "初吉"，古分一月为四分，自朔至上弦为初吉。

地安定门内，问有儒学陈瀛者，吾儿也，好传吾消息"云云。相别而去。臣等撑舟至下津厂前留泊。

——崔溥《漂海录》卷二

《策彦和尚初渡集》

日本天文七年、明朝嘉靖十八年（1539），日本大内义隆派遣博多圣福寺和尚湖心硕鼎为正使、京都天龙寺塔头妙智院第三世策彦周良为副使进贡明朝，经过运河实际行程为88天。策彦周良法名周良，字策彦，号谦斋，为临济宗禅僧。耽读汉诗文，文名渐显，与文人广泛交游，晚年受织田信长厚遇，为五山文学末期巨匠。策彦对于整个往返行程，逐日作了详细记载，编为《策彦和尚初渡集》。策彦的《初渡集》是嘉靖年间日本入明使者的亲身记录，也是有明一代日本入明使者最为详尽细致的记录，在中日交流史载籍中占有极为重要的地位。其中对于聊城境内运河及在聊城的行程记述颇为详悉。

（嘉靖十九年正月）廿三日，申刻着开河水驿。舟行七十里。今夜梦祝英尊君、琏公侍史，又梦家兄筑前守。

廿四日，巳时拨船，申刻着安山水驿。舟行九十里。

廿五日，午刻开船，戌刻着荆门驿。舟行六十里。今日于正使联句，及夜归矣。梦家兄与三左。

廿六日，午刻拨船，酉刻到中流而止。盖以有闸也。舟行三十里。今夜梦天用和上，又梦两兄。

廿七日，卯刻鸣鼓解缆。酉刻，着崇武水马驿。舟行六十里。有五重楼门，揭"光岳楼"三字。

廿八日，午刻打廪给口粮，未刻开船，亥刻着清阳驿。舟行七十里。

廿九日，巳刻打廪给口粮，即刻开船，酉刻着清源驿。舟行七十里。

三十日，午后同正使和上上岸，过一伽蓝，门揭"观音阁"三大字。入门则有二重阁，阁中按观音大士像。又旁有小亭，亭里有石井，横揭"通济寒泉"四大字。又有酒店，帘铭云："李白闻香乘月饮，洞宾知味驾云沽。"又诣一祠，祠门横揭"昊天祠"三大字。又此额下别有额，颜"三元都会府"五大字，金字也。又右胁有小门，揭"蓬莱"二字。左胁有小门，揭"浪苑"二字共金字也。以阆作浪，可为证也。又有一祠堂，横揭"追思夏公祠"五大字。申刻偕三英、即休赴混堂。今夜梦光夫和上，又梦理见大姊。清源驿以下无闸，故船人新造橹，且又廪给口粮未打，以故滞留于本驿。

二月 小

朔旦，天气快晴，日气熙熙。犹在清源驿。昧早将谒提举司，先俾通事启，辞而不受，盖以方船不自由也。同大光、钓云谒正使讲一礼，次轮礼，及二号、三号。大光、钓云以下役者并二号、三号众来贺。午刻过钓云茶话，话及晡。今夜梦陪三友院殿惟正桓公，又梦理见。又少焉，梦安室首座、吉田与三郎同孙六。打廪给口粮。

二日，风不顺，故泊于此。午后与钓云、大光赴混堂，浴后散步。驿门横揭"清源水马驿"五大字。今夜梦琇公首座。

三日，卯刻开船，船路八里而止，盖以风也。巳刻解缆，酉刻着渡口驿。舟行四十七里，即打廪给口粮。

……

（嘉靖十九年六月六日），寅刻拨船，未刻着甲马驿。舟行六十里，申刻打廪给。

七日，寅刻鸣鼓开船，酉刻着渡口驿。舟行八十里。浦云惠一壶。今夜梦天用和尚，又梦成公都寺。

八日，卯刻打廪给，辰刻开船。船路五十里而泊于中流。盖以风紧也。

九日，寅刻拨船，巳刻着清源水马驿闸口。舟行十五里。少焉，进舟者五里许而泊于观音阁前楼门之额揭"观音寺"三大字。此交超放下闸砖闸口。粮廪未打，故犹在本驿。酉刻正使和上见惠李实，谢浦云惠酒之诗并叙：

余与浦云老不面者有日于兹矣，盖以其微恙也。昨之晡，依人见惠佳酒。余欣欣然才遭一酌，则酷暑不推而去，清风不挽而来，何慰加焉。聊缀小绝，泄卑忱之万乙云："酉水分来洗我肝，知君病后钓诗难。一杯杯底无三伏，超道医家消暑丸。"

今夜梦前细川三友院殿惟正桓公大禅定门。又少焉，梦前大日华阳润公首座、亡亲宗信，又梦球叔琇公首座。酉刻打禀给。

十日，朝阴。辰刻下雨。余独记"久苦赵盾日，欣逢传设霖"之句。午后开霁。正使和上见招，于以打谈，遂比辞八韵，举酒四五行，过酉而归矣。酉刻大光惠面筋一笼。收钲代熊松弁一个生公价媒。一钱二分。

十一日，快晴。斋后正使和上见惠李实一笼。申刻打挽舟人夫。酉刻正使来访，予侑一盏，谈及二更。又即休携一壶来，乘月酌者四五行。今夜梦家兄与三左。

十二日，炎热酷。午刻开船。戌刻着清阳驿。舟行七十里。此交有东昌府清平县戴家湾闸。

十三日，天少阴凉可掬。初吃辣蓼。巳刻打禀给，午时开船。未刻小雨。戌刻着崇武水马驿。驿门横揭"崇武水马驿"五大字。舟行七十里。

十四日。快晴。巳刻打禀给。午时待邓通事，赵、周二大人于正使船中，设茶饭，其费自三艘出。引杯到晡。今夏初吃西瓜、大角豆。

十五日，卯刻挽未来，辰刻开船，亥刻着荆门驿。驿右方有三重楼，横揭"安平胜概"四大字。舟行九十里。超闸者五，且又挽夫昼饷，故着驿迟了。凉月可爱。

十六日，辰刻打禀给。船头惠水瓜一个、花红一盆。巳刻拨船，酉刻着安山水驿。舟行六十里。

十七日，天晴，热酷。午刻。正使见惠花红、李实。又前日大通事寄诗，和而赠焉："中华风物古来昌，渐觉他乡胜故乡。南贡蛮琛东海货，朝迎楚舵暮吴樯。愿言蓑笠伴渔隐，不料袈裟裹御香。欲写□篇还自愧，行行棘句又钩章。"钓云来访，围棋消日。申刻打禀给。又挽夫

来，酉刻开船。船路四十里而泊于中流。时维子。

十八日，天少阴。寅刻鸣鼓开船，已刻着开河水驿。舟行三十五里。

——《策彦和尚初渡集》卷下之上

（嘉靖二十八年三月）六日，卯刻开船，顺风帆影如飞。未刻着近安山水驿之闸。

七日，卯刻前进者三里许而着安山水驿。今晚七府往乡里。

八日，晴。斋罢七府招予、副使、钓云、江云、慈眼以下暨三艘客众。予轿行，副使以下马行。宴席到未刻，归则日薄西山。生等不在之际，三号客众船之水夫欲失火。藏人自外面见之，与诸船手下人戮力扑灭之。

九日。

十日，今午蒋大人自乡里归。

十一日，晴。卯刻离安山驿而开船。午时着荆门驿，即打廪粮。申刻开船。

十二日，晴。水浅闸多，故泊于中流。酉刻河水方涨，即前进者十八里而到闸而泊。

十三日，晴。卯刻鸣鼓超闸而开船。午时着崇武水驿。有光岳楼。

十四日，晴。未刻前进超通济桥闸。挽夫乘月挽船而前进，泊于中流。

十五日，寅刻鸣鼓开船。卯刻着清阳驿，即便打廪粮。午时开船。申刻大风起，沙尘暗昏，故又泊于中流。夜过半风止。

十六日，拂晓开船。已刻着清源水马驿。

十七日，无别事。

十八日……已刻前进者许傍闸旁而泊矣。晡时天阴，雷风起，少焉雨雹如梅子之大者，重四钱。后遂成雨。

十九，日阴。已刻移棹于本驿之前，即便打廪粮。

廿日，晴。午时开船，顺风满帆腹。申刻着渡口驿。

廿一日，晴。辰刻打廪粮，已刻开船。未刻着甲马营水驿。酉刻打

廪粮。

廿二日，晴。寅亥鸣鼓开船。午前着梁家庄子水驿。未刻打廪粮。酉刻前进十五六里许而泊于中流。时维戌。今夜风紧。

廿三日……午时鸣鼓开船，酉刻着安德驿。

廿四日，晴。廪粮未打，人夫未打，故犹留滞。吴璞惠本草注。

廿五日，晴。飘风卷沙，故不开船。

廿六日，寅刻开船，午后着良店驿。未刻打廪粮。申刻开船，至昏鸦而泊于中流。

……

（嘉靖二十八年九月）十一日，寅刻之前开船。午前着于甲马营水驿。午时与熊乙算用了。酉刻打廪粮。及曛黑而开船，挽夫乘月挽之。过亥刻而泊于中流。

十二日，寅刻开船，未刻着渡口驿。酉刻打廪粮，戌刻开船。乘月而挽之。今夜梦家兄与三左。子刻泊于中流。

十三日，拂晓鸣鼓开船。今旦慈眼祈祷，琇公、寿等赴之。未刻着清源水马驿。价于樗子买收睹罗绵三端。

十四日，快晴。廪粮未给，人夫未打，日众易买之事亦未办治，彼此未开船。予亦命樗、熊二子买药材等物。

十五日，快晴。蒋大人乞暇赴乡里。今日亦粮夫未备，且众人卖买亦未了。予亦命樗令买药材、红紫睹罗绵等。顺心赠山芋，初吃之。今晚钓云来，予侑一盏。

十六日，今旦早早俾樗、能二子调治卖买事。又价弥二郎收铜钱一贯百八十文，价银六钱。午时温大人来茶谈，少焉而退。

十七日，天少阴。斋罢携琇、樗、熊过药家，见杭州之图。过观音寺前。慈眼见赠一壶。午时开船。少焉过总门第一重阁，横揭"去天尺五"之四大字。又二重面颜"启秀津"之三大字。过此四五里而顺风扬帆。盖近日乏于北风之便，船头、水手欢抃罔措。酉刻下雨。去月以来天未曾有点雨，雨意可人。买收红白菊花，贮之于泥盆里。戌刻着清阳驿。

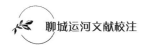
十八日，天阴。乍寒可炉。辰刻治廪粮。巳刻开船。顺风满帆腹。戌刻着崇武水马驿。

十九日，天快晴。辰刻同琇公上岸，于以登光岳楼。楼之四面远景可爱。此楼五层峥嵘，四檐逐一横颜"光岳楼"之三大字。于最上层东望见泰岱。所历过有小门，揭"望岳里"之三字。巳刻收廪银五钱六分。五件。盖梁家、甲马、渡口、清源四驿分也。又收樗银二钱一分。同上。廪粮未给，挽夫未打，故犹在本驿。

廿日，小雨。巳刻打廪粮。挽夫不完备，犹且在本驿。

廿一日，晴。酉刻挽夫备，过昏鸦而开船。又泊于中流。

廿二日，天少阴而不雨。历过六闸。酉刻着荆门水驿。亥刻乘月开船。

廿三日，晴。辰刻同副使、钓云、江云、慈眼上岸。登楼门，凝眼于四远。楼门第二重枢门之最上层东檐，横颜"安平胜概"四大字。西面揭"谯楼"二大字。巳刻打廪粮，即便鸣鼓开船。顺风。酉刻着安山水驿。

廿四日，快晴。廪粮未打，且七府蒋送官往乡里未来，彼此在本驿。午时与熊乙算用返辨。又将六钱五分送顺心鞍笼之代也。使熊乙。

廿五日，天阴。午时蒋送官于安山面道士观帙燕席，译史温大人为之邀头。予携钓云、江云、慈眼而赴之。未刻鸣鼓开船。顺风满帆腹。

廿六日，子刻着开河水驿。快晴。今晚晚炊于江云船上，酒五行。酉刻打廪粮。曛黑之后开船。暗中点灯，挽夫拿船。船路十二里而有闸，到此而泊矣。夜小雨。

——《策彦和尚再渡集》卷下

《荷使初访中国记》

《荷使初访中国记》，荷兰人约翰·尼霍夫（1618—1672）撰。约翰·尼霍夫，荷兰探险家。1618年出生于德国的伯爵领地本德海姆的余尔森市，早年做过水手，擅长诗歌、绘画和音乐，后来到荷兰的东印度公司工作。顺治十二年（1655），随以彼得·候叶尔和雅克布·凯赛尔为首的荷兰使团来到中国。《荷使初访中国记》简要记载了顺治十二年至十四年（1655—1657）荷兰第一个访华使团的见闻，对所经过省份及运河沿岸的城市、乡村、工艺、风俗、信仰、建筑、衣饰、船舶、山川、植物、动物都有细致描述，并配有在中国实地所绘150幅插图，对研究清初中国社会的政治、经济、文化及运河区域社会等具有重要参考价值。书中亦有对聊城境内运河及运河沿岸城市有价值的描述。

六月十九日，使臣阁下来到了张秋城。此地距济宁一百六十里，位于皇家运河两岸。该城入口处两旁都建有坚固的防卫城楼。城区为正方形，方圆步行约一个小时，有土墙和石造城垛。城里有很多漂亮的房屋，但因人口稀少，大部分房子没人住，而且非常颓坏。城中心靠岸边的地方有一座寺庙叫大王庙，非常漂亮。

当地居民引我们看城门外的一片死水塘后告诉我们，不久前，有一座异教的庙宇及一些和尚一起沉入那片死水塘。这个地区到处是残垣断墙。因为几年前黄河泛滥，淹没了这个地区，不但水坝河堤，连整个城区和郊镇都被洪水卷走。

次日，二位使臣继续前进。我们看见很多美丽的乡村散布在运河两岸。这些乡村附近的运河常被水闸闸住，使我们到处耽搁。从清江浦到临清，我们必须通过五十八个水闸，这些水闸都要费很大功夫才能启动起来。

六月二十日，我们到达东昌城。该城距张秋城九十里，位于一片空旷地面，方圆约步行一个小时，四方形。城墙建筑得十分坚固，比我们见过的所有的城墙都好。有二条主要的街道呈十字形贯穿全城，城中心有一座很高的四层建筑物，各层皆有拱门，每个拱门上都有房檐覆盖。这些城门很坚固，每个方向的城门除配有堡垒之外，还各有四座岗楼，守住岗楼就可以控制各段城墙。城北有一座长一百三十七步的木桥供人行走，木桥下是一道环绕该城的河流。城南就是一片很大的郊区，所有

的东西部可以在那里买到。城东有一个铁造的金字塔，也即一座碑，厚一时半，约有二十呎高。鞑靼人指着在铁碑下面的一些奇怪的文字给我们看，并告诉我们，这座碑和南京的塔一样，有着同样悠长的历史。这是为一个为国尽忠、战死沙场的名将所修的坟墓。

次日，我们沿着河岸继续前行，这片肥沃的土地上大部分地方种植着高粱。

六月二十日，二位使臣在著名的城市临清停泊。该城距东昌城一百二十里，座落在皇家运河的两岸，有两座城堡互相守卫着，河心还建有二个坚固的水闸。城北有一座由九条渡船搭成的浮桥，人们可以经浮桥来往于河两岸的城区。我们还在这里看到河两岸各有一门小铁炮，设置的位置很恰当。

该城位于一片沙质的地面上，建有土质城墙，城里有许多漂亮的房舍和庙宇。城墙上有一个石造的城楼，北边城墙有十五个岗楼，二个圆堡。该城的布局呈一不等边三角形，城区的幅员步行约一个半小时。我们在此地买到许多罕见的水果：其中有个大味美的梨，这种梨可以存放很久。从该城北门向北京方向航行，约半个小时后，可看见靠河之处有一座异教的庙宇，里面有很多奇异的东西。在庙里最后的殿中，有一尊三十呎高的女偶像，塑造得很精巧，装扮也很华丽。分巡道让他的妻子和孩子及他的大部分随员和行李留在此地。

　　　　——［荷］包乐史、［中］庄国土《〈荷使初访
中国记〉研究》第 74—75 页

《英使谒见乾隆纪实》

《英使谒见乾隆纪实》翔实记录了 1792—1794 年英国使团航海到中国，觐见乾隆皇帝的经过，不仅为以西方人目光对中国清朝社会的全面审视与观察，更包括完整的航海行程与日志，及沿途国家与地区社会风貌、动植物种类的记录，是了解 18 世纪末世界经济人文状况及中国地位

的重要资料。英国使团曾沿运河南下，对聊城境内的运河、城市及见闻进行了细致的记述。

　　10月22日，船抵临清州。临清州外有一九层宝塔。中国人喜欢在多山地带建塔。这个高大建筑一般总是建在山顶上。由下到上一般是一百二十到一百六十呎高，整个高度是塔底直径的四倍到五倍。一般总是单数，五层、七层、或九层，越到上层越小，塔底面积最大。

　　御河从西边发源，沿东北方向流至临清州同运河汇合。使节团船从这里改走运河道往正南航行。这条河在中国是最大的运河，同时也是最老的一个。从临清州到杭州曲曲折折长达五百哩，当中穿过山、穿过谷，还穿过许多条河流和湖泊。临清州的塔不是建在山上而是建在平地，这在中国是少有的。可能运河是从这里开始挖的，也或者是挖到这里为止。从塔的建筑位置来看，它不是作为守望楼用的，大概为的是纪念这个有实用的天才工程的开工或完工。

　　这个巨大工程同欧洲运河不一样。欧洲运河一般是一条直线，两岸很窄，没有水流。这条运河是一条弯弯曲曲的路线，不规则的，有些地方很宽，有水流。

　　御河和运河两个河床之间汇流的地方，为了减低御河的水流入运河速度过猛，当中挖深三十呎。御河的水倾入运河之后，为了防止水流太急，又在运河上认为需要的地方安了几道水闸，有的相距不到一哩，这在其他地方是没有的。同欧洲的水闸不一样，运河水闸没有高低水门。它的水门构造非常简单，容易控制，修理起来也不需要很多费用。它只是几块大木板，上下相接，安在桥砧或石堤的两边沟槽里，当中留出开口来足够大船航行。因为水位不平，运河航线上有些水闸主要是为调节水量的。船只通过水闸时须要相当技巧。一个水手拿着一个大桨站在船头指挥，船上客人俱都站在船旁护板两边。护板是用兽皮做的，当中塞进头发，避免船只碰到石头上的震动。

　　运河石堤上搭了许多轻便木桥，随时可以拆卸下来让大船通行。水闸只在每天固定时间开。聚集的船只通过时须要交一点通行税。这项通行税专门用在修理水闸和河堤。每次开闸所消耗的水量不大，水位只下降几呎，很快可以从同运河合流的水补充起来。在水流急、水闸与水闸距离大的地方，开闸的时候，水位可能降低一二呎深。运河是沿着旧河道挖的，因此它的深度不一致，河道弯曲，河面宽。再往南走，两岸地带通过水门沟适当调节倾入或放出运河的水，使其不太大也不过小，水闸的需要就不大了，一般一天航行经过不到六个以上水闸。

……

10 月 23 日，船抵东黄^①府。从这个府名来推测，似乎同黄河有关。这里距黄河还远，过去黄河旧道可能到达这里附近。

城墙前面约有三百名兵士列队欢迎使节船只。一般大城镇列队欢迎的兵士差不多都是三百人。船到这里时天已经黑了。每一兵士手里都拿着一个灯笼，灯光透过各色纱反映在水上非常好看。假如运河在一个城镇之中穿过，兵士就排列在河的两岸。

……

从天津到这里，一路都是大平原，经过了无数的村庄、农舍和城镇。沿路土地都耕种得很好，没有看到一个山，也没有看到一块石头。它是北直隶平原的延续，也是相同的自然条件所产生的。在组成上和在形象上，这样大的一块平原在世界其他各地还很少见。

从这里逐渐看到高地，东方有山。不久之后，在西南方向也看到蓝色山顶。从"山东"省的名字看来，省在山之东。前章曾经讲过在朝鲜对面的山东海角的东面和西面俱都是花岗石山。这些山脉贯穿山东省的最长部分，到达北直隶省而降为一片大平原，形成本省的特殊的雄壮的自然条件。这些山脉大概远在地球形成的时候就存在那里了。山东省在原始时代可能是一个独立的岛，同大陆相隔着一个狭窄的海峡。后来，海水把山顶土壤冲洗下来填平了海峡，在那里构成肥沃平原。

——《英使谒见乾隆纪实》第十六章"离开北京，
到杭州府的路上，一部分沿运河航行"

---

① "黄"字，当为"昌"，此处记述当据讹传而有误。

参考文献

（一）古典文献

B

《北河纪》，（明）谢肇淛撰，明万历刻本。

《北游录》，（清）谈迁撰，中华书局 1960 年版。

C

《崔溥〈漂海录〉评注》，葛振家撰，线装书局 2002 年版。

《诚意伯文集》（明）刘基撰，《四部丛刊》影印乌程许氏藏明刊本。

《漕船志》，席书编次、朱家相增修，嘉靖二十三年（1544）刻本。

《漕河图志》，（明）王琼撰，姚汉源、谭徐明整理，水利电力出版社 1990 年版。

D

《甔甀洞稿》，（明）吴国伦撰，万历刻本。

《东泉志》，（明）王宠编，广陵书社 2006 年影印版。

《（道光）东阿县志》，（清）李贤书修，吴怡等纂，道光九年（1829）刻本。

《（道光）博平县志》，（清）杨祖宪修，乌竹芳纂，道光十一年（1831）刻本。

《（道光）冠县志》，（清）梁永康纂，赵赐书修，道光十一年（1831）刻本。

G

《谷城山馆文集》，（明）于慎行撰，万历间于纬刻本。

《（光绪）寿张县志》，（清）刘文焜修，王守谦纂，光绪二十六年（1900）刻本。

《（光绪）博平县续志》，（清）李维诚修，王用霖、彭宝铭续纂修，光绪二十六年（1900）刻本。

《（光绪）阳谷县志》，（清）董政举修，孔广海纂，民国三十一年（1942）铅印本。

H

《河防通议》，（元）沙克什撰，商务印书馆1936年版。

《河漕通考》，（明）黄承玄撰，清抄本。

《会通河水道记》，（清）俞正燮撰，《小方壶斋舆地丛钞》本。

J

《金史》，（元）脱脱等撰，中华书局1975年版。

《（嘉靖）山东通志》，（明）陆钺等纂修，嘉靖十二年（1533）刻本。

《居济一得》，（清）张伯行撰，康熙四十七年（1708）刻本。

《（嘉庆）清平县志》，（清）万承绍修，周以勋纂，嘉庆三年（1798）刻本。

《（嘉庆）东昌府志》，（清）嵩山修，谢香开、张熙先纂，嘉庆十三年（1808）刻本。

K

《（康熙）聊城县志》，（清）何一杰纂修，康熙二年（1663）刻本。

《（康熙）博平县志》，（清）堵嶷修，张翕纂，康熙三年（1664）刻本。

《（康熙）观城县志》，（清）沈玑修，张洞宸纂，康熙十一年（1672）刻本。

《（康熙）临清州志》，（清）于睿明修，胡悉宁纂，康熙十二年（1673）刻本。

《（康熙）堂邑县志》，（清）卢承琰修，刘淇纂，康熙四十九年（1710）刻本。

《（康熙）茌平县志》，（清）王世臣修，孙克绪纂，康熙四十九年（1710）刻本。

《（康熙）高唐州志》，（清）龙图跃修，李霖臣纂，康熙五十一年（1712）刻本。

《（康熙）重修清平县志》，（清）王佐纂修，康熙五十六年（1717）刻本。

《（康熙）寿张县志》，（清）滕永祯修，马珩纂，康熙五十六年（1717）刻本。

《（康熙）阳谷县志》，（清）王时来修，杭云龙纂，民国二十二年（1933）石印本。

《（康熙）张秋志》，（清）林芃修，马之骦纂，康熙斌业斋抄本。

L

《刘忠宣公遗集》，（明）刘大夏撰，光绪元年（1875）刘乙燃刻本。

《列朝诗集小传》，（清）钱谦益编，上海古籍出版社1983年版。

《两河清汇》，（清）薛凤祚撰，清抄本。

M

《明经世文编》，（明）陈子龙编，中华书局1997年版。

《茗斋集》，（明）彭孙贻撰，《四部丛刊续编》景写本。

《梅村家藏稿》（清）吴伟业撰，景武进董氏新刊本。

《明史》，（清）张廷玉等撰，中华书局1974年版。

《明诗综》，（清）朱彝尊编，康熙四十四年（1705）刻本。

《明史纪事本末》，（清）谷应泰撰，商务印书馆1937年版。

《（民国）临清县志》，张自清修，张树梅、王贵笙纂，民国二十三年（1934）铅印本。

《（民国）续修东阿县志》，周竹生修，靳维熙纂，民国二十三年（1934）铅印本。

《（民国）冠县志》，侯光陆修，陈熙雍纂，民国二十三年（1934）刻本。

《（民国）东阿县志》，周竹生修，靳维熙纂，民国二十三年（1934）

铅印本。

《（民国）茌平县志》，牛占诚修，周之祯纂，民国二十四年（1935）铅印本。

P

《曝书亭集》，（清）朱彝尊撰，清刻本。

《匏翁家藏集》，（明）吴宽撰，《四部丛刊》景上海涵芬楼藏明正德刻本。

Q

《清容居士集》，（元）袁桷撰，《宜稼堂丛书》本。

《琼台会稿》，（明）丘濬撰，嘉靖三十二年（1553）刻本。

《秦氏三府君集》，秦旭、秦金、秦瀚撰，秦毓钧辑，民国十八年（1929）味经堂刻本。

《清实录》，中华书局1985年影印版。

《清朝文献通考》，（清）张廷玉编，乾隆五十二年（1787）刻本。

《清经世文编》，（清）贺长龄、魏源等编，中华书局1992年影印版。

《清史稿》，赵尔巽等撰，中华书局1998年版。

《（乾隆）临清州志》，（清）王俊修，李森纂，乾隆十四年（1749）刻本。

《（乾隆）泰安府志》，（清）颜希深修，成城纂，乾隆二十五年（1760）刻本。

《（乾隆）东昌府志》，（清）胡德琳等修，周永年等纂，乾隆四十二年（1777）刻本。

《（乾隆）临清直隶州志》，（清）张度、邓希曾修，朱钟纂，乾隆五十年（1785）刻本。

《钦定户部漕运全书》，（清）载龄等修，福趾等纂，光绪二年（1876）刻本。

《钦定大清会典事例》，（清）昆冈等修，吴树梅等纂，光绪二十五年（1899）清会典馆石印本。

S

《隋书》，（唐）魏征等撰，中华书局 1973 年版。

《（顺治）堂邑县志》，（明）王应乾纂修，（清）郭毓秀增修，顺治三年（1646）刻本。

《水道提纲》，（清）齐召南纂，乾隆四十一年（1776）传经书屋刻本。

《山东运河备览》，（清）陆燿纂，乾隆四十一年（1776）刻本。

T

《通漕类编》，（明）王在晋撰，万历四十二年（1614）刻本。

W

《文山先生全集》，（宋）文天祥撰，景乌程许氏藏明刊本。

《问水集》，（明）刘天和撰，明嘉靖刻本。

《（万历）东昌府志》，（明）王命爵等修，王汝训等纂，万历二十八年（1600）刻本。

《吴文恪公文集》，（明）吴道南撰，崇祯间崇仁吴之京刻本。

X

《小草斋集》，（明）谢肇淛撰，江中柱点校，福建人民出版社 2009 年版。

《行水金鉴》，（清）傅泽洪撰，雍正三年（1725）淮扬官舍刻本。

《惜抱轩诗文集》，（清）姚鼐撰，嘉庆十二年（1807）刻本。

《（宣统）聊城县志》，陈庆蕃修，叶锡麟、靳维熙纂，宣统二年（1910）刻本。

《（宣统）增辑清平县志》，（清）陈矩前、傅秉鉴修，张敬承纂，宣统三年（1911）刻本。

《（宣统）茌平县志》，盛津颐修，张建桢纂，民国元年（1912）刻本。

《（宣统）山东通志》，（清）张曜、杨士骧等修，孙葆田等纂，民国四年（1915）山东通志局铅印本。

《新元史》，柯劭忞撰，民国十年（1921）刻本。

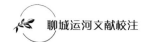

Y

《元史》，（明）宋濂等撰，中华书局 1976 年版。

《（雍正）恩县续志》，（清）陈学海修，韩天笃纂，雍正元年（1723）刻本。

《（雍正）山东通志》，（清）岳濬、法敏修，杜诏、顾瀛撰，乾隆元年（1736）刻本。

Z

《（正德）博平县志》，（明）胡瑾修，葛茂、邓恭纂，正德十二年（1517）刻本。

《治水筌蹄》，（明）万恭撰，万历五年至七年间（1577—1579）张文奇重刻本。

《郑少谷先生全集》，（明）郑善夫撰，郑奎光崇祯九年（1636）刻本。

《转漕日记》，（清）李钧撰，道光十七年（1837）河南粮盐道署刻本。

《中衢一勺》，（清）包世臣撰，同治十一年（1872）刻本。

（二）相关著作

C

《策彦入明记 笑云入明记》，〔日〕策彦周良、笑云瑞欣撰，崇文书局 2022 年版。

《椿庐史地论稿》，邹逸麟撰，天津古籍出版社 2005 年版。

D

《东昌古今备览》，齐保柱编，山东友谊书社 1990 年版。

E

《鄂多立克东游录》，〔意〕鄂多立克撰，何高济译，中华书局 2019 年版。

《二十五史河渠志注释》，周魁一等注释，中国书店出版社 1990 年版。

F

《方志学》，李泰棻撰，商务印书馆 1935 年版。

《方志学概论》，来新夏撰，福建人民出版社 1983 年版。

《方志学》，黄苇撰，复旦大学出版社 1993 年版。

《方志学通论》，仓修良撰，方志出版社 2003 年版。

《方志学新论》，巴兆祥撰，学林出版社 2004 年版。

H

《〈荷使初访中国记〉研究》，〔德〕尼霍夫原著，〔荷〕包乐史、〔中〕庄国土撰，厦门大学出版社 1989 年版。

《画境中州：金元之际华北行政建置考》，温海清撰，上海古籍出版社 2012 年版。

J

《京杭运河史》，姚汉源撰，中国水利水电出版社 1998 年版。

L

《聊城文史资料》（3—6 辑），政协聊城市文史资料研究会 1987—1991 年版。

《聊城通史》（古代卷），程玉海主编，中华书局 2005 年版。

M

《明清朝代档案珍藏运河彩绘图说》，刘凡营等主编，中国档案出版社 2009 年版。

《马可·波罗游记》，〔意〕马可·波罗撰，肖民译，陕西人民出版社 2012 年版。

Q

《清代河臣传》，汪胡桢、吴慰祖编，中国水利工程学会 1937 年版。

《清人文集地理类汇编》，谭其骧编，浙江人民出版社 1986 年版。

《清朝野史大观》，李秉新等校勘，河北人民出版社 1997 年版。

《清代人物传记史料研究》，冯尔康著，商务印书馆 2000 年版。

S

《四库全书总目提要》，（清）永瑢、纪昀等撰，商务印书馆 1933 年版。

《山东通史·近代卷》，安作璋撰，山东人民出版社 1995 年版。

《山东运河文化文集》（续集），于德普编，齐鲁书社2003年版。

W

《文渊阁书目》，（明）杨士奇编，商务印书馆1937年版。

《晚晴簃诗汇》，民国徐世昌辑，民国十八年（1929）退耕堂刻本。

X

《续修四库全书总目》，中国科学院图书馆整理，齐鲁书社1999年版。

Y

《英使谒见乾隆纪实》，［英］斯当东著，叶笃义译，商务印书馆1963年版。

Z

《中国地方志联合目录》，中科院北京天文台，中华书局1985年版。

《中国地方志总目提要》，金恩辉主编，台湾汉美图书有限公司1996年版。

《中国运河文献书目提要》，王云、李泉等撰，人民出版社2012年版。

《中国大运河历史文献集成》，王云、李泉撰，国家图书馆出版社2014年版。